Pattie Mallette
mit A. J. Gregory

Hoffnung auf den zweiten Blick

Die Geschichte von Justin Biebers Mutter

Über die Autorin

Pattie Mallette ist den meisten bekannt als die Mutter eines weltbekannten Popstars: Justin Bieber. Aber sie ist so viel mehr. Die gelernte Webdesignerin inspiriert Frauen rund um den Globus, denen sie Mut macht als Rednerin, Autorin und über Twitter (@pattiemallette). Sie weiß, was es heißt, arm und verwundet, verlassen und hoffnungslos zu sein. Seitdem sie selbst Hoffnung und Heilung erlebt hat, hilft sie anderen, den Weg nach oben zu finden.

Pattie Mallette
mit A. J. Gregory

Hoffnung auf den zweiten Blick

Die Geschichte von Justin Biebers Mutter

Aus dem Amerikanischen
von Eva Weyandt

GerthMedien

Für meinen himmlischen Vater,
meinen Retter.

Vorwort

von Justin Bieber
»Ihre Geschichte muss gehört werden!«

Meine Mutter ist die stärkste Frau, die mir je begegnet ist. Irgendwie wusste ich das schon immer. Doch dieses Buch hat mir noch einmal klar gezeigt, wie ungewöhnlich stark sie ist. Ich habe sie schon immer bewundert. Sie ist ein großes Vorbild für mich als ein Mensch, der keine faulen Kompromisse eingeht und niemals aufgibt. Einfach durch ihre Art spornt meine Mutter mich an, ein guter Mensch zu sein. Und sie motiviert mich, niemals stehen zu bleiben, sondern mich immer weiterzuentwickeln.

Ich weiß, sie hat viel aufgegeben und große Opfer gebracht, um meine Mutter zu sein und für mich zu sorgen. Ich schaue begeistert zu, wie viel Neues jetzt in ihrem Leben Form gewinnt – wie dieses Buch. Es kann gut sein, dass ich als ihr Sohn und ihr größter Fan nicht ganz objektiv bin, aber ich glaube fest: Ihre Geschichte muss gehört werden! Während Sie dieses Buch lesen, werden Sie merken, dass ihr Leben nicht leicht war. Denn besonders ihre ersten Lebensjahre waren ein ständiger Kampf. Es fiel mir schwer, so viel über ihren Schmerz zu lesen. Aber ich weiß auch, wie wichtig es ist, dass sie ihre Geschichte erzählt.

Viele Frauen machen Ähnliches durch und brauchen jedes Fünkchen Hoffnung – die Gewissheit, dass da ein Licht ist am Ende des Tunnels. Genau das kann meine Mutter anderen schenken durch ihre Geschichte. Davon bin ich überzeugt. Wenn meine Mutter Ihnen nun erzählt, wie sie Kraft und Frieden gefunden hat, hoffe ich, dass Sie dasselbe finden. Für Ihre persönliche Reise wünsche ich Ihnen das Allerbeste. Gott ist mit Ihnen. Das sollten Sie wissen.

Ich hab dich lieb, Mom.

Justin

Vorwort der Autorin

Vielen Dank, dass Sie meine Geschichte lesen möchten. Bevor Sie einsteigen, würde ich Ihnen gern erklären, was ich mir von diesem Buch erhoffe. Es geht um viel mehr als mein Leben! Ehrlich gesagt, gibt es in meinem Leben vieles, das ich lieber vergessen würde und auf das ich ganz sicher nicht stolz bin. Doch es gibt auch »Amazing Grace«-Momente – Augenblicke voller unfassbarer Geschenke, für die ich unendlich dankbar bin. Ganz bewusst erzähle ich meine Geschichte nicht nur, um meine Vergangenheit zu verarbeiten, sondern vor allem, um anderen, die ähnliche Erfahrungen gemacht haben, den Weg zu zeigen zu Heilung und Befreiung. Ein entscheidender Schlüssel zu meiner Heilung war, meine Stimme zu finden – die Stimme, die mir als kleines Mädchen fehlte. Mit diesem Buch gebe ich diesem kleinen Mädchen eine Stimme, und ich hoffe, dadurch anderen helfen zu können, ihre eigene Stimme zu finden und den Mut, sie auch einzusetzen. Ich wünsche mir sehr, dass meine Erfahrungen anderen die Hoffnung geben, die mir selbst in meinem Leben so sehr gefehlt hat.

Meine Worte richten sich besonders an diejenigen, die unter sexuellem Missbrauch und Angst leiden, verlassen oder abgelehnt worden sind. Ich schreibe für alle, die sich beschmutzt und »ramponiert« fühlen oder sich über die Wunden ihrer Vergangenheit identifizieren. Ich schreibe, damit Sie sehen: Es gibt

Hoffnung, Licht und ein wertvolles Leben jenseits aller Schmerzen der Vergangenheit. Ich schreibe, weil ich von Herzen glaube, dass auch Sie – wie ich – den Weg der Heilung und Freiheit finden können.

So ehrlich und offen zu sein ist riskant. Das weiß ich. Die Welt ist voller Kritiker. Manche mögen meine Motivation hinterfragen, wenn ich Kleines und Großes aus meinem Leben erzähle. Wenn ich Wahres ans Licht bringe, das nicht gerade schön und manchmal schwer zu verkraften ist. Mit diesem Buch will ich niemanden anklagen, verunglimpfen oder mit dem Finger auf andere Leute zeigen. Es liegt mir fern, einen anderen zu verletzen. Glauben Sie mir, ich habe in meinem Leben selbst viele Fehler gemacht. Von einigen werde ich in diesem Buch berichten.

Lange habe ich mit mir gerungen, wie ich die schmerzlichen Erfahrungen meines Lebens authentisch schildern kann, ohne die Menschen an den Pranger zu stellen, die ich am meisten liebe. Ich bitte Sie, dieses Buch zu lesen, ohne Steine zu werfen. Wir sind alle Menschen und machen Fehler. Die meisten von uns bringen sie allerdings nicht für alle Welt zu Papier. Deshalb bitte ich Sie zu bedenken, dass Menschen sich ändern können. Ich bin das beste Beispiel dafür. Jeder hat Nachsicht und eine zweite Chance verdient. Und jede Geschichte hat zwei Seiten. In diesem Buch beschreibe ich meine Sicht der Dinge.

Meiner Familie und Jeremy möchte ich für ihr Verständnis danken, dass sie – und einige schwierige Momente mit ihnen – in diesem Buch vorkommen. Sie sind Teil des großen Ganzen. Ihre Erfahrungen können hilfreich sein für andere. Ich bewundere sie für ihren Mut, dass sie mir deshalb erlauben, einige schmerzliche Erinnerungen preiszugeben.

Besonders schwierig war meine Beziehung zu Justins Vater: Jeremy. Wir waren beide noch sehr jung und unreif. Deshalb möchte ich betonen, dass Jeremy sich verändert hat, genau wie ich. Er ist heute ein anderer Mensch. Ich bin stolz auf die Fortschritte, die er als Mensch und als Vater gemacht hat. Heute sind wir gute Freunde.

Ich danke allen Familienmitgliedern und Freunden, die Teil meiner Geschichte sind. Von Herzen habe ich euch lieb und bin dankbarer, als ich es in Worte fassen könnte.

Kapitel *Eins*

Jahrelang habe ich gegen die Dunkelheit angekämpft. Gegen den Strudel, der mich in die Tiefe ziehen wollte. Als Erwachsene musste ich mich durch das verworrene Netz emotionaler Wunden arbeiten, die mich seit meiner Kindheit gefangen hielten. Mit zögernden Schritten bin ich zu den frühen Jahren meines Lebens zurückgekehrt und habe die schmerzlichen Erlebnisse neu durchlebt, die prägend waren für meine Kindheit. Und ich habe gelernt, dass man manchmal die Vergangenheit überwinden muss, um sich für die Zukunft zu öffnen.

Eines Nachts hatte ich einen Traum. Ich bekam die Aufgabe, ein großes Haus zu putzen: jedes Zimmer, viele davon Schlafzimmer. Die Schlafzimmer gehörten verschiedenen Mädchen – vom Baby bis zum Teenager – und waren zugemüllt mit Kleidern, Abfall und Spielzeug. Diese Aufgabe überforderte mich total. Im ersten Zimmer konnte ich mir ein wenig Platz für meine Füße verschaffen, indem ich den Kram einfach zur Seite schob. Ich beschloss, mir ein anderes Zimmer vorzunehmen. Aber darin sah es genauso aus. So ging ich von Zimmer zu Zimmer mit demselben Ergebnis: Ich fand keinen Anfang, konnte mir nur ein wenig Platz vor meinen Füßen verschaffen. Das frustrierte mich. Ich hatte keine Ahnung, wo ich mit dem Aufräumen beginnen sollte.

Während ich in einem jener Zimmer stand, unfähig mich zu rühren, hörte ich eine Stimme. Intuitiv wusste ich, dass es Gottes Stimme war: »Geh zurück zum Anfang des Hauses.«

Mein Traum-Ich wusste, was es zu tun hatte. Ich begab mich zum ersten Zimmer des Hauses, dem Wohnzimmer, und fing an, jeden einzelnen Gegenstand daraus zu entfernen. Ich schaffte alles nach draußen – Sofas, Lampen, Teppiche, Tische, Bilder, Bücher –, bis der Raum vollkommen leer war. Dann schrubbte ich die Wände ab, strich sie neu an und räumte nur die Gegenstände wieder hinein, die ich behalten wollte. Ein Zimmer war sauber. Jetzt wusste ich, wie ich weiter vorzugehen hatte.

Als ich aufwachte und über den Traum nachdachte, erkannte ich einen Zusammenhang zwischen dem Haus in jenem Traum und meiner eigenen Situation. Die Räume standen für verschiedene Phasen oder Bereiche meines Lebens, die ich als Erwachsene aufräumen wollte oder für die ich Heilung suchte. Die einfache Anweisung aus dem Traum verblüffte mich.

Geh zurück zum Anfang.

Aber in der Therapie hatte ich doch die frühen Jahre meiner Kindheit aufgearbeitet. Sollte der Traum mir etwa sagen, dass ich mich mit meinem Leben vor meiner Geburt beschäftigen sollte? Vielleicht hatte ich ja während der Schwangerschaft irgendein Trauma erlebt. Dieser Gedanke war natürlich abwegig. In den Mutterleib zurückgehen? Was machte das für einen Sinn? Wie konnte etwas, von dem man nichts wusste, sich später im Leben so traumatisch auswirken? Aber sogar dazu war ich bereit. Denn meine Verzweiflung war groß.

Mein Vater war ein Trinker. Er eiferte dem Vorbild seines alkoholkranken Vaters nach. Ich habe meinen Vater nie richtig kennengelernt, weil er uns, seine Familie, verließ, als ich zwei Jahre alt war. Allerdings weiß ich, dass er gewalttätig war. Einmal ging er sogar auf meine Mutter los, als sie mit mir schwanger war. Von anderen Mitgliedern meiner Familie erfuhr ich, dass mein Vater sehr wandlungsfähig war. Während manche ihn als liebevollen, charmanten und gutherzigen Ehemann und Vater erlebten, bekamen wir seine verborgene, dunkle Seite zu spüren.

Das Wissen, dass ich Gewalt erlebte, bevor ich auch nur das Licht der Welt erblickte, macht mir zu schaffen. Mich quält der Gedanke, dass ich nicht gewollt war. Mal im Ernst, kann ein Baby bei einer Familie, in der körperliche Gewalt herrscht, mit einem herzlichen Willkommen rechnen? Mir scheint, meine Zukunft war von Anfang an trübe.

Meine Mutter Diane war das älteste von zehn Kindern. Mit sechzehn lernte sie meinen Vater kennen und wurde schwanger. Sie heirateten und begannen ihr gemeinsames Leben in der Stadt Timmins in Ontario, Kanada. Später zogen sie nach Stratford, zehn Stunden Autofahrt entfernt.

Mein Bruder Chris wurde 1967 geboren, nur achtzehn Monate später kam Sally zur Welt, meine Schwester, die ich nie kennengelernt habe. Sally war vier Jahre alt, als sie auf tragische Weise aus dem Leben gerissen wurde. Meine Mutter war damals gerade mit mir schwanger. Mir wurde erzählt, es sei ein kalter Novembermorgen gewesen, als mein Bruder und Sally zum Haus der Babysitterin auf der anderen Straßenseite aufbrachen. Die Sonne ging gerade auf. Fröhlich marschierten Chris und Sally Hand in Hand zur Straße. Vielleicht ging es Sally zu langsam. Vielleicht hatte sie einfach keine Lust, die Hand meines Bruders festzuhalten. Niemand weiß genau warum, aber ganz plötzlich ließ sie einfach los. Sie löste ihre kleinen Finger aus Chris' starkem Griff und rannte fröhlich kichernd auf die Straße. Das herannahende Auto bemerkte sie nicht. Chris dagegen schon. Er schrie nach ihr, aber es war zu spät. Sally starb durch den Aufprall, noch bevor sie auf der Straße aufschlug.

Ich kann mir nicht vorstellen, welche Schuldgefühle meinen Bruder gequält haben müssen, nachdem er hilflos mit ansehen musste, wie der Wagen den schmalen Körper seiner Schwester in die Luft schleuderte. Chris und ich sprachen nur einmal über den Unfall. Ich bin sicher, die Verzweiflung war zu groß, als dass er immer wieder darüber reden konnte. Auch meine Mutter schaffte das nicht.

Mein Herz blutet, wenn ich mir vorstelle, welchen Schmerz meine Mutter aushalten musste – einen Schmerz, der nie mehr verschwindet, wenn man ein Kind verloren hat. Diesen Schmerz erlebte sie während der Schwangerschaft. Wie kann man um ein Kind trauern, während man ein anderes austrägt? Ist es überhaupt möglich, um das eine Kind zu trauern und sich gleichzeitig auf das neue Leben zu freuen?

Aber davon wusste ich natürlich nichts. Meine Mutter sprach nie über Sallys Tod. Erst mit zehn Jahren erfuhr ich, dass ich eine Schwester gehabt hatte. Dieses Mal war ich es, die von einem Auto angefahren wurde. An einem drückend heißen Sommertag war ich mit dem Fahrrad unterwegs. Ich achtete nicht auf meine Umgebung. Ohne mich zu vergewissern, dass kein Auto kam, schwenkte ich auf die Straße. Ich hatte den Wagen, der von hinten kam, nicht bemerkt. Er erfasste mich, und ich stürzte vom Fahrrad auf die asphaltierte Straße.

Ich war nicht verletzt, aber meine Mutter und mein Bruder, die den Unfall mit ansehen mussten, begannen hysterisch zu schreien. Sie machten ein großes Theater und zerrten mich, die ich nur ein paar Kratzer abbekommen hatte, ins Haus. Ich war verwirrt, aber auch ein wenig verärgert über ihr Verhalten. »Was ist denn los?«, fragte ich.

Mom und Chris beruhigten sich schließlich so weit, dass sie mir erklären konnten, warum sie so panisch reagiert hatten. Sie fragten mich, ob ich mich an die Fotos von dem kleinen Mädchen erinnerte, die vor langer Zeit im Haus gestanden hätten. Ich konnte mich nicht daran erinnern. Vielleicht hatte ich auch gedacht, das seien Fotos von mir und sie nicht beachtet.

Meine Mutter sagte: »Das war deine Schwester Sally. Sie wurde von einem Auto angefahren und starb, als sie fünf war.« Ich hatte das Gefühl, eine Folge von *Twilight Zone* zu erleben. Ich hatte eine Schwester gehabt? Die tot war? Das war alles höchst merkwürdig. Doch dann hob sich der Nebel meiner Erinnerung ein winziges Stück. Da war etwas. Ich erinnerte mich an Fotos von Sally in den Fotoalben – an Fotos, die mich zeigten, wie meine Mutter mir erklärt hatte. Meine Schwester und ich sahen uns sehr ähnlich. Manchmal, wenn meine Mutter mich anblickte, glaubte sie, einen Geist vor sich zu haben, den Geist meiner großen Schwester.

Später fragte ich mich, ob Sallys Tod vielleicht der Grund dafür war, dass meine Mutter keine Nähe zu mir ertragen konnte. Jahrelang glaubte ich, adoptiert zu sein, weil meine Mutter mir so distanziert begegnete. Immer war da das Gefühl, nicht dazuzugehören. Von Zeit zu Zeit wurde dieses unterschwellige Gefühl übermächtig, und ich begann zu randalieren. Ich erinnere mich an einen Tag, an dem es besonders schlimm war. Ich war damals ein Teenager und suchte im ganzen Haus fieberhaft nach Hinweisen – nach irgendeinem Beweis dafür, dass ich adoptiert war. Ich hatte mir eingeredet, meine wirkliche Mutter lebe irgendwo da draußen. Vielleicht suchte sie sogar nach mir. Ich riss jeden Schrank in der Küche so heftig auf, dass die Gläser und das Geschirr klapperten. Ich durchwühlte jede Schreibtisch- und Kommodenschublade im Haus. Irgendetwas musste da sein. Irgendein mickeriges Dokument. Ich durchsuchte die Schränke, warf alte Schuhe, muffige Pullover und verstaubte Schachteln mit altem Krempel zur Seite. An jenem Tag stellte ich das ganze Haus auf den Kopf wie eine Drogenabhängige auf der Suche nach Stoff.

Mit einer unerklärlichen Verzweiflung schrie ich schließlich meine Mutter an: »Ich weiß, dass ich adoptiert bin! Hör doch auf, mich zu belügen. Sag mir einfach, wo die Papiere sind. Ich weiß, dass es so ist.« Meine Mutter dachte bestimmt, ich hätte den Verstand verloren. »Hör auf damit«, bat sie. »Was redest du da?« Sie kramte einige Fotos hervor und hielt sie mir unter die Nase, legte unsere Babyfotos nebeneinander. »Du siehst genauso aus wie ich! Wie kommst du auf die Idee, du seist adoptiert worden?«

Aber dieser Gedanke ließ mich einfach nicht los. Und ich konnte mich nicht beruhigen. Ich war immer noch restlos davon überzeugt, dass ich nicht dazugehörte. Das war nicht mein Elternhaus. Diese Frau war nicht meine Mutter.

Woher kamen solche Vermutungen? Und warum hatten sie eine so starke Wirkung auf mich?

Geh zurück zum Anfang.

Destruktive Gefühle entstehen nicht einfach aus dem Nichts. Sie sind meist die Folge von Erfahrungen und Erlebnissen, die uns prägen. Manchmal erkennen wir die Nachwirkungen solcher einschneidenden Ereignisse erst Jahre später.

Dass mein Vater uns verließ, schuf eine große Leere in mir – eine Leere, die dazu führte, dass ich mich gegen Gedanken und Gefühle, die meine Identität und meinen Selbstwert infrage stellten, nicht wehren konnte. Der Schmerz des Verlassenwerdens reicht tief und verändert einen Menschen für immer.

Selbst wenn ich heute die Augen schließe, spüre ich noch das emotionale Chaos, das in mir losbrach, als er von uns fortging. Ich war damals erst zwei Jahre alt. Trotzdem erinnere ich mich sehr lebhaft daran, als wäre es gestern geschehen. Es ist meine erste Kindheitserinnerung: Mein Bruder und ich standen neben der Haustür und blickten mit großen Augen zu unserem Vater hoch, der gerade seinen Mantel überstreifte. *Er wirkt so ernst. Wo will er hin? Warum nimmt er den großen Koffer mit? Mommy?* Mein Vater kniete sich vor uns beide hin und drückte mir ein Abschiedsgeschenk in die Hand, eine kleine Puppe. Als ich ihre Plastikhaut berührte und in ihre großen Augen blickte, die mich leblos anstarrten, fasste ich den Entschluss, dass sie meine beste Freundin werden sollte. Von da an schleppte ich sie immer mit mir herum.

»Ich liebe euch so sehr«, begann Daddy. »Aber ich muss weggehen.« Er umarmte meinen Bruder und mich und erhob sich langsam. Ich war noch so klein damals; mir kam er vor wie ein Riese. »Ich werde euch immer lieben.«

Als er sich von mir abwandte, bemerkte ich, wie seine große Hand kurz auf dem Türknauf der Haustür verharrte. Es schien eine Ewigkeit zu vergehen, bis er ihn schließlich umdrehte, die Tür öffnete und unsere Wohnung verließ. Während die Tür langsam hinter ihm ins Schloss fiel, flog ihm mein Herz hinterher. Ich war zu verwirrt, um zu weinen, aber innerlich schrie ich nach meinem Vater. *Geh nicht! Komm zurück. Bitte, ich brauche dich.* Aber es war zu spät. Daddy war fort. Ich sah ihn erst wieder, als ich neun Jahre alt war.

Als Erwachsene trauerte ich darüber, dass mein Vater nicht da gewesen war. Dass er mich nicht »Prinzessin« genannt und mir gesagt hat, wie hübsch ich sei. Dass er den Jungs, mit denen ich ausging, keinen Respekt eingeflößt hat. Ich trauerte darum, dass ich keinen Vater gehabt habe, der mich in den Arm nahm und mir das Gefühl gab, bei ihm geborgen zu sein. Einen Vater, der mir beibrachte, eine Frau zu sein, die sich selbst achtete. Einen Vater, der mir das Gefühl gab, viel mehr wert zu sein, als ich nur ahnen konnte.

In diesem Augenblick jedoch, damals, mit zwei Jahren, wünschte ich mir verzweifelt, mich in die Arme meiner Mutter zu flüchten und mich von ihr trösten zu lassen, wie nur eine Mutter zu trösten vermag. Aber das war nicht möglich. Der Tag, an dem mein Vater uns verließ, war der Tag, an dem ich anfangen musste, erwachsen zu werden. Ich musste mir selbst die Tränen abwischen und mich selbst an den Haaren aus dem Sumpf ziehen. Da war keine Zeit für Traurigkeit. Kein Platz für Verwirrung.

Es war auch der Tag, an dem ich noch etwas lernte: Meine Mutter würde immer hart arbeiten und gut für uns sorgen. Aber sie würde mir keine körperliche Nähe schenken, die ich brauchte, oder liebevolle, stärkende Worte sagen, nach denen ich mich so sehr sehnte. Das konnte sie mir einfach nicht geben. Sie trug ihr eigenes Bündel mit sich herum. Das Leben hatte ihr die Fähigkeit geraubt, mir emotionale Wärme zu schenken: die Beziehung voller Gewalt, die Trauer um den Tod eines Kindes und der zusätzliche Stress, als ihr Mann sie verließ und sie nun allein für zwei kleine Kinder sorgen musste. Meine Mutter war und ist auch heute noch eine starke Frau. Ich dagegen besaß damals noch nicht diese stahlharte Überlebenskraft. Noch nicht.

Als ich sechs Jahre alt war, heiratete meine Mutter zum zweiten Mal. Für mich schien es wie ein Lottogewinn! Bruce Dale war ruhig, gutmütig und liebte meine Mutter sehr. Sie hatten sich

Hals über Kopf ineinander verliebt und tauschten Zärtlichkeiten aus, wann immer sich ihnen die Gelegenheit bot. Als Bruce das erste Mal bei uns zu Hause war, schaute er sich mit mir einen Boxkampf im Fernsehen an. Ich kletterte auf seinen Schoß und konnte den Blick nicht von den verschwitzten Boxern nehmen, die aufeinander losgingen. Stolz sagte ich zu ihm: »Ich werde eines Tages einmal Boxerin!« Mir gefiel die Vorstellung, dass Bruce mein Daddy werden würde.

Bruce brachte zwei eigene Kinder mit in die Ehe: Candie (13) und Chuck (11). Candie war sehr lieb, und ich blickte zu ihr auf. Sie war eine gute große Schwester und nahm sich immer Zeit für mich. Sie gab mir das Gefühl, etwas Besonderes zu sein. Mein Stiefbruder hatte ein sanftes Wesen wie sein Vater, und es war schön, mit ihm zusammen zu sein. Ich mochte beide sehr.

Je besser ich Bruce kennenlernte, desto mehr mochte ich ihn. Vor allem, weil ich beobachtete, wie er sich meiner Mutter gegenüber verhielt. Am 15. August 1981, dem Tag ihrer Hochzeit, war ich so aufgeregt, dass ich es kaum aushalten konnte. Meine Mutter sah sehr hübsch aus. Ihre braunen Haare hatte sie in einer sanften Welle zur Seite frisiert. Sie trug ein türkisfarbenes Chiffonkleid, das die Farbe ihrer Augen hervorhob, und hielt einen kleinen Strauß aus weißen und rosa Rosen in der Hand. Bruce stand stolz neben ihr. Sein dunkelbrauner Anzug stand ihm sehr gut. Sogar seine Haarsträhnen, die normalerweise etwas ungebändigt von seinem fast kahlen Kopf abstanden, waren ordentlich gekämmt. Die Jungen trugen helle Cordjacken und ihre Hemdkragen ragten heraus wie wunde Daumen. Sie schienen sich in ihrer eleganten Aufmachung nicht wohlzufühlen. Am liebsten hätten sie sich aus ihren Kleidern geschält und eine Jeans angezogen. Candie und ich trugen hübsche weiße Kleider und passende Kniestrümpfe. Meine Haare wurden aufgesteckt, und ich durfte zum ersten Mal Haarspray benutzen.

Aber für mich ging es bei der Hochzeit um mehr als gut auszusehen. Das war mein großer Augenblick. Ich würde einen neuen Vater bekommen. Einen Vater, der mich liebte. Einen Vater, der bei mir bleiben wollte. Ich fand, das war das Beste, das mir je passieren könnte.

Später am Abend rief ich meinen neuen Vater, der im Nebenzimmer saß. »Daddy« nannte ich ihn. Ich empfand eine tiefe Sehnsucht, dieses Wort auszusprechen. Es sollte auf Dauer in meinem Wortschatz bleiben. Ich wollte mich immer wieder vergewissern, dass ich einen Daddy hatte, der mich lieben und beschützen würde. Der nicht wieder fortging.

Daddy. Ich hatte mir so sehnlichst einen Vater gewünscht.

Aber kaum war dieses einfache zweisilbige Wort über meine Lippen gekommen, explodierte mein Bruder Chris. Er zog mich dicht an sich heran, damit Bruce nicht mitbekam, was er mir zu sagen hatte. »Das ist nicht unser Dad«, zischte er. »Das ist der Mann deiner Mutter. Er ist ein Fremder in diesem Haus. Nenne ihn nicht Daddy. Du hast bereits einen Vater!«

Und danach tat ich es niemals wieder. Ich mochte Bruce sehr, aber ich schaute auch auf zu Chris. Immerhin war er mein älterer Bruder, darum respektierte ich seine Wünsche. Doch dabei verlor ich die Möglichkeit, eine ganz besondere Beziehung zu meinem Stiefvater aufzubauen.

Zu Chris' Verteidigung muss ich sagen, dass ich jetzt verstehe, was zu der Zeit in ihm vorging. Er war sieben Jahre älter als ich. Darum kannte er unseren Vater viel besser als ich. Seine Bindung an ihn war viel stärker. Und da er über einige Jahre hinweg das einzige männliche Wesen in unserem Haus gewesen war, fühlte er sich vermutlich durch den neuen Mann in unserem Heim bedroht. Ich glaube keine Sekunde lang, dass Chris wusste, wie sehr mich seine Worte damals verletzten. Hätte er es gewusst, hätte er sie nicht ausgesprochen, davon bin ich überzeugt.

Doch an jenem Tag ging ich sofort zu meinem Stiefvater auf Distanz. Während meiner restlichen Kindheit konnte er nie die Rolle eines Vaters übernehmen, weil ich ihm dazu keine Gelegenheit gab. Bevor Bruce die Möglichkeit hatte, mir eine wirkliche Vaterfigur zu sein, hatte ich ihn bereits ausgeschlossen. Er hat sich nie falsch verhalten oder mich verletzt. Aber in meinen Augen war er nie mehr als der Mann meiner Mutter. Nicht mein Vater. Ich hielt ihn in sicherer Entfernung, auf Armeslänge von mir fort.

Die gleiche Distanz, die ich während meiner Kindheit meiner Mutter und Bruce gegenüber empfand, hatte ich auch der Religion gegenüber. Meine Geschwister und ich wuchsen als nicht praktizierende Katholiken auf. Wir besuchten keine Messe. Die Sonntage waren nicht dem Gottesdienst vorbehalten, sondern dienten meiner Mutter und Bruce als Tag der Erholung und Entspannung. Beide arbeiteten die ganze Woche hart, und der Sonntag war der Tag, an dem sie abschalten wollten. Etwas im Fernsehen anschauen. Dies und das erledigen. Die Familie besuchen. Ab und zu einmal zum Essen ausgehen.

Etwa zu der Zeit, als meine Mutter zum zweiten Mal heiratete, lud mich mein Freund Robbie Wigan aus der Nachbarschaft einmal in seine Kirche ein. Meine Mutter und Bruce hatten nichts dagegen. So war ich wenigstens beschäftigt. Während meine Mutter halb verschlafen in unserer bescheidenen Küche herumwerkelte und eine Packung Kaffeefilter aufriss, um den Morgenkaffee aufzusetzen, suchte ich oben in meinem Zimmer etwas Hübsches zum Anziehen. Ein schönes Kleid. Lackschuhe.

Als ich mich angekleidet hatte, stürmte ich die Treppe hinunter, rief »Tschüss« und rannte vier Häuser weiter zu Robbies Haus. Zusammen mit meinem kleinen Freund und seiner Familie stieg ich in den Kombi der Wigans ein. Ich war so aufgeregt, dass wir zur Kirche fuhren! Natürlich wusste ich nicht so genau, warum ich so aufgeregt war – ich meine, wer verbindet schon das Wort *aufregend* mit der Kirche? Aber mir kam es vor wie ein Abenteuer.

Auf der Fahrt zum Gottesdienst unterhielten sich die Erwachsenen auf den Vordersitzen über langweilige Dinge, die uns nicht interessierten. Robbie und ich auf dem Rücksitz plapperten, kicherten und hatten unseren Spaß. Auch die Sonntagsschule war toll. Die Lehrerin erzählte uns biblische Geschichten, wir malten, bastelten und sangen miteinander. Außerdem bekamen wir kleine Snacks. Ich saß neben Robbie und beobachtete fasziniert die anderen Kinder, die bunte Bilder von Jesus malten. Alle schienen gern dort zu sein. Die Kirche war keine lästige, langweilige Pflicht wie Geschirrspülen oder sein Zimmer aufräumen. Die Kirche war, nun – Spaß. Mir gefiel diese Art von Spaß. Das hatte ich mir immer gewünscht. Ich fragte mich, warum meine Familie nie zur Kirche ging.

Als die Stunde beinahe vorüber war, fragte mich die nette Lehrerin mit der toupierten Hochfrisur, ob ich Jesus in mein Herz aufnehmen wolle. Aber natürlich wollte ich das! Warum auch nicht? Die biblischen Geschichten hatten mir gefallen und auch die tollen Bilder. Ich mochte Jesus. Er sollte mein Freund sein. Und besonders begeistert war ich darüber, dass er mich zum Freund haben wollte. Man stelle sich das mal vor! Und so nahm ich Jesus in mein Herz auf, während eine Sonntagsschullehrerin neben der Flanelltafel mit den bunten Bildern biblischer Gestalten stand und zustimmend nickte.

Ich glaube, in jenem Augenblick hat Gott in meinem Leben Fuß gefasst. Doch ich war erst fünf Jahre alt. Das ganze Leben lag noch vor mir. Und auch wenn ich glaube, dass meine frühe Hingabe an Gott einen Samen für meine Zukunft legte, konnte der Glaube nicht das Schlechte in meinem Leben abwehren. Er beschützte mich nicht, als ich meiner Unschuld beraubt wurde. Immer und immer wieder.

Kapitel Zwei

Als Familie waren wir eigentlich ziemlich normal – auch wenn nicht feststeht, was »normal« eigentlich heißt. Für jeden bedeutet dieses Wort wohl etwas anderes. Meine Kindheit verlief recht ereignislos. In Stratford, Ontario, in Kanada lebten wir in einem kleinen, zweistöckigen Haus in einer ruhigen Wohngegend. Meine Mutter und mein Stiefvater verdienten den Lebensunterhalt für unsere Familie in einem Büro. In unserer Straße wohnten viele Kinder aller Altersgruppen, und wir spielten oft miteinander.

Fast jeden Tag klingelte eine Freundin bei uns und fragte, ob ich zum Spielen nach draußen kommen möchte oder ob wir im Haus spielen wollten. Sie brauchte nicht zweimal zu fragen. Meine Freundinnen und ich fuhren gemeinsam Fahrrad oder vergnügten uns auf dem Spielplatz der Grundschule in unserer Straße. Ich ging mit ihnen nach Hause, und wir aßen selbst gebackene Schokoladenkekse, während wir auf Steckplatten bunte Bilder hefteten, mit Puppen spielten oder uns am Zauberwürfel versuchten. Mein Freund Robbie und ich organisierten Nachbarschaftsparaden mit den Kindern aus unserer Straße. Auch als wir älter wurden, spielten wir noch mit den anderen Kindern. Wir schrieben eigene Theaterstücke, verkauften Eintrittskarten in unserer Nachbarschaft und führten die Stücke auf meiner provisorischen Bühne auf. Ich feierte Geburtstage mit bunten Luftballons und Geschenken, und ich lud immer alle Kinder aus der Nachbarschaft ein.

Ich spielte mit Plüschtieren und in der Grundschule verliebte ich mich in alle möglichen Jungs. Wenn es im Winter schneite (und wir hatten immer viel Schnee), bauten meine Geschwister und ich Schneemänner und Burgen. Ab und zu fuhren wir als Familie in den Urlaub; in einem Jahr flogen wir sogar nach Florida. Zu Thanksgiving besuchten uns viele Verwandte und wir aßen viel zu viel von dem köstlichen Essen. Wir schmückten den Weihnachtsbaum und gingen in der Vorweihnachtszeit Geschenke einkaufen.

Von außen betrachtet war unser Leben normal. Keine außergewöhnlichen Vorkommnisse. Nichts Ungewöhnliches. Nichts Verdächtiges. Aber hinter der äußeren Normalität erduldete ich viele Jahre lang sexuellen Missbrauch.

Meine früheste Erinnerung an einen sexuellen Missbrauch begann als ein unschuldiges Doktorspiel, nur dass Stethoskop und Arzttasche fehlten. Wie bei vielen der anderen Zwischenfälle erinnere ich mich nur noch verschwommen an die Einzelheiten, als läge alles wie im Nebel. Aber die Erinnerungen sind trotzdem da.

Ich erinnere mich, wie ich auf einem Tisch lag. Damals war ich etwa drei Jahre alt. Ältere Kinder waren dabei, vertraute Gesichter. Spannung lag in der Luft, als würde ein dunkles Geheimnis gelüftet. Ich spielte die Patientin und erwartete den »Doktor«, der eine schlimme Krankheit diagnostizieren sollte. Jemand hielt ein Thermometer in der Hand, um zu messen, wie hoch mein vorgetäuschtes Fieber war, nahm ich an.

Auf das, was dann kam, war ich nicht vorbereitet. Das Thermometer wurde in Körperteile eingeführt, wo es nicht hingehörte. Ich erinnere mich, dass ich mich davor geekelt habe. Es fühlte sich nicht richtig an. Obwohl ich seltsamerweise keine greifbaren Erinnerungen an Zwischenfälle vor dieser Zeit habe, hatte ich das Gefühl, als wäre es schon vorher mal passiert. Als wäre ich schon zu einem anderen Zeitpunkt auf ähnliche Weise berührt worden. Aber das weiß ich nicht mit Sicherheit. Allerdings weiß ich, dass dies nicht das letzte Mal war.

Ich kannte denjenigen, der mich sexuell missbrauchte. Er war ein bekanntes Gesicht in meiner Familie, in unserem Stadtviertel und im Freundeskreis. Vertrauen wird gebrochen, wenn jemand, den man kennt, in dessen Nähe man sich sicher fühlen sollte, Dinge tut und einen zu Dingen veranlasst, die wehtun. Die sich falsch anfühlen. Die einen verwirren. Die pervers sind.

Ich war fünf Jahre alt. Ich suchte mir gerade sorgfältig die schönsten Malstifte aus, mit denen ich die nächste Seite meines Malbuchs ausmalen wollte, als er ins Zimmer kam. Er trug keine Kleidung. Der Malstift, mit dem ich gerade eine Sonne in einem warmen Gelbton ausmalen wollte, rutschte mir aus der Hand und fiel mit einem lauten Klappern zu Boden. Ich war verwirrt und verängstigt. Ich war schockiert.

Warum ist er nackt? Warum zeigt er mir seine intimsten Körperstellen?

Ich weiß nicht, wie ich dazu kam oder was danach geschah, aber ich berührte ihn. Ich wollte es nicht; ich folgte einfach seiner Anleitung. Ich tat, was mir gesagt wurde. Ich war ein braves kleines Mädchen.

Während der folgenden fünf Jahre setzte er seine unangemessene Berührung fort. Und ich schwieg während der ganzen fünf Jahre, verwirrt von der körperlichen Aufmerksamkeit. Ich war verwirrt über die Art, wie er mich streichelte, die Stellen meines Körpers, die aus gutem Grund vor der Öffentlichkeit verborgen waren – sie waren intim.

Leider war er nicht der Einzige, der mich missbrauchte. Während derselben Zeit tauchte eine zweite Person in meinem Leben auf. Eine Person, die ich kannte. Eine Person, der ich vertraute.

Ich erinnere mich, dass seine Hände mir den Slip herunterzogen. Mein Körper verspannte sich. Ich konnte mich nicht wehren. Ich war hilflos. *Schon wieder? Oh Gott. Warum ich?*

Bei anderen Gelegenheiten befanden wir uns in einem stillen Raum. Obwohl wir uns hinter verschlossenen Türen aufhielten, waren wir nur wenige Meter von Erwachsenen entfernt. Von Erwachsenen, die vor dem Fernsehgerät saßen. Oder am Esstisch. Oder telefonierten. Oder das Haus putzten. Oder die Zeitung lasen. Von Erwachsenen, die normalen Alltagsbeschäftigungen nachgingen. Ich hörte, wie Türen geöffnet wurden und ins Schloss fielen. Ich hörte Schritte. Ich hörte Stimmen. Manchmal waren die Menschen ganz in meiner Nähe. Sie hätten mich retten können, wenn sie aufmerksam gewesen wären. Sie hätten bemerken können, dass ganz in ihrer Nähe etwas Schlimmes geschah. Aber niemand bemerkte es.

Das Gefühl des Verlassenseins, das mich erfüllte, seit mein Daddy von mir fortging, verwandelte sich schnell in etwas, mit dem ich nicht mehr fertig werden konnte. Damals konnte ich das noch nicht erkennen. Aber wenn ich heute zurückblicke, wird mir das sehr deutlich. Ich sehe ein Kind, das traurig war. Das sich ungewollt fühlte. Ungeliebt. Nicht liebenswert. Solche Gefühle wucherten wie ein Pilz und weckten in mir den Hunger nach Aufmerksamkeit.

Ich wusste, dass diese sexuelle Berührung falsch war, aber irgendwie duldete ich sie auch. Bitte verstehen Sie mich nicht falsch: Mir gefiel nicht, was geschah! Aber meine Sehnsucht nach Liebe, dem Gefühl, gewollt zu sein, war groß. Wie auch immer diese Liebe aussehen mochte, von wem auch immer.

Im Laufe der Jahre wurde ich so oft sexuell missbraucht, dass es sich für mich beinahe normal anfühlte. Das ist eine merkwürdige Situation – man weiß, dass etwas falsch ist, doch gleichzeitig empfindet man es als normal und alltäglich. Als ich etwa fünfzehn war, wollte ich mir nicht mehr länger ständig dieselben Fragen stellen: *Was ist nur los mit mir? Womit ziehe ich sexuelle Aufmerksamkeit auf mich? Warum bin ich so ein Magnet für sexuellen Missbrauch?*

Vielleicht war es offensichtlich. Vielleicht, nur vielleicht, war ich geschaffen für Sex, dachte ich. Vielleicht war ich einfach eine Schlampe. An einem Punkt spielte ich sogar mit dem Gedanken, Prostituierte oder Striptease-Tänzerin zu werden. Das erschien mir passend; das schien das Leben für mich vorgesehen zu haben.

Solche verrückten Dinge kommen einem in den Sinn, wenn sexueller Missbrauch immer wieder sein hässliches Haupt erhebt. Es ist wie ein Schlag-den-Maulwurf-Spiel. Egal, wie sehr man sich bemüht, den Maulwurf unten zu halten, er taucht immer wieder auf. Mein Leben war überfrachtet mit Perversionen von so vielen unterschiedlichen Personen, die Missbrauch mit mir trieben, dass ich sie kaum zählen konnte: jungen und alten, männlichen und weiblichen – vertrauten Gesichtern und Menschen, die ich kaum kannte.

Wenn ich heute an einige dieser Zwischenfälle denke, ist es, als gäbe es einen großen Knall und die Zeit bliebe stehen. Ich erlebe einen Augenblick, eine Szene. Ich sehe ein verschwommenes Gesicht. Ich weiß, was geschieht, aber ich kann keine Einzelheiten erkennen. Ich habe gelernt, dass diese Vorgänge normal sind. Wie viele Opfer sexuellen Missbrauchs musste ich die Einzelheiten dieser Ereignisse verdrängen, um weiterleben zu können. Das ist eine Überlebensstrategie. Mein Geist gestattete mir nicht, die Einzelheiten zu registrieren, weil ich das nicht verkraftet hätte. Das schaffen die wenigsten Menschen.

Aber bestimmte Dinge kann ich einfach nicht vergessen.

Manchmal, wenn ich die Augen schließe, sehe ich ein Mädchen aus der Schule vor mir. Sie versucht, mir beizubringen, wie man sich selbst Vergnügen bereiten kann. Ein Vergnügen, das nicht durch Puppen und Rollerskates oder durch eine Umarmung von Oma kommt. Ein Vergnügen, das ich nicht verstehe. Sie macht mich mit Dingen über meinen Körper bekannt, die nicht meinem Reifegrad entsprechen. Ich kann kaum einen ganzen Satz schreiben, aber ich weiß, wie ich mir selbst Vergnügen bereiten kann.

Ich schließe meine Augen und sehe ein Mädchen aus der Nachbarschaft, das zum Spielen zu mir kommt. In unserem Garten stand ein großes Plastikauto, das vermutlich Chris oder Chuck gehörte. Wir denken uns Geschichten aus, stellen uns vor, wir würden mit unserem Traumprinzen eine lange Fahrt in den Sonnenuntergang unternehmen. Dann verändert sich die Stimmung, und sie hebt unsere Kinderfantasien auf eine Ebene, die Erwachsenen vorbehalten ist. Eine Ebene, auf der ich mich unwohl fühle und mir schmutzig vorkomme.

Nachdem sie fertig ist, quälen mich Schuldgefühle. Ich denke an die Kirche. Daran, dass ich Jesus doch gebeten hatte, in mein Herz zu kommen. Ich schäme mich. Was habe ich getan? Gott ist bestimmt enttäuscht von mir. Vielleicht verabscheut er mich sogar. Diese Gedanken bedrücken mich. Ich sage zu diesem Mädchen: »Ich will das nicht tun. Gott sieht uns. Er weiß, was wir hier tun. Und das ist falsch.«

Mein Protest trifft auf taube Ohren. Sie verdreht die Augen

und versichert mir: »Pattie, Gott ist viel zu beschäftigt, um sich daran zu stören, was wir machen.« Ich weiß nicht, warum mir ihre Antwort glaubhaft erschien, aber so war es. Das ist eine bequeme Entschuldigung für das, was mir angetan wurde. Aber es schien irgendwie auch zutreffend zu sein. Ich tat, was viele von uns tun – ich zog Vergleiche zwischen meinem himmlischen Vater und meinem irdischen Vater. Wenn mein Vater sich nicht um mich kümmerte, warum sollte Gott es tun? Wenn mein Daddy zu beschäftigt war, um sich Zeit für mich zu nehmen, warum sollte Gott sich für mein Leben und das, was ich tue, interessieren?

Und auch ein Babysitter missbrauchte mich. Damals war ich zehn. Er war nur wenige Jahre älter als ich. Wir saßen vor dem Fernsehgerät und sahen uns ALF an, den Film über den pelzigen kleinen Alien, der sich einen Spaß daraus machte, Willie Tanner zur Weißglut zu bringen. Auf einmal fragte mich der Babysitter, ob wir Modenschau spielen wollten. Meine Augen leuchteten auf. Modenschau? Mit mir als Model? Da war ich dabei. Theater begeisterte mich. Singen, Tanzen und Schauspielern war mein Leben. Über einen eingebildeten Laufsteg zu laufen in eingebildeten Designerklamotten, das machte bestimmt Spaß.

Aber er war nicht an den ausgefallenen Outfits interessiert, die ich mir aussuchen wollte. Oder an meinen dramatischen Auftritten. Oder dem knallroten, eines Supermodels würdigen Lippenstift, den ich auflegen würde. Er wollte sich meinen Körper anschauen.

Als ich in mein Zimmer gehen wollte, um mich umzuziehen, hielt er mich fest. Mit einem breiten Grinsen schlug er vor: »Bring doch die Kleider hierher ins Wohnzimmer und zieh dich hier um.« Er deutete auf einen freien Platz in der Mitte des Zimmers. »Genau hier kannst du dich umziehen.«

Als er meinen verwirrten Gesichtsausdruck bemerkte, begann

er, auf mich einzureden. Es gelang ihm, mich davon zu überzeugen, dass ich von ihm nichts zu befürchten hätte, dass er vertrauenswürdig sei. Schließlich hätten meine Eltern ihn ja engagiert, damit er auf mich aufpasste, und ich bräuchte wirklich keine Bedenken zu haben, mich vor ihm auszuziehen. »Das ist doch keine große Sache«, versicherte er mir.

Diese Vorstellung bereitete mir Unbehagen. Aber andererseits war ich es mittlerweile gewöhnt, instrumentalisiert zu werden, sodass ich nicht weiter darüber nachdachte. Nackt zu sein und an intimen Stellen berührt zu werden, war für mich nicht ungewöhnlich. Darum war die Bitte des Babysitters für mich gar nicht so abwegig.

In einem Alter, in dem die meisten Kinder noch auf Fahrrädern mit Stützrädern herumfuhren, wurden in meinem Leben die Türen der Sexualität weit aufgestoßen, und ich trat ein in eine Welt voller Scham, Manipulation und selbstsüchtigen Gelüsten. Eine Welt, der ich nicht entfliehen konnte. Sex verfolgte mich, lauerte in dunklen Ecken und wartete auf die passende Gelegenheit. Meine Sehnsucht nach Liebe machte mich zu einer leichten Beute.

Der endlose Kreislauf des Missbrauchs weckte viel zu früh sexuelle Sehnsüchte in mir. Er schuf in mir eine unreife Neugier, die ich nicht richtig verstand und mit der ich auch nicht umgehen konnte. Schließlich war ich noch ein Kind. Und Kinder müssen nicht an intimen Körperstellen berührt werden. Kinder sollten Erwachsene nicht an ihren intimen Körperstellen berühren müssen. Kinder sollten nicht mit Teilen ihres Körpers experimentieren, deren Funktionen sie noch gar nicht verstehen können. Kinder sollten sich an ihrer Unschuld freuen, an der frischen Luft spielen und sorgenfrei auf Abenteuersuche gehen.

Aber das war mir leider nicht vergönnt.

Ich weiß nicht, wie alt ich war, als ich auf einem Nachttisch einen Stapel schmuddeliger Zeitschriften fand. Neugierig blätterte ich sie durch. Ich konnte mich der eindeutigen Bilder nicht entziehen, und so, wie man bei einem Unfall auf der Straße stehen bleibt und dem Geschehen zuschaut, betrachtete ich mir diese Bilder ganz genau. Was auf den Fotos zu sehen war, verstand ich nicht richtig, aber mein Blick klebte förmlich daran.

Das war auch so, als ich einmal eine Sendung des Pornokanals im Fernsehen mitbekam. Eines Abends konnte ich nicht einschlafen, und nachdem ich mich eine Weile unruhig im Bett herumgewälzt hatte, schlich ich nach unten in die Küche, um mir ein Glas Wasser zu holen. Doch die Küche erreichte ich erst gar nicht. Von der obersten Treppenstufe im Flur aus hatte ich freien Blick auf das Fernsehgerät im Wohnzimmer. Was ich da sah, brannte sich in mein Gedächtnis ein. Nackte Menschen, die sexuelle Handlungen an sich vornahmen.

Mit einem Fuß stand ich auf einer knackenden Bodendiele. Das Knarren von Holz verriet mich. Sofort ertönte zorniges Gebrüll: »Patricia! Geh sofort wieder ins Bett!« Ich war so erschrocken, dass ich mit vor Verlegenheit gerötetem Gesicht in mein Zimmer floh. Diese Reaktion begriff ich nicht, aber ich empfand tiefe Scham. Diese Bilder konnte ich über Jahre hinweg nicht vergessen. Und als ich älter war, suchte ich abends, wenn meine Eltern nicht zu Hause waren, im Fernsehen nach solchen Filmen.

Ich möchte eins klarstellen: Meine Eltern wollten nicht, dass ich mit Pornografie in Berührung kam. Aber Fakt ist, dass es genau dazu kam. Und das nahm Einfluss auf meine Entwicklung. Die sexuellen Zwischentöne, die mein Leben seit meiner frühesten Kindheit prägten, zeigten sich manchmal auch in der Art, wie ich mit anderen Kindern spielte. Das war so, als ich fünf Jahre alt war, und auch später noch. Ich wurde erwischt, wie ich mit einem der Jungen aus der Nachbarschaft nackt unter der

Veranda spielte, und einmal unter dem Bett mit einem Jungen aus der Schule. Aus irgendeinem Grund wurde ich immer nackt mit einem Jungen erwischt.

Als ich Teenager wurde, spielte ich mit einer Gruppe Jungen aus der Nachbarschaft in einem leer stehenden Lagerhaus in unserer Gegend Strip-Poker oder andere Kartenspiele, bei denen man als Pfand die Kleider ablegen musste. Ich war das einzige Mädchen. Und der Preis war? Ich. Wer gewann, durfte nackt mit mir so tun, als hätten wir Sex.

Für mich besteht kein Zweifel daran, dass es einen Zusammenhang gab zwischen dem sexuellen Missbrauch und der Tatsache, dass mein Vater mich verlassen hatte, als ich noch ganz klein war. Auf der einen Seite verzehrte ich mich nach körperlicher Zuneigung – nicht auf eine perverse Weise, sondern als reine, bedingungslose Liebe. Auf der anderen Seite hütete ich immer noch mein Herz und entzog mich gern, wenn mir alles zu anstrengend wurde. Ich lernte, während des Missbrauchs meine Augen fest zuzukneifen und die Luft anzuhalten, bis es vorbei war. Ich versuchte, nicht darüber nachzudenken, wie unwohl ich mich fühlte und wie verängstigt ich war, oder dass ich mich am liebsten in mich selbst verkrochen hätte und verschwunden wäre. Ich klammerte mich an die Leere und blendete alle Gedanken aus. Ich schützte mein Herz vor Gefühlen jeder Art. Das war meine einzige Rettung. Zwar hatten meine Erfahrungen mich gelehrt, mich zu verschließen und alle meine Wünsche hintenanzustellen. Doch die unerfüllte Sehnsucht, bedingungslos geliebt zu werden, blieb. Ich sehnte mich unendlich nach der Liebe meines Vaters.

Kapitel *Drei*

Obwohl ich meinen Vater viele Jahre nicht mehr gesehen hatte, vermisste ich ihn. Ich wünschte mir, dass er zurückkäme. Seit ich ein kleines Mädchen war, wartete ich auf den Tag, an dem das Telefon läutete und er anrief. Ich hatte das Skript schon auswendig gelernt. Er wäre voller Reue und Bedauern, dass er uns verlassen hatte, und er würde mir sagen, wie sehr er mich liebte und dass er zurückkäme und für immer bliebe. Immer wieder würde er beteuern: »Es tut mir leid«, bis seine Worte mein gebrochenes Herz heilen und die Traurigkeit fortspülen würden, die mich all die Jahre erfüllt hatte.

Nach meinem neunten Geburtstag war von der Hoffnung kaum noch etwas übrig geblieben. Zwar hatte ich den Traum, von ihm gerettet zu werden, noch nicht aufgegeben – zumal ich an keinen anderen Erwachsenen eine emotionale Bindung entwickelt hatte, auch nicht an meine Mutter und meinen Stiefvater –, doch er war verblasst.

In jenem Jahr kam ich an einem Tag aus der Schule nach Hause und stürmte durch die Haustür. Auf dem Weg in die Küche bemerkte ich meine Mutter, die mit einem fremden Mann auf der

Couch saß. Sie unterhielten sich leise. Die Atmosphäre im Haus war wie elektrisch aufgeladen. Die Haltung meiner Mutter war angespannt, und der Mann wirkte sehr nervös.

Als meine Mutter mich erblickte, stand sie auf und strich ihre Hose glatt. »Pattie«, begann sie mit monotoner Stimme. »Das ist Mike … dein Vater.« Der große, dürre Mann neben meiner Mutter erhob sich ebenfalls. Er schien mich wie ein Riese zu überragen. Nervös spielte er mit seinen Fingern. *Das war er? Der Mann, auf den ich mein ganzes Leben gewartet hatte?*

Ich blinzelte. Immer wieder. Darauf war ich nicht vorbereitet. Egal, wie oft ich mir diesen Augenblick in meinen Gedanken ausgemalt hatte, ich hatte nicht mehr damit gerechnet und wusste nicht, wie ich reagieren sollte. Natürlich war ich aufgeregt; die Schmetterlinge in meinem Magen flatterten wild um die Wette. Aber irgendwie konnte ich mich nicht rühren. Meine Füße klebten am Boden fest.

Mein Vater sah mir in die Augen und lächelte mich an. »Hallo Pattie«, begrüßte er mich freundlich. Diese Begegnung verlief ganz anders, als ich es mir in den vergangenen sieben Jahren in meinen Tagträumen ausgemalt hatte. Auch wenn wir uns eigentlich fremd waren, hatten wir keine Probleme im Umgang miteinander. Unser Gespräch war so angenehm, dass er an jenem Abend sogar zum Abendessen blieb. Nach dem Essen fuhr er mit mir und meinem Bruder Chris ins Einkaufzentrum und kaufte mir eine weiche E.-T.-Puppe. Ich freute mich riesig. Sie war der Ersatz für die Puppe, die mir mein Bruder weggenommen und kaputt gemacht hatte, kurz nachdem mein Vater sie mir geschenkt hatte.

Noch am selben Abend kehrte mein Vater nach Timmins zurück, zehn Stunden Autofahrt von uns entfernt. Aber er versprach, den Kontakt zu halten. Nachdem der Schock abgeklungen war, war ich außer mir vor Glück. Mein Vater war wieder da.

Ich schwebte auf Wolke sieben und stellte mir vor, wie sich unsere Beziehung gestalten würde. Ich war wieder wichtig. Das war mein großer Augenblick, und nichts könnte ihn mir wieder wegnehmen. Nichts.

Mein Vater hielt sein Versprechen. Ich erinnere mich, dass er mich gelegentlich anrief. Er machte mir auch ein tolles Geschenk. Ich hatte mir von meiner Mutter ein Fernsehgerät mit Kabelanschluss in meinem Zimmer gewünscht, aber im oberen Stockwerk gab es keinen Kabelanschluss. Mein Vater schickte mir das längste Fernsehkabel, das ich in meinem ganzen Leben gesehen hatte. So konnte ich mein Fernsehgerät an die Buchse im unteren Stockwerk anschließen. Meine Mutter war davon gar nicht begeistert, denn das Kabel führte vom Wohnzimmer unten durch den Flur die Treppe hinauf in mein Zimmer. Ich dagegen war begeistert. Kabelfernsehen in meinem Zimmer! Wow!

Einige Monate nach dem Besuch meines Vaters sollte mein Bruder den Sommer mit meinem Vater, seiner Frau und seiner neuen Familie verbringen. An dem Morgen, an dem Chris abreisen sollte, bekam meine Mutter einen Telefonanruf. Es war erst sechs Uhr morgens. Ich hörte das Läuten des Telefons zwar nicht, allerdings erwachte ich vom Quietschen meiner Zimmertür. Meine Mutter trat zu mir ans Bett. Ich war noch ganz verschlafen.

»Pattie, es tut mir leid«, sagte sie zu mir. »Dein Vater ist gestern Nacht gestorben. Er hatte einen Herzanfall.« Sie erklärte, mein Bruder sei bereits nach Timmins aufgebrochen, um an der Beerdigung teilzunehmen.

Es war seltsam. Ich empfand nichts. Es war, als hätte mein Herz bereits beim Klang dieser Worte, der Endgültigkeit dieser Aussage, abgeschaltet. Jedes kleine Stück Hoffnung, das nach dem Wiedersehen mit meinem Vater in mir aufgeflackert war, erlosch. Wie schon in der Vergangenheit immer wieder eingeübt, distanzierte ich mich emotional, um mich vor meinen Gefühlen zu schützen. Ich umgab mich mit einer hohen Mauer, die nicht das kleinste Gefühl zu überwinden vermochte. Doch seltsamerweise tat mir meine Mutter leid, und ich fragte sie, wie es ihr gehe. Aber ihr ging es natürlich gut. Und so nahm ich mir ein Beispiel an ihr. Mir ging es auch gut. Kein Durcheinander. Kein großes Getue.

Sechs Jahre später brachen einige der Emotionen, die sich in mir aufgestaut hatten, vulkanartig aus mir hervor. Ich stand am Grab meines Vaters in Timmins. Viele unserer Verwandten von beiden Seiten lebten dort, darum war meine Familie mindestens einmal im Jahr dort zu Besuch. An einem klaren, sonnigen Tag besuchte ich sein Grab. Alle aufgestauten Gefühle drängten nach oben, und ich begann zu schreien, so laut ich konnte.

Etwa eine Stunde lang brüllte ich den leblosen Grabstein an – in der Hoffnung, ein Ventil für die Emotionen zu finden, die, wie ich wusste, in mir schlummerten. Ich war wütend, aber nicht voller Zorn, obwohl natürlich auch der Zorn in mir schwelte. Mein Leben lang hatte ich meine Emotionen unterdrückt, meine Verletzungen und meinen Schmerz verdrängt. Berechtigte Gefühle hatte ich nicht zugelassen, sondern so tief in mir vergraben, dass ich sie offensichtlich gar nicht mehr erreichen konnte, nicht einmal vor dem Grabstein, auf dem der Name meines Vaters stand. Ich schleuderte ihm entgegen, er hätte mich viel zu früh verlassen. Er hätte mich sogar zwei Mal im Stich gelassen. Doch noch während die Worte in einem verbalen Sturm über meine Lippen kamen, spürte ich, dass die emotionale Verbindung dazu fehlte. Ich war immer noch viel zu weit von meinen Gefühlen entfernt.

Meine inneren Mauern hatten sich durch den Missbrauch und die erlebten Enttäuschungen verstärkt. Die emotionale Distanz war mein Schutzmechanismus geworden, die einzige Möglichkeit, ein normales Leben zu führen, was immer das bedeuten mochte. Missbrauch? Ausblenden. Emotionale Distanz zu meiner Mutter? Ausblenden. Diese Schutzmechanismen wandten sich bald gegen mich. Bis dahin jedoch brachte diese Distanz auch einen Vorteil mit sich.

Meine Fähigkeit, die Realität auszublenden, beflügelte meine Liebe zu den schönen Künsten, vor allem der Schauspielerei. Ich dachte immer, ich würde einmal Schauspielerin werden. Mit etwa neun Jahren hatte ich Auftritte bei *Romper Room* und *Big Top Talent*, einer kanadischen Talentshow für Kinder. Dort rezitierte ich einen Monolog aus *Anne of Green Gables* und erzählte die Geschichte von Jack, der Bohnenstange. Ich liebte die Kamera und schlüpfte gern in eine andere Rolle.

Wenn ich eine andere spielte als die, die ich war, konnte ich mich von dem, was in mir geschah, distanzieren. Ich übte Kontrolle aus. Mit meiner Stimme vermochte ich Menschen zum Lachen oder Weinen zu bringen. Ich durfte so laut sein und so viel Drama an den Tag legen, wie ich wollte. Ich sang auch gern. Während meiner Schulzeit nahm ich an jeder Theater- und Gesangs-AG teil. Ich sang im Schulchor mit und spielte in fast jedem Theaterstück, das wir in der Schule aufführten, größere Rollen. Ich war buchstäblich eine Theaterkönigin. Sieben Jahre lang bekam ich auch Ballettunterricht. Die schönen Künste waren mein Leben.

Mit zehn bekam ich eine Rolle beim Shakespeare Festival in Stratford, ein Festival, das jedes Jahr von April bis November in Stratford veranstaltet wird. Mehr als eine halbe Million Touristen aus der ganzen Welt kommen während dieser Zeit in unsere kleine Stadt, um sich hervorragende Aufführungen der Theaterstücke von Shakespeare und anderen großen Dichtern anzusehen. Ich bewarb mich für zwei Rollen in *Der Revisor* und spielte das Bauernmädchen und das reiche Mädchen.

Ich liebte das hektische Treiben hinter der Bühne vor Beginn der Vorstellung – in der Maske, während ich frisiert und geschminkt wurde, die pompösen Kleider sah und von den älteren Schauspielerinnen verhätschelt wurde. Aber die Bühne begeisterte mich noch mehr. Sie gab mir ein Gefühl der Freiheit. Auf der Bühne war mein Herz nicht schwer von den Gefühlen des Verlassenseins, von Furcht oder Zurückweisung oder von jenen widerlichen schmutzigen Gefühlen, die ich immer noch nicht ganz verstand. Ich durfte spielen, Dramatik an den Tag legen und von einem Ort in meinem Geist aus spielen, in dem noch die Unschuld lebte. Auf der Bühne war ich frei wie ein Vogel im Wind.

Während der Grund- und Mittelschulzeit sammelten sich in meinem Zimmer Preise und Auszeichnungen von Gesangs- und Schauspielwettbewerben an. Eine Vermittlungsagentur in Toronto wollte mich unter Vertrag nehmen, aber dann hätte ich am Wochenende immer wieder einmal Vorsprechtermine wahrnehmen müssen. Meine Mutter und Bruce weigerten sich, für mich den Chauffeur zu spielen, auch wenn die Fahrtzeit nach Toronto nur anderthalb Stunden betrug. So musste ich notgedrungen ablehnen. Das machte mich sehr traurig. Endlich hätte ich einmal etwas tun können, wofür ich wirklich Talent hatte. Aber wieder einmal zerschlugen sich meine Träume.

Obwohl ich es in jüngeren Jahren liebte, in verschiedene Rollen und Identitäten zu schlüpfen, konnte ich mich nicht damit abfinden, dass andere meinem Körper Gewalt antaten. Scham lässt sich nicht übertünchen. Der sexuelle Missbrauch, den ich als kleines Mädchen erlebt hatte, forderte seinen Tribut. Auch wenn ich seither sehr gute Therapien gemacht und auch Heilung erlebt habe, wollen selbst heute noch bestimmte Erinnerungen und Gefühle einfach nicht verschwinden. Noch immer gibt es Augenblicke, in denen ich vor mir sehe, wie sich das kleine Mädchen in mir in die Ecke drückt – verängstigt, ungehört, verwirrt und beschämt.

Als ich viele Jahre nach dem Missbrauch eine Therapie begann, erklärte mir meine Therapeutin, dass diese Wunden, von denen viele verdeckt und tief im Inneren eines Menschen verborgen liegen, besonders bei noch sehr jungen Opfern eines Traumas bis in ihr Erwachsenenleben nicht heilen. Als kleines Mädchen passte ich mich meiner Umgebung des Missbrauchs an. Doch darum blieb es mir als Fünfjährige versagt, die Ungerechtigkeiten auszusprechen. Ich konnte nicht in Worte fassen, wie verlassen ich mich fühlte. Oder wie verletzt. Oder wie betrogen. Oder wie beschämt. Ich hatte keine Möglichkeit dazu.

Während einer meiner Sitzungen empfahl mir meine Therapeutin eine Übung. Das erwachsene Ich in mir sollte mein jüngeres Ich besuchen. Ich sollte mir die kleine Pattie während dieser traumatischen Zeit vorstellen und sie durch einen Teil des Schmerzes begleiten. Das ältere Ich könnte das jüngere Ich, das sich allein gelassen fühlte, verteidigen und sogar beschützen. Sie riet mir, im Geist zurück in dieses Alter zu gehen, in dem der Missbrauch begann. Die Erwachsene sollte Verbindung aufnehmen zu dem Kind, auch wenn es schmerzte. Ich sollte in der Zeit zurückwandern und dem kleinen Mädchen die Gelegenheit geben zu reden. Ich musste ihm eine Stimme verleihen.

Meine erste Reaktion war Ablehnung. Ich sollte zu meinem inneren Kind zurückgehen? Wie bitte? Was für ein Psycho-Gequatsche. Doch mein anfängliches Widerstreben wich irgendwann der Bereitschaft, die unterschiedlichen Techniken auszuprobieren, auch wenn ich mich damit nicht gleich wohlfühlte. Und so schloss ich an einem Tag in der Praxis meiner Therapeutin die Augen und stellte mir mich selbst als fünfjähriges Mädchen vor. Ich war erstaunt, wie schnell ich dieses Bild vor meinem inneren Auge abrufen konnte. Ein kleines Mädchen saß auf einem Bett und drückte ihre knochigen Knie an die Brust, wiegte sich hin und her, wie in Zeitlupe. Lange, glatte, dunkle

Haare rahmten ihre zarten Gesichtszüge ein. Ihre grünblauen Augen, die normalerweise hell und klar waren, wirkten dumpf und leblos. Den Blick hatte sie gesenkt. Ihre Schultern waren eingesunken, niedergedrückt von einer Last, die zu schwer für das Kind war.

Ich fragte die jüngere Pattie, ob ich mich ein wenig zu ihr setzen könnte, und sie sagte ja. Einige Minuten lang saßen wir schweigend nebeneinander, dann hörte ich ein leises Wimmern. Tränen liefen über ihre schmalen Wangen. Ich fragte sie, was denn los sei. »Meine Mommy liebt mich nicht«, flüsterte sie.

Nur zur Klarstellung: Als Kind habe ich mich nicht ungeliebt gefühlt. Meine Mutter war keine schlechte Mutter und hat mich nicht vernachlässigt. Ganz im Gegenteil, ich weiß, dass sie hart gearbeitet und nach Kräften versucht hat, mich auf das Leben vorzubereiten. Ich glaube nicht, dass es bei meiner Kontaktaufnahme mit meinem fünfjährigen Ich darum ging. Aber ich spürte, dass ich das verletzte und verwirrte Kind in mir einfach akzeptieren musste. Ich musste es trösten, ihm sagen, dass alles wieder gut werden würde. Und vor allem musste ich ihm Gelegenheit geben, seine Stimme zu erheben – die Stimme, die in mir verstummt war. Die Stimme, die ich endlich fand, als mir jemand erklärte, es sei in Ordnung, nein zu sagen.

Ich war zehn, als ein dreißig-sekündiger Werbespot mir half, die Kraft zu finden, mich gegen den Missbrauch zu wehren, den ich bis zu diesem Punkt erlebt hatte. Ich saß vor dem Fernsehgerät und war mit meinen Gedanken ganz woanders. Da trat ein kleiner afro-amerikanischer Junge auf die Bildfläche. Ich kannte ihn als Webster aus der Fernsehsendung gleichen Namens, und während er durch einen Aufbau riesiger bunter Buchstaben des Alphabets auf mich zukam, fing er an zu reden.

Meine Ohren begannen zu klingeln, als er sagte: »Manchmal

berühren Erwachsene Kinder auf eine Weise, die ihnen nicht gefällt.«

Zum ersten Mal fasste jemand in Worte, was ich in den vergangenen mehr als fünf Jahren empfunden hatte. Dieses Kind wusste, was ich fühlte. Mein Herz begann zu rasen, so heftig, dass ich befürchtete, es würde durch meine Haut brechen und wie eine Rakete davonfliegen. Dann erzählte ein anderes kleines Kind im Hintergrund, dass sein Onkel es komisch berührt hätte. Das sei eklig gewesen. *Ja!*, hätte ich am liebsten geschrien. *Ja, das stimmt! Es ist eklig. Es ist widerlich!*

Das Kind erzählte weiter, was es dabei empfand, wenn ein anderer es berührte und dann warnte, es dürfe es auf keinen Fall weitererzählen. Und dann sprach Emmanuel Lewis die magischen Worte aus, die in mir die Hoffnung aufflackern ließen, dass ich doch einen Hauch von Kontrolle besaß. Worte, die mir einen Weg zeigten, den Missbrauch zu stoppen. Die mir eine Stimme verliehen.

»Sag nein. Und dann geh. Und erzähle es einem Menschen, dem du vertraust.«

Meine Gedanken überschlugen sich. *Ich brauche nur nein zu sagen? Ist es wirklich so einfach? Wird es funktionieren?*

Ich war nervös, aber verzweifelt genug, es auszuprobieren. Ich wusste, diese Berührungen mussten aufhören. Mein Magen drehte sich um, wenn ich daran dachte. Ich musste auf eine Gelegenheit warten, nein zu sagen. Eins stand fest, ich wollte nie wieder auf diese schreckliche Weise berührt werden.

Wie betäubt saß ich vor dem Fernsehgerät, und die Sendung, die ich mir angesehen hatte, zog in einem Nebel von Farben und Geräuschen an mir vorbei. Ängste wollten meinen Geist manipulieren. Mir fielen alle möglichen Gründe ein, warum ich nicht nein sagen, sondern erdulden und stillschweigen sollte. *Was, wenn ich nein sage und er wird böse? Was, wenn er mir dann weh-*

tut? Was, wenn er dann nie mehr mit mir spricht? Aber meine größte Angst war: *Und wenn es nicht funktioniert?*

Am Ende war meine Verzweiflung größer als die Furcht. Mir blieb gar keine andere Wahl. Ich musste es ausprobieren. Dieser Fernsehspot hatte mir den Mut gegeben, es zu versuchen.

Und an einem Tag geschah es. Die Person, die mich missbrauchte, stellte mich vor sich hin und begann, mir die Kleider auszuziehen und mich zu berühren. Bevor sie jedoch weitermachen konnte, nahm ich all meinen Mut zusammen und sagte mit leiser Stimme: »Nein. Ich will das nicht mehr.« Meine Stimme war kaum lauter als ein Flüstern, doch mehr Kraft hatte ich nicht. Die Botschaft jedoch war deutlich.

Dann wiederholte ich es, dieses Mal ein wenig lauter.

»Nein.«

Und was dann geschah, verblüfft mich bis zum heutigen Tag. Er nickte, sagte: »Okay«, und verließ das Zimmer. Danach hat er mich nie wieder berührt.

Wenige Wochen später fand ich mich in derselben Situation mit der anderen Person, die sich an mir verging. Als dieser junge Mann sein Ritual mit mir begann, flüsterte ich mit derselben leisen Stimme: »Nein«, wie bei dem anderen Mann. »Ich will das nicht mehr.« Und auch er legte nie wieder Hand an mich.

Endlich hatte ich meine Stimme gefunden. Und ich fand sogar die Kraft, sie zu Gehör zu bringen.

Allerdings behielt ich es weiterhin für mich. Ich verstand nicht, warum ich mit einer anderen Person, der ich vertraute, darüber reden sollte. Keiner der Männer, die mich missbrauchten, hatte mir explizit untersagt, einem anderen davon zu erzählen. Ich tat es einfach nicht. Warum sollte ich auch? Niemand sollte von meiner unerträglichen Scham erfahren.

Während der wenigen Sekunden, die nötig waren, nein zu sagen, befand ich mich in der Gegenwart. Ich war präsent. Ich hatte mich nicht in mich zurückgezogen. Ich hatte nicht meine Augen geschlossen und mir eingeredet, die Zeit bliebe stehen und die schlimmen Dinge würden gar nicht geschehen. Ich hatte akzeptiert, dass der Missbrauch nicht richtig war. Dass das, was mir angetan wurde, aufhören musste.

Auch wenn mir das Wort *nein* half, mich zu Wort zu melden und zu verteidigen, musste ich doch sehr schnell lernen, dass es kein Zauberwort war. Es setzte dem Missbrauch ein Ende, aber es befreite mich nicht von meinem emotionalen Aufruhr. Emotionen, die ich unterdrückt hatte. Emotionen, die sich im Laufe der Zeit vervielfacht hatten und mutiert waren.

Wenn ich traurig war, empfand ich einen überwältigenden Drang zu weinen, aber ein noch stärkerer Drang in mir riet mir, die Tränen hinunterzuschlucken. Wenn ich Angst hatte, hätte ich gern die Hände ausgestreckt und Hilfe gesucht. Aber ich redete mir ein, dass es besser sei, dieses Gefühl zu ignorieren. Es dauerte eine ganze Weile, bis ich meine Stimme und mein Herz miteinander in Einklang brachte.

Kapitel *Vier*

Meine frühen Teeniejahre verbrachte ich zum Großteil in meinem Zimmer. Ich schottete mich ab vom Rest der Welt. Allein mit meinen düsteren Erinnerungen vergrub ich mich in meinen Tagebüchern. Wütend schrieb ich Seite um Seite, wie elend das Leben war und wie mies es mir ging. Es war die erste Attacke meiner Depression, der Anfang eines Kreislaufs, mit dem ich auch als Erwachsene noch zu kämpfen hatte. Ich wusste nicht, wie ich mit meinem Schmerz umgehen sollte. Also schrieb ich ein Gedicht nach dem anderen. Alle erzählten die Geschichte eines Mädchens mit gebrochenem Herzen. Meine Gedichte malten ein deutliches Bild meiner Identitätskrise und Depression. Sie zeigten, wie sehr mich das sexuelle Trauma verwirrt hatte.

Ich versuche so sehr
So zu sein, wie andere mich wollen.
Doch so bin ich auf ewig eine andere
Und weiß selbst nicht, wer ich bin …
Es tut weh, Masken zu tragen.
Ich fühle mich fremd, als würde ich nirgends dazugehören …

Ich bin verantwortlich für das, was ich tue,
für Entscheidungen, die ich treffe,
Aber ich entscheide mich falsch und das Unglück geschieht.
Wenn sich so viel in mir anstaut,
– Frust, Wut, Verwirrung –
ist der Gedanke an Selbstmord nicht fern …

Niemand ahnte etwas von den destruktiven Gedanken, die in meinem Kopf herumspukten. Abgesehen von meiner Rebellion – anfangs nur kleine Ausbrüche – hätte meine Familie nie vermutet, dass irgendetwas nicht stimmte. Ich wünschte mir, dass die Menschen, die mich am meisten lieben – sogar bedingungslos lieben – sollten, weit über meine rauen Ecken und meine chaotische Art hinaussehen würden. Aber ich hatte nicht das Gefühl, dass meine Mutter oder mein Stiefvater das taten oder tun wollten. Ich schätze, es ist schon schwierig genug, sich um einen Teenager zu kümmern – geschweige denn, die Hieroglyphen eines verletzten Teenagers, wie ich es war, zu entziffern.

Abgesehen von den gemeinsamen Mahlzeiten verbrachte unsere Familie selten Zeit miteinander. Mittlerweile waren alle meine Geschwister aus dem Haus, und so fühlte ich mich oft einsam. Sicher ließ ich mir das nicht anmerken, aber ich wünschte mir, dass wir als Familie etwas gemeinsam unternahmen – Bruce, meine Mutter und ich. Wir hätten Fahrradtouren machen können. Oder einen Spieleabend. Oder eine Sportveranstaltung besuchen. Aber unsere einzige gemeinsame Freizeitaktivität war abends fernzusehen.

Kommunikation besaß in unserer Familie keinen hohen Stellenwert. Abgesehen von kurzen Gesprächen über alltägliche Themen wie das Wetter oder die Schule, redeten wir nicht viel miteinander. Und auf gar keinen Fall sprachen wir offen über unsere Gefühle.

Eines Nachmittags nach der Schule saß ich am Küchentisch und knabberte gedankenverloren an meinen Ketchup-Chips, die in Kanada sehr beliebt sind. Plötzlich klingelte das Telefon.

»Hallo?«

»Chris Zehr hatte einen Autounfall«, keuchte eine Freundin atemlos am Telefon. »Er ist tot.«

Ich schluckte. Ich konnte es nicht glauben. Erinnerungen stürmten auf mich ein. Ich kannte Chris, seit ich drei oder vier Jahre alt war. Wir hatten denselben Babysitter gehabt und waren in der Grundschule sehr eng befreundet gewesen. Als Kind war er bei jeder meiner Geburtstagsfeiern zu Gast. Im Laufe der Jahre war jeder seiner Wege gegangen, doch ab und zu trafen wir uns oder telefonierten miteinander. Ich dachte an seine Mutter. Sie war alleinstehend und Chris ihr einziges Kind. Wie konnte das Schicksal so grausam sein?

Ich knallte den Hörer auf die Gabel und stürmte nach oben in mein Zimmer. Diese Nachricht haute mich um. Ich bekam keine Luft mehr. In tiefer Verzweiflung warf ich mich auf das Bett. Der Schmerz füllte jeden Winkel meines Herzens aus. Meine Traurigkeit bereitete den Weg für andere Emotionen, tiefere Emotionen, die ich nicht einzuordnen wusste. Ich schluchzte hysterisch und machte solchen Lärm, dass Bruce sich bald über den Tumult wunderte. Er klopfte an meine Tür und öffnete sie. Aber er wirkte eher verärgert als besorgt.

»Was ist denn los, Pattie?«

»Ich bin traurig«, stieß ich zwischen tiefen Schluchzern hervor. »Mein Freund ist gerade gestorben.«

Verärgert sagte Bruce darauf: »Ach, reiß dich doch zusammen! Vor ein paar Wochen ist mein Freund Jimmy gestorben. Hast du etwa erlebt, dass ich da ein solches Theater veranstaltet habe?«

Verblüfft und sprachlos starrte ich ihn mit tränenverhangenen Augen an. Durfte man denn nicht weinen, wenn jemand starb? (Im Rückblick glaube ich, dass Bruce – genau wie meine Mutter – nicht wusste, wie er mit tiefen Emotionen umgehen sollte. Es war ihm unangenehm. Er wusste einfach nicht, wie er darauf reagieren sollte. Es war schwer für ihn, mich so aufgewühlt zu sehen.)

Später redete ich mit meiner Mutter darüber und erzählte ihr, was geschehen war. Sie sollte mir ihre Erlaubnis geben, traurig zu sein. Sie sollte mir versichern, dass es in Ordnung war zu weinen. »Mom, Bruce sagte, ich soll nicht so ein Theater machen.«

Meine Mutter fühlte sich sehr unwohl. Dieses Gespräch hätte Einfühlsamkeit erfordert und ein paar Samthandschuhe. Doch die emotionalen Untertöne wurden schnell erstickt. »Nun«, erklärte sie, »als Sally starb, haben mir die Leute das auch gesagt. Sie meinten, wenn ich darüber weine, würde ich mich nur selbst bemitleiden.«

Wenn ich heute daran zurückdenke, finde ich ihre Worte herzzerreißend. Tragisch! Scheinbar konnte meine Mutter nie richtig über den Tod ihrer Tochter trauern. Wie sollte sie mich ermutigen zu weinen, wenn es nicht einmal ihr erlaubt war?

Mom war von Natur aus kein gefühlsbetonter Mensch und zeigte wenig Emotionen. Sie war eher direkt und sachlich. Leider versäumte sie an diesem Tag die Chance, mir etwas fürs Leben beizubringen und mich zu trösten. Wieder einmal wurde ich ermahnt, den Mund zu halten. Gefühle waren nutzlos und unerwünscht. Alles, was Gefühle an die Oberfläche bringen könnte, sollte ignoriert, begraben oder mit Zuckerguss überzogen werden. Punkt.

Meine Mutter spürte die Spannung zwischen uns. Das weiß ich. Ab und zu gab sie sogar zu, dass sie keine Nähe zu mir entwickeln oder tiefe Gespräche mit mir führen konnte. Aber natürlich löste die reine Erkenntnis nicht das Problem.

Wie jedes Kind, das Traumatisches erlebt hat, schrie ich innerlich vor Schmerzen, nachdem ich unzählige Male sexuell missbraucht worden war. Wie gern hätte ich mich geöffnet! Ich wollte mich von allem, was tief in mir verschlossen war, befreien. Alles Hässliche und die Scham loswerden – meine Seele vom Müll befreien. Wie gern hätte ich meiner Mutter von dem Unrecht erzählt, das ich erdulden musste. Von meiner Einsamkeit und meinen Ängsten. Aber ich wusste nicht, wie.

Leider fand ich keinen Weg, diese tiefen Gefühle in Worte zu fassen. Deshalb war das, was ich tatsächlich sagte, meistens ein wütendes Gebrüll oder etwas Respektloses. Manchmal ging ich mit Tränen in den Augen auf meine Mutter zu, nachdem ich mich mit einer meiner Freundinnen gestritten hatte oder schikaniert worden war. Aber ihre Reaktion war immer dieselbe. Sie erklärte mir: »Pattie, ich kann das nicht. Meine Mutter hat nie so mit mir geredet. Deshalb weiß ich auch nicht, wie ich mit dir reden soll. Sprich doch einfach mit einem Schultherapeuten oder der Mutter einer deiner Freundinnen. Ich liebe dich, aber ich kann einfach nicht mit dir reden.«

Und das war es dann.

Wenn es um Kommunikation und warmherzige Zuneigung ging, scheiterte meine Mutter meistens. Doch sie erbrachte Spitzenleistungen in der Art, wie sie für uns sorgte. Heute weiß ich, dass sie ihre Liebe durch *Taten* ausdrückt – nicht mit Worten oder körperlicher Nähe. Das ist ihre »Liebessprache«. (*Die fünf Sprachen der Liebe* von Gary Chapman ist eines meiner Lieblingsbücher. Lesen Sie es, um Ihre »Liebessprache« herauszufinden.) Mutter zeigte ihre Liebe, indem sie etwas für andere *tat*. Während meiner Kindheit arbeitete meine Mutter sehr hart in einer Fabrik. Aber sie nahm sich immer die Zeit, um für uns zu kochen, die Wäsche zu waschen und einzukaufen. Sie gab uns alles, was wir für die Schule brauchten. Sie achtete darauf, dass das Haus aufgeräumt war und wir rundum versorgt waren. Übrigens bemuttert sie mich immer noch gern auf diese Weise, wenn ich sie in Kanada besuche.

Heute kann ich die Gründe für ihr Verhalten verstehen. Aber als Teenager hat es mir wehgetan. Ich konnte mit ihr nicht über Dinge reden, die mir wichtig waren. Zum Beispiel meine Gefühle, als mein Vater uns verließ. Das war ein wichtiges Thema. Sein Fortgehen war ein traumatisches Erlebnis für mich. Ich begriff ja nicht, was geschah, und ich bekam auch keine Erklärung dafür. In der einen Minute war er noch da, und in der nächsten schon fort.

Doch meine Mutter zeigte mir nicht, dass meine Gefühle und meine Verwirrung völlig legitim waren. Deshalb hatte ich das Gefühl, dass sie mir keinen »sicheren Ort« bot, an dem meine Stimme Gehör finden würde. Immer, wenn ich mit ihr über etwas reden wollte, das mich beschäftigte, hatte ich das nagende Gefühl, dass ich für sie eher eine Last war und nicht ein Kind, das seine Mutter brauchte. Darum merkte ich sehr schnell, dass es besser war, sie in Ruhe zu lassen.

Mit der Zeit zog ich daraus einige gefährliche Schlüsse fürs Leben: Ich war nicht wichtig. Meine Gefühle zählten nicht. Meine Gedanken waren egal. Und so lernte ich, alles, was ich nicht verarbeiten konnte, zu verdrängen und wegzuschieben. Ich verschloss die schrecklichsten und traumatischsten Erlebnisse an einem tiefen Ort meiner Seele – so tief in mir, dass ich sie nie mehr ausgraben könnte.

In der achten Klasse fing ich an, mich mit den »falschen« Mädchen abzugeben – mit Mädchen, die immer in irgendwelche Schwierigkeiten gerieten. Stehlen war unser besonderer Nervenkitzel. Ketchup-Chips und Doritos aus der Schulcafeteria war der ganz besondere Kick. Ich weiß, große Sache! (Soll ich Ihnen etwas richtig Peinliches verraten? Meine Freundinnen und ich, wir nannten uns die *Chipettes*. Wie cheesy ist das denn?)

Doch wir hielten uns für die Größten. Rebellen ohne Grips! Wir waren wie siamesische Zwillinge: Alles taten wir gemeinsam. Wir veranstalteten Schlafanzugpartys, tauschten die Kleider, schmachteten hübsche Jungs an, lästerten über unsere Eltern und teilten unseren Frust gegen die Schule. Ja, und natürlich frönten wir unseren kleinkriminellen Abenteuern, wie Chips klauen und, wenn wir besonders gut drauf waren, auch billige Lippenstifte aus dem Drogeriemarkt am Ort. Fünf von uns sangen im Schulchor mit.

Einmal sollte unser Schulchor ein Konzert in einem großen Einkaufszentrum geben. Alle Leute im Einkaufszentrum – inmitten von Imbissständen, Wühltischen, Rolltreppen, genervten Ehemännern und jammernden Kindern – würden unsere Lieder hören. Zum Beispiel mein Lieblingslied: »You're the Inspiration« von Chicago. Wir fünf freuten uns auf das Konzert. Aber vor allem waren wir begeistert darüber, dass wir an diesem Tag keine Schule hatten!

Auf der Busfahrt dorthin wurde ich stutzig. Ich saß ganz allein, während sich meine besten Freundinnen zusammengesetzt hatten. Die Mädchen schnatterten fröhlich miteinander und steckten die Köpfe zusammen. Ich hatte das seltsame Gefühl, dass sie mich bewusst ignorierten. Immer wieder deuteten sie mit den Köpfen in meine Richtung, während ich Ansätze machte, mich an ihrem Gespräch zu beteiligen. Sie reagierten höflich, aber kurz angebunden. Das empfand ich als unangenehm. Und ich fühlte mich ausgeschlossen.

Habe ich etwas falsch gemacht? Habe ich etwas Falsches gesagt?

Während der Bus über den Highway rollte und große Werbeplakate und graue Bürogebäude an meinem Fenster vorbeizogen, brachen in mir alte Wunden auf. Ich ignorierte die übrigen Sänger des Chores, die laut unsere Lieder schmetterten und sich auf das große Debüt vorbereiteten. Als der Bus endlich auf dem Parkplatz des Einkaufszentrums zum Stehen kam, drängten sich meine Freundinnen nach vorn, und ich musste mich beeilen, mit ihnen Schritt zu halten.

Vor dem Konzert hatten wir eine Stunde Zeit, im Einkaufszentrum bummeln zu gehen. Die Lehrer brüllten ihre Anweisungen und erinnerten uns, bitte auf jeden Fall pünktlich zu sein. Dann endlich durften wir losziehen. Wir waren wie Hengste, die in die Wildnis entlassen wurden, oder in diesem Fall endlich ausschwärmen durften, um uns ins Gewühle zu stürzen und uns nach Herzenslust an den neusten Modetrends zu erfreuen.

Ich stand also zwischen meinen besten Freundinnen und spürte ihre Anspannung. Es war beinahe so, als wäre es für sie ein Zwang, mit mir zusammen zu sein. Mir fielen die bedeutungsvollen Blicke auf, die sie sich zuwarfen. Schließlich stießen sie eines der Mädchen in die Seite und schoben sie vor. Sie wirkte verlegen, fühlte sich sichtlich unwohl und konnte mir nicht in die Augen sehen. Offensichtlich wollte sie nicht sagen, was sie jetzt sagen sollte, aber sie schien zu wissen, dass sie sich nicht davor drücken könnte.

»Wir wollen heute nicht mit dir zusammen sein, Pattie.« Sie hielt inne, und hob den Blick zu der Decke, bevor sie einen tiefen Seufzer ausstieß. »Und, um genau zu sein, wir wollen nicht mehr, dass du unsere Freundin bist und mit uns losziehst.«

Ihre Worte trafen mich wie ein Faustschlag in die Magengrube. Der Schlag war so heftig, dass meine innere Schutzmauer zu bröckeln begann – die Schutzmauer, die ich über Jahre hinweg aufgebaut hatte, um mich zu schützen, wenn mich jemand ablehnte oder verließ. Doch dieser Schlag riss Narben auf, die viel tiefer waren als der Moment, an dem jemand mir die Freundschaft kündigte. Er berührte eine Stelle in mir, von der ich bisher gar nichts geahnt hatte. Tränen traten mir in die Augen.

Eine andere meiner sogenannten Freundinnen ergriff das Wort. Sie sprach mit mehr Festigkeit in der Stimme, und was sie sagte, klang ganz und gar nicht entschuldigend. »Ja, und jetzt fang nur nicht an zu heulen wie ein Baby.«

Panik stieg in mir hoch. Mein Verstand arbeitete auf Hochtouren. »Was habe ich falsch gemacht?«, fragte ich. »Habe ich etwas Falsches gesagt? Oder getan? Gebt mir doch noch eine Chance. Es tut mir so leid…« Meine Stimme verklang in einem Schwall gestotterter Entschuldigungen. Es war, als hätten sie gerade ein Pfund Salz in eine offene Wunde gerieben.

Doch ich biss die Zähne zusammen und beherrschte mich. Ich war stolz auf mich. Mein Blick war so verschleiert von Tränen, dass alles vor mir verschwamm. Aber keine einzige Träne tropfte aus meinen Augen. Keine einzige.

Ich wusste, was ich zu tun hatte: mich zusammenreißen. Stark sein. Mich beherrschen. So tun, als hätte dieses Gespräch nie stattgefunden. Es war die Geschichte meines Lebens – ich baute noch höhere Mauern um meine Emotionen. Und schließlich lief ich ganz allein und ziellos im Einkaufszentrum herum. Ich war zutiefst verletzt. Vollkommen und absolut am Boden zerstört.

Obwohl es eigentlich ein recht dummer Zwischenfall war, hing er mir über die Jahre hinweg nach. Dieses Erlebnis bestätigte mir wieder einmal, dass ich nicht wichtig war. Dass ich nicht zählte. Dass niemand mich wollte, nicht einmal meine besten Freundinnen.

Im folgenden Jahr verstärkten sich meine rebellischen Züge. Es ließ sich nicht leugnen – ich war eine Unruhestifterin. Und je mehr Straftaten ich beging, desto mehr stumpfte mein Gewissen ab. Bei meinem ersten Diebstahl – einem Schokoriegel – quälten mich noch Schuldgefühle. Adrenalin schoss durch meinen Körper. Doch nachdem ich noch einige andere Schokoriegel und danach größere und teurere Waren gestohlen hatte, war ich geübt darin, die Schuldgefühle zu ignorieren, bis sie schließlich verstummten. Immer wieder redete ich mir ein, dass das, was ich tat, nicht verkehrt war, und ganz allmählich gelang es mir, mein Gewissen auszuschalten.

Nach wie vor testete ich meine Grenzen aus, ließ mich auf Streitigkeiten mit Lehrern ein und musste nach der Schule häufig noch nachsitzen. Doch mein Verhalten wurde zunehmend destruktiver. Ich begann, Schuleigentum zu zerstören. Einmal bekam ich sogar Schulverbot, weil ich in den Toiletten Feuer gelegt hatte.

Darauf folgten Drogen und Alkohol.

Mit vierzehn trank ich zum ersten Mal Alkohol und rauchte Haschisch. Ich war ständiger Gast auf den unzähligen Partys, zu denen bewusstseinstrübende Substanzen dazugehörten. An meinen ersten Alkohol- oder Haschkonsum kann ich mich nicht mehr erinnern. Scheinbar war es kein interessantes Erlebnis. Da alle meine Freunde Alkohol tranken und Drogen nahmen, war es leicht, im Gruppenzwang unterzugehen. Aber bei mir war auch keine große Überredungskunst nötig, um mich dazu zu bringen, wenigstens einmal etwas zu probieren. Außerdem war Stratford eine sehr kleine Stadt. Und junge Leute langweilen sich schnell, wenn es nichts zu tun gibt. Drogen und Alkohol waren wie eine Freizeitbeschäftigung. Anfangs schien es harmlos – das leichte Gefühl im Kopf und Blödsinn machen. Auf Droge schien das Leben einfach viel interessanter.

Etwa zu der Zeit, als ich begann, mit Drogen und Alkohol zu experimentieren, kehrte ein Gespenst aus der Vergangenheit zurück. Vier Jahre waren vergangen, seit mich jemand unangemessen berührt hatte. Vier Jahre war es mir gelungen, die Nachwirkungen des Missbrauchs unter den sprichwörtlichen Teppich zu kehren. Doch jetzt war das Gespenst wieder da und wollte mehr.

Ich war vierzehn Jahre alt und es war Sommer. Ich verbrachte viel Zeit mit meiner besten Freundin, mit der ich seit dem Kindergarten befreundet war. Sie wohnte uns direkt gegenüber. Wir waren unzertrennlich. Als wir alt genug waren, um Telefone in unseren Zimmern zu haben, riefen wir uns an, sobald wir aufwachten, noch bevor wir uns vor meinem Haus trafen, um gemeinsam zur Schule zu gehen.

»Wie geht's?«

»Was machst du gerade?«

»Was gibt's Neues?«

Und wenn wir abends zu Bett gingen, telefonierten wir miteinander und beendeten den Tag mit noch mehr oberflächlichem Geplauder.

»Wie geht's?«

»Was machst du gerade?«

»Gibt's was Neues?«

Wir waren wie Schwestern, und ich war häufig bei ihrer Familie zu Gast. In jenem Sommer fuhr ich mit ihr, ihrer Schwester und ihrem Großvater zum Zelten. Ich kannte den Großvater gut, und in seiner Nähe fühlte ich mich sehr wohl. Er war ein Großvater, wie ihn jeder liebte – zum Knuddeln und weich, ein großer Teddybär, in dessen Armen man sich geborgen fühlte.

Da ich zu Hause nicht die Zuneigung bekam, die ich gebraucht hätte (meine Liebessprache ist Berührung und Lob), sehnte ich mich nach körperlicher Nähe. Auf diese Weise fühlte ich mich geliebt. Bewundert. Angenommen.

Ich war also gern mit dem Großvater meiner Freundin zusammen. Er war herzlich und fürsorglich, und er nahm mich gern in den Arm. Da ich so klein war – nur etwa ein Meter fünfzig groß und fünfunddreißig Kilo zu der Zeit – setzte ich mich manchmal sogar auf seinen Schoß. Auf seinem Schoß fühlte ich mich sicher.

Meine Freundin und ich genossen die ersten Tage unserer Ferien in der freien Natur. Wir fuhren Fahrrad, unternahmen lange Wanderungen und schwammen im Pool des Campingplatzes. Abends saßen wir an einem einladenden Feuer, rösteten Marshmallows und hörten Musik.

Eines Nachmittags saß der Großvater meiner Freundin in einem Gartenstuhl, schaute in den Himmel und genoss das warme Wetter. Er wirkte so friedlich. Zufrieden. Er atmete den Sommer ein und fühlte sich frei und sorglos. Ich wollte Teil dieses wundervollen Bildes werden, Teil der Gleichung friedlicher Nichtigkeit.

Ich setzte mich auf seinen Schoß und legte meinen Kopf in seine Nackenbeuge. Er lächelte mit geschlossenen Augen und tätschelte beruhigend meinen Kopf. Es dauerte nicht lange, bis ich eindöste.

Und dann spürte ich es – die Hitze seiner warmen Hand. Die Bewegung erschreckte mich, und ich wurde rüde aus meinen Träumen gerissen.

Es passierte schon wieder.

Ich war nicht in der Lage zu verarbeiten, was geschah, während sich seine Hand langsam und in voller Absicht in meine Shorts schob und an einer Stelle liegen blieb, wo sie nicht hingehörte, und mich auf eine Art berührte, wie es sich nicht gehörte. *Oh nein. Nicht das. Bitte, Gott.* So groß meine Abscheu war, ich hatte auch Angst, ihn zurückzuweisen. Angst, nein zu sagen und damit zu riskieren, dass er böse wurde. Ich überlegte: *Wie kann ich dieser Situation entkommen, ohne diesen netten alten Mann zu beleidigen?* Sie merken sicher, wie verworren die Gedankengänge eines Opfers sexuellen Missbrauchs sein können. Das ist ein Kampf, den ich nie gewinnen konnte.

Ich tat so, als würde ich gähnen, und streckte mich, als wäre ich gerade von einem kleinen Mittagsschläfchen erwacht. Ich rutschte ein Stück zur Seite, sodass ich mehr auf dem Gartenstuhl saß als auf seinen Beinen. Dann gähnte ich noch einmal, stand auf und entfernte mich ein wenig taumelnd, als wäre ich immer noch verschlafen. Ich hoffte, dass ich gut genug schauspielerte, um die peinliche Situation zu entschärfen.

Ich ging zum Wohnwagen zurück. Die Sonne blendete mich und quälte mich mit ihrer Hitze. Ich hatte das Gefühl, durch eine Wüste zu laufen, Kilometer von der Zivilisation entfernt. In Wahrheit war ich Kilometer von mir selbst entfernt. Wieder einmal hatte ich mich in mich selbst zurückgezogen und sah nichts mehr von der farbenfrohen Natur um mich herum. Die Familien, die gerade beim Grillen waren, die kleinen Kinder, die mit Frisbee-Scheiben spielten, die erschöpften Wanderer, die von einer Tour zurückkamen, nahm ich kaum wahr. Ich lief wie im Nebel, betäubt von dem, was gerade geschehen war.

Die alten, mittlerweile vertrauten Gefühle waren wieder da, als wären sie nie verschwunden gewesen. Vielmehr hatten sie unter der Oberfläche gelauert und auf den passenden Moment gewartet, wieder in Erscheinung zu treten. Die Muster in meinem Gehirn schufen die Verbindung zu den früheren Missbrauchsfällen und katapultierten mich in diese Zeit zurück. Die Schleusentore der alten Erinnerungen wurden weit aufgestoßen. Dieser Vorfall brachte mich vollkommen aus der Fassung, und ich versuchte, mir einzureden, dass ich mir das alles nur eingebildet hatte. Vielleicht war es gar nicht geschehen.

Aber ich hatte das nicht nur geträumt. Es war tatsächlich geschehen. Und in diesem Augenblick fand ich auch endlich den Mut, es jemandem zu erzählen.

Beim Wohnwagen nahm ich meine Freundin beiseite und erzählte ihr und ihrer Schwester, was gerade geschehen war. Meine Freundin kaute schmatzend Kaugummi und blickte mich mit hochgezogenen Augenbrauen an. Ich hatte das Gefühl, dass sie an meinen Worten zweifelte. Nein, es war schlimmer. Sobald ich sah, dass sie den Kopf schüttelte, wusste ich, dass sie mir nicht glaubte.

Dicht vor meinem Gesicht machte sie eine große Kaugummiblase, und das klebrige Kaugummi explodierte nur wenige Zentimeter von meinem sonnengebräunten Hals entfernt. Verächtlich blickte sie mich an und beschuldigte mich, gelogen zu haben. Ihre Schwester bezichtigte mich ebenfalls der Lüge.

Mit einer solchen Reaktion hatte ich nicht gerechnet. Das war ein Schock für mich. Der Fernsehspot, den ich vor Jahren gesehen hatte, hatte mich nicht auf die Möglichkeit vorbereitet, dass man mir nicht glauben würde. Und was nun? Wie verkraftete man es, Lügnerin genannt zu werden, obwohl man eigentlich das Opfer ist?

In diesem Augenblick wuchs mein Misstrauen anderen Menschen gegenüber. Doch ich zog auch eine wertvolle Lehre aus diesem Gespräch. Obwohl ich ziemlich sicher war, dass ich niemals wieder über solche Dinge reden würde, nahm ich mir vor, dass ich, falls ich es doch tun sollte, klug auswählen würde, wen ich ins Vertrauen zog. Auf jeden Fall durfte es niemand sein, der dem Übeltäter nahestand, weil der sich automatisch zu seiner Verteidigung aufschwingen würde.

Nach diesem Gespräch mit meiner Freundin hätte ich den Campingplatz am liebsten auf der Stelle verlassen, doch aus irgendeinem Grund blieb ich. Wieder einmal versuchte ich, den Zwischenfall zu verdrängen, und ich war entschlossen, mich zusammenzureißen und so zu tun, als wäre alles in Ordnung. Schließlich war ich ja daran gewöhnt, mich in der Nähe der Menschen aufzuhalten, die mich missbrauchten. Und ich war geübt darin, so zu tun, als sei nichts geschehen. Das fiel mir also nicht schwer. *Welcher dreckige alte Mann?*

Später am Abend spielten wir Mau-Mau. Während ich darauf wartete, dass ich an die Reihe kam, spürte ich, wie sich eine Hand an meinem Bein hochschob und unterhalb des Reißverschlusses meiner Hose verharrte. Es war der liebe Großpapa. *Okay. Jetzt reicht es. Genug ist genug.* Da ich immer noch keine Szene machen wollte, stand ich auf und sagte, ich würde mich nicht wohlfühlen und wolle zu Bett gehen. Ich wollte die Situation nicht eskalieren lassen. Ich hätte auch gar nicht gewusst, wie das hätte gehen sollen. Darum würde ich mich einfach zurückziehen. Was hätte ich denn auch sagen sollen? »Euer Großvater versucht es schon wieder! Seht ihr? Ich habe doch nicht gelogen.« Niemand hätte mir geglaubt, und auf keinen Fall wollte ich mich auf einen Streit einlassen.

Und so wählte ich den bequemsten Weg – ich entzog mich.

Viele Missbrauchsopfer kennen solche Situationen. Ehe wir uns zu Wort melden, bleiben wir lieber stumm. Wir verstecken uns. Wir verdrängen. Wir tun so, als ob. Es gibt so viele unterschiedliche Gründe, warum wir unsere Erlebnisse für uns behalten. Wir wollen keinen Staub aufwirbeln. Wir wollen niemanden verärgern. Was, wenn andere nun denken, wir hätten das provoziert? Was, wenn wir dumm dastehen? Wenn sie uns für Lügner halten? Es ist eine sehr schwierige und delikate Situation, mit der wir konfrontiert sind.

Auch wenn das Risiko, über diese Erlebnisse zu reden, groß ist, kann es nicht die Lösung sein, Stillschweigen darüber zu bewahren. Im Gegenteil – wir schaden uns damit nur selbst. Wenn wir die Last allein tragen, müssen wir uns andere Ventile suchen, erfahrungsgemäß ungesunde, um mit dem, was wir erlebt haben, fertig zu werden. Und häufig führt uns das tiefer in die Dunkelheit hinein. Der Weg ins Licht lässt sich immer schwerer finden.

Als Teenager beneidete ich Menschen, die sorglos und frei von Angst lebten. Ich schrieb sogar in meinem Tagebuch etwas darüber: »Vielleicht werde ich mich mehr öffnen. Ich wünschte, jemand könnte verstehen, was ich durchmache. Im Theaterkurs sind alle so offen. Mädchen erzählten der Klasse, wie sie sexuell missbraucht und ein paar Mal vergewaltigt wurden. Das war so traurig. Alle weinten.«

Doch schon im nächsten Satz ließ ich das Thema Gefühle fallen und schrieb: »Ich finde es schrecklich, dass Menschen beliebt sind, nur weil sie schön sind.« Das war eine radikale Kehrtwende. Es gab keinen Übergang. Der Schmerz der Vergangenheit hatte mich so betäubt und der Realität entrückt, dass ich nicht einmal in meinem Tagebuch über meine Gefühle schreiben konnte.

Bereits kurz nach dem Zwischenfall beim Camping konsumierte ich jeden Tag Alkohol und Drogen. In der Schule bekam ich ständig Ärger, und fast jeden Abend trieb ich mich auf einer Party herum. Ich war kaum noch zum Abendessen zu Hause und hielt mich auch sonst nicht mehr an die vereinbarten Zeiten, wann ich zu Hause sein sollte. An manchen Abenden blieb ich sogar bis in die frühen Morgenstunden fort.

Bald nahm ich nicht mehr aus »Lust und Laune« Drogen, sondern als eine Art »Medizin«, von der ich abhängig war. Nüchtern konnte ich weder die Schule noch unseren Familienalltag durchstehen. Bereits mit sechzehn funktionierte ich gar nicht mehr, ohne mich auf die eine oder andere Weise betäubt zu haben.

Ich blieb meistens beim Haschisch, meiner altbewährten

»Freundin«. Doch manchmal hatte ich das Gefühl, dass die Joints, die ich rauchte, mit Engelsstaub oder Kokain versetzt waren. Ich probierte auch LSD aus. Meine Trips führten mich ins Land der Wahnvorstellungen und Panikattacken. Während der zwölf Stunden, in denen die Wirkung anhielt, quälte mich schreckliche Angst.

Wenn ich mir vor der Schule was einwarf oder rauchte, war ich den ganzen Tag »weg« und benebelt. Ich versuchte, dem Unterricht zu folgen. Doch ich hatte bereits nach zwei Sekunden alles vergessen, was die Lehrerin gesagt hatte. Auch beim Lesen ging es mir so. Ich las einen Satz, und wenn der Satz zu Ende war, wusste ich schon nicht mehr, was am Anfang gestanden hatte. Wenn ich in der Schule durch den Flur lief und den Direktor sah, war ich davon überzeugt, dass er meinen Spind durchsuchen wollte. Er würde den Metallschrank öffnen, meine Drogen finden und mich der Polizei übergeben. Die Polizei würde mich dann aus der Schule holen und mich, die ich schreiend um mich trat, ins Gefängnis werfen, wo ich den Rest meines Lebens verbringen würde. Ein wenig extrem? Sicher. Willkommen in der Welt von LSD.

Meine Mutter war nicht dumm. Natürlich bemerkte sie mein merkwürdiges Verhalten. Obwohl sie böse wurde, wenn ich betrunken oder high nach Hause kam, hakte sie nicht weiter nach. Gelegentlich fragte sie mich: »Nimmst du Drogen? Oder betrinkst du dich?« Dann log ich sie an und beteuerte, ich würde dieses Zeug niemals anrühren. Sie beließ es dabei.

Doch meine Mutter und ich sahen uns nicht besonders oft, weil ich mich entweder auf einer Party herumtrieb oder mich in meinem Zimmer einigelte. Wenn wir uns dann doch einmal trafen, drohte der Dritte Weltkrieg auszubrechen. Alle Emotionen, die sich in mir aufgestaut hatten, seit ich ein kleines Mädchen war, sprudelten während dieser Auseinandersetzungen aus mir hervor wie kleine Minivulkane. Mein Zorn brach sich Bahn, und leider richtete sich die Wucht meiner Wutausbrüche gegen meine Mutter. Einmal kam es sogar zu körperlicher Gewalt.

Ich kann mich nicht mehr daran erinnern, weswegen wir stritten. Doch der Streit eskalierte, und keiner von uns war in der Lage einzulenken. Hitzige Worte flogen hin und her wie ein Ball bei einem Tischtennismatch. Einmal beugte ich mich mit zornverzerrtem Gesicht vor und kam ihr ganz nahe. Das konnte sie nicht ertragen. Sie trat einen Schritt zurück und gab mir eine Ohrfeige. Der Schlag stachelte meinen Zorn noch zusätzlich an, und ich drohte, die Polizei zu rufen. Ich schnappte mir sogar den Hörer und schrie mit drohendem Gesichtsausdruck: »Das war's jetzt, ich wähle!«

Meine Mutter war kein Mensch, der zurückwich. Sie durchschaute, dass ich nur bluffte. Also packte sie mich am Handgelenk und zerrte mich zur Haustür. »Ich habe eine bessere Idee. Ich bringe dich selbst zur Polizeistation.« Und das tat sie auch.

Auf der Polizeiwache nahm sich einer der Polizeibeamten viel Zeit für mich. Er redete mir gut zu, wies mich darauf hin, wie wichtig es sei, meine Eltern zu respektieren, mich selbst zu respektieren und in der Schule gute Noten zu bekommen. Er war sehr nett. Allerdings hatte dieses Gespräch keinen Einfluss auf mein Verhalten und machte mir auch keine Angst, wie meine Mutter es vermutlich gehofft hatte.

Das war meine erste Begegnung mit der Polizei, doch es würde nicht meine letzte sein. Es dauerte nicht lange, bis die Polizei regelmäßig bei uns zu Hause auftauchte, wenn zum Beispiel Autoradios gestohlen wurden. Sie kannte die Freunde, mit denen ich mich umgab, und wusste, womit wir uns die Zeit vertrieben.

Die Beziehung zwischen meiner Mutter und mir war so explosiv, dass wir es ein paar Mal mit einer Therapie versuchten. Mir gefielen diese Sitzungen. Endlich konnte ich meiner Mutter mal sagen, was ich wirklich empfand – mit Hilfe der Therapeutin. Außerdem fühlte ich mich verteidigt, wenn sie Klartext mit meiner Mutter redete. Natürlich las sie auch mir die Leviten, was mein Verhalten anging. Aber es wurde deutlich: Auch meine Mutter hatte Probleme, die unseren Umgang miteinander erschwerten. Und obwohl die Therapie die Spannungen zwischen uns nicht abbauen konnte, so verschaffte sie mir doch wenigstens ein Ventil.

Während dieser Zeit besuchte ich gern unsere Nachbarn nebenan. Bei ihnen fand ich die Ruhe und ein Stück Geborgenheit, die ich damals dringend brauchte. Ich erholte mich dort ein wenig von dem Drama, das ich zu Hause erlebte. Sie waren Christen, oder wie meine Mutter es ausdrückte: »religiöse Leute«.

Obwohl meine Mutter die Augen verdrehte, wenn sie über Jesus sprachen, wollte ich mehr über Gott erfahren. Die Bibelverse, die an ihren Wänden hingen, faszinierten mich. Ich stellte Fragen. Ich wollte wissen, was die Verse bedeuteten, worum es in der Bibel ging. Dieses Ehepaar ging auf meine Neugier ein und nahm sich viel Zeit für mich, um mit mir über den christlichen Glauben und Gott zu reden. Sie beteten auch für mich und meine Familie, und ich zweifle nicht daran, dass diese Gebete mit dazu beigetragen haben, dass ich heute da stehe, wo ich stehe.

Doch trotz der guten Erfahrungen mit diesem Ehepaar ließ ich mich nicht auf eine reale Verbindung mit Gott ein. Abgesehen von den verzweifelten Gebeten, die ich zum Himmel schickte, wenn ich nicht mehr weiterwusste, existierte er nicht auf meinem Radar. Eines Abends hatte ich mich so betrunken, dass ich regelrecht krank war. Während ich mir die Seele aus dem

Leib spuckte, klammerte ich mich an meinen Porzellanfreund, die Toilette. »Gott«, schrie ich in tiefer Verzweiflung. »Wenn du mir hilfst, dass es mir wieder besser geht, dann verspreche ich, dass ich nie wieder Alkohol trinken oder Drogen nehmen werde.« Ich kann Ihnen nicht sagen, wie oft ich mich vor einer Toilettenschüssel wiederfand – krank wie ein Hund! Also sprach ich dieses Gebet häufiger als ich zählen kann.

Natürlich ging es mir irgendwann wieder besser. Trotzdem wandte ich mich nicht ab vom Alkohol und den Drogen. Waren diese Gebete nur ein Ausdruck tiefster Verzweiflung? Die meisten vermutlich schon. Aber ich denke auch, dass ich mich an ein Fünkchen Hoffnung klammerte, dass Gott doch existierte. Dass er real war. Dass hinter den vier Wänden des Badezimmers, wo ich vor der Toilettenschüssel hockte, jemand war. Ein Jemand, dem ich wichtig war.

Ich glaube, dass die Bruchstücke des Glaubens, die ich unterwegs aufgeschnappt hatte, wie klein sie auch sein mochten, in meinem Herzen Wurzeln geschlagen hatten. Obwohl unsichtbar für das bloße Auge, hinterließ Gott seine Fingerspuren, Hinweise darauf, dass er da war. Dass er existierte. Aber das wusste ich damals nicht. Ich erkannte ihn nicht auf den ersten Blick. Ich kannte nur Schmerz und Leere.

Wer war Gott? Ich hatte keine Ahnung. Für mich war er ein Unbekannter. Ohne eine konkrete geistliche Grundlage stellte ich ihn mir ganz anders vor. Lügen zeichneten mein Bild von ihm. Wie hätte ich es auch besser wissen können? Wenn wir Gott unseren himmlischen Vater nennen, haben wir automatisch das Bild unseres irdischen Vaters vor Augen. So wurde meine Vorstellung von Gott verzerrt: Weil meine Eltern sehr unnahbar waren, dachte ich, Gott sei auch so. Weil mein Vater mich verlassen hatte, dachte ich, dass Gott mich auch in jedem beliebigen Augenblick fallen lassen könnte. Weil mich niemand vor Missbrauch schützte, dachte ich, er würde mein Leben auch nur als Außenstehender betrachten. Aus irgendwelchen Gründen war er nicht in der Lage oder bereit, mich vor Unrecht zu schützen. Und ganz gewiss hatte ich nicht den Eindruck, ihm wichtig zu sein.

Kapitel *Fünf*

Wenn das wahre Ich – das Gott in uns geschaffen hat – in tausend Scherben zerbrochen ist, nisten sich Lügen leicht in den Ritzen ein. Diese Lügen dringen tiefer und tiefer ins eigene Herz ein, bis es fast unmöglich ist, sich von ihnen zu befreien. Sie haben sich dort so festgekrallt, dass sie mit einem verschmelzen und man sich nicht mehr vorstellen kann, ohne sie zu leben.

Als Teenager hatten mich die Lügen fest im Griff. Bestenfalls hatte ich eine verzerrte Vorstellung von Liebe, Selbstwertgefühl und Selbstachtung. Schlimmstenfalls gar keine mehr. Statt an mich zu glauben, beugte ich mich vor jedem Zweifel. Ich suhlte mich in jedem negativen Wort, das an mich gerichtet wurde, und nährte jeden abfälligen Gedanken über mich, der mir in den Sinn kam.

Kürzlich las ich noch einmal die Tagebucheinträge aus meiner Teenagerzeit, und ich kann kaum glauben, was ich da über mich geschrieben hatte. *Faul. Fett. Hässlich.* Ich äußerte sogar die Vermutung, dass die Menschen, die mich mochten, einen Hirnschaden haben müssten. Wenn ein Freund mich »Loser« oder »Schlampe« nannte, hatte ich diesen verbalen Angriffen nichts entgegenzusetzen, egal, ob sie von anderen oder mir selbst kamen. Sie klebten so fest an mir wie eine Mücke im Honig. Seit ich ein kleines Mädchen war, hatte man mich immer nur benutzt und ausgenutzt. Ich war es nicht gewohnt, anders behandelt zu werden. Wahre Liebe hätte ich nicht erkannt, selbst wenn ich direkt über sie gestolpert wäre.

Was Jungs anging, wollte ich von Anfang an »den Richtigen« finden. Aber ich konnte mich nicht für einen entscheiden. In der einen Woche mochte ich den Jungen X, in der nächsten den Jungen Y und so weiter. Ganz besonders fühlte ich mich zu Jungs hingezogen, die sich zuerst in mich verliebt hatten. Sie schienen ein Garantieschein zu sein, dass ich die Zuneigung bekommen würde, nach der ich mich sehnte.

Jedoch flatterte ich nicht von einem Jungen zum nächsten, weil meine Hormone verrücktspielten. Ich suchte nach Liebe. Ich wünschte mir etwas Reales. Ich wollte einen Menschen finden, der mich so liebte, wie ich dachte, geliebt werden zu müssen. Das von einem Jungen zu erwarten, erschien mir die leichteste Lösung.

Ich verliebte mich – oder was immer es war – sehr schnell. Und wenn die Beziehung dann auseinanderging, war ich tieftraurig und leckte lange Zeit meine Wunden. Als ich fünfzehn war, fand ich einen Jungen, von dem ich dachte, ich würde ihn heiraten. Ich nenne ihn einmal Joey.

Ich mochte ihn sehr. Eines Abends, nachdem alle die Party in seinem Haus verlassen hatten, saßen wir noch lange da und kuschelten. In der Stille des frühen Morgens sagte er all die Dinge, die ein Mädchen so gerne hört. »Pattie, du bist so schön.« »Du bist so weich.« »Du bist einfach unglaublich.« Ich fuhr natürlich voll auf seine nichtssagenden Komplimente ab. Ich war eine hoffnungslose Romantikerin, und bei seinen Worten bekam ich weiche Knie.

Wir fingen an, uns zu küssen, und landeten in seinem Schlafzimmer. Ich war nervös. Ich wollte nicht, dass passierte, was jetzt offensichtlich passieren würde. Trotz des häufigen Missbrauchs, den ich erlebt hatte, war ich immer noch Jungfrau. Dieser Teil von mir war kostbar und unschuldig. Ich war nicht bereit, es schon aufzugeben, nicht einmal für Joey.

Während wir uns auf dem Bett kabbelten, fing er an, mir die Kleider auszuziehen, langsam und unauffällig. Mein Körper verspannte sich. Ich wand mich, um seine Hände von bestimmten Körperbereichen abzuwehren, aber es nützte nichts; er war viel stärker als ich.

»Nein, Joey«, sagte ich, während ich mich unter unseren miteinander verflochtenen Armen und Beinen wand. »Ich will das nicht.«

Er flüsterte mir ins Ohr: »Keine Sorge. Ich werde dir nicht wehtun.«

Ich wiederholte: »Nein«, und Joey sagte immer wieder: »Es ist okay.« Ich schrie nicht. Ich stieß ihn nicht zur Seite. Aber ich sagte nein. Ich sagte es so oft, dass ich wie betäubt wieder in mein Missbrauchsverhalten zurückfiel. Ich hielt still. Blieb stumm. Löste mich von meinem Körper. Distanzierte mich von Joey. Blendete die Zeit aus. Ich wollte nur, dass das Unausweichliche vorbei wäre.

Als es dann vorbei war, nahm ich wieder Verbindung zu meinem Körper und meinem Geist auf. Ich schaltete meine Emotionen wieder ein. Obwohl ich es damals nicht wusste, setzte die Selbsttäuschung ein. Ich malte mir das Szenario in neuen Farben aus. In der Realität hatte ich gerade meine Jungfräulichkeit verloren. Ich war vergewaltigt worden. Doch in meiner neuen, beschönigten Version hatte ich gerade mit dem Mann geschlafen, den ich heiraten würde.

Ich hatte mir das so stark eingeredet, dass ich wie auf Wolken nach Hause schwebte. Hals über Kopf verliebt. Ich war sicher, dass Joey »der Richtige« war. Ich war so aufgeregt, endlich den Mann gefunden zu haben, der meine Träume Wirklichkeit werden lassen würde, den Mann, mit dem ich den Rest meines Lebens verbringen würde.

Doch das größte traumatische Erlebnis an jener Nacht war für mich nicht, dass ich vergewaltigt worden war, sondern das, was am nächsten Tag geschah. Ich rief Joey an und wollte sehen, wie unsere »Beziehung« nun aussah (erinnern Sie sich, ich war erst fünfzehn). Mein Traum zerplatzte wie eine Seifenblase. Nichts war mehr so wie in der Nacht zuvor. Joey unterbrach mich sofort und sagte leise: »Bitte ruf mich nicht mehr an.«

Klick.

Das Besetztzeichen schrillte in meinen Ohren.

Wieder einmal lag ich am Boden. An jenem Tag und in den folgenden Wochen weinte ich mir die Augen aus dem Kopf. Ich kam zu dem Schluss, dass ich Joey hasste und die Männer insgesamt. Die Zurückweisung traf mich tief. Es war eine weitere Kerbe. Wieder war ich verlassen worden. Es zerstörte mein Vertrauen. Es erschütterte meine Hoffnung. Es verdrehte meine Sicht auf Liebe.

Kurz nach dem Zwischenfall mit Joey lernte ich auf einer Party einen anderen Jungen kennen: Jeremy. Die Party war bereits in vollem Gange, als ich in den Raum kam. Ein Lied plärrte aus den Lautsprechern. Ich trank mein Bier und hielt eine Zigarette zwischen den Fingern. Auf einmal fiel mein Blick auf einen Typen, der ausgelassen tanzte. Er wirkte irgendwie lächerlich. Aber er hielt sich bestimmt für ziemlich cool. So verzog ich mich mit meinem Bier und meiner Zigarette in einen anderen Raum. Erst einige Wochen später traf ich ihn wieder.

Über einige Wochen hinweg begegneten wir uns ein paarmal, gewöhnlich bei einer Party in einer von Hasch verräucherten

Bude, wo jede Menge Alkohol getrunken wurde. Einmal kletterten wir auf das Dach eines Hauses und redeten stundenlang über gar nichts und alles. Ich fand, er war ein gut aussehender Typ – er hatte einen muskulösen, durchtrainierten Körper, verträumte Augen und ein attraktives Gesicht. Verliebt war ich aber nicht von Anfang an. Erst als ich ihn besser kennenlernte, fühlte ich mich von ihm angezogen. Und bevor ich wusste, wie mir geschah, war Jeremy mein Leben geworden!

Ich war bis über beide Ohren in ihn verliebt. Und alle mochten ihn. Er war cool, draufgängerisch und spontan. Manchmal holte er mich ab und wir machten lange Spaziergänge entlang der Bahnschienen. Wir fuhren per Anhalter nach London, eine Stunde von unserer Heimatstadt entfernt, nur um Stratford einmal zu entkommen. Bei Jeremy fühlte ich mich immer sicher, egal, wo ich mich befand. Er besaß einen natürlichen Beschützerinstinkt, obwohl dieser Impuls manchmal übertrieben war.

Auf der anderen Seite waren Jeremy und ich noch sehr jung und unreif. Es gab nicht viel, das für uns sprach. Wir kamen beide aus einem zerrütteten Elternhaus und verstanden es nicht, uns gegenseitig Liebe zu geben. So sehr wir es auch versuchten, wir wussten einfach nicht, wie wir einander Liebe zeigen konnten. Unsere Beziehung war von Anfang an zum Scheitern verurteilt.

Nur eine Woche, nachdem unsere Beziehung offiziell begonnen hatte, verreiste Jeremy über seinen Geburtstag. Irgendwie fand ich heraus, dass er mich während dieser Zeit betrogen hatte. Ich war außer mir vor Wut! Aber er rechtfertigte sein Handeln, indem er sagte, er wäre sich nicht sicher gewesen, ob wir bereits in einer festen Beziehung wären. Das war natürlich eine Ausrede. Und dann überschüttete er mich mit scheinbar von Herzen kommenden Entschuldigungen (ein Muster, an das ich mich bald gewöhnte) und versicherte mir, dass er mich sehr möge und mein Freund sein wolle. Ich vergab ihm. Es war ein Mal von vielen.

Aber nicht nur er betrog mich während unserer An-aus-Beziehung. Ich hatte auch meine Liebeleien. Einmal betrog ich Jeremy sogar mit einem seiner besten Freunde. Ich war verletzt und verwirrt durch unsere vergiftete Beziehung und wollte es ihm heimzahlen.

So wie ich meine Probleme hatte, gab es auch bei Jeremy einiges, das ihm zu schaffen machte. Ich glaube, sein herabsetzendes und respektloses Verhalten hatte seine Wurzeln in seinem familiären Hintergrund. Sein Vater war alkoholkrank. Jeremy folgte seinem Beispiel. Bereits mit sechzehn hatte er ein ernstes Alkoholproblem. Ich begleitete ihn zu einigen Sitzungen der Anonymen Alkoholiker. In der großen Gruppe der verlebten, erschöpften Gesichter, die mindestens doppelt so alt waren wie wir, kamen wir uns vor wie Babys. Jeremy hielt das Zwölf-Punkte-Programm nicht lange durch, und sein Alkoholproblem verschlimmerte sich.

Warum soll ich die Wahrheit beschönigen? Jeremy war ein Schuft, wenn er betrunken war. Ich denke, er würde mir heute sogar zustimmen. In betrunkenem Zustand verwandelte er sich in sein böses »Alter-Ego«, wie ich das gerne nenne, in Jack (sein zweiter Vorname). Jedes Wort, das er unter dem Einfluss von Alkohol von sich gab, war beleidigend und auf Konfrontation ausgelegt. Dann waren da die Schlägereien, die an Heftigkeit zunahmen, wenn sein Alkoholpegel einen gewissen Stand erreicht hatte. Jeremy war der geborene Kämpfer (und ein ziemlich guter sogar, möchte ich hinzufügen), und wenn ihn jemand auch nur schief ansah, ging er bis zum Äußersten. Schlimmer wurde es, wenn ich dabei war. Wir gingen zum Beispiel Hand in Hand über die Straße, und wenn mich ein Junge ansah, mir manchmal nur einen flüchtigen Blick zuwarf, dann flippte er aus. Er zog mich dann an sich und sagte besitzergreifend: »Du gehörst mir.«

Unsere über vier Jahre andauernde An-aus-Beziehung war in höchstem Maße ungesund, einengend durch diese Psychospielchen und überschattet von unseren Unsicherheiten. Während jener vier Jahre machten wir so oft Schluss, dass ich gar nicht mehr genau sagen kann, wann wir tatsächlich zusammen waren.

Zu Hause gingen meine Streitereien mit meiner Mutter weiter. Ein Streit folgte dem anderen. Es gab keine Pause, keine Begegnung, bei der wir uns nicht an die Kehle gingen. Als ich sechzehn war und mit Jeremy gerade mal wieder Schluss gemacht hatte, trat die Wende ein. Ich beschloss auszuziehen.

Sie mögen denken, das wäre eine große Sache gewesen. Ich meine, immerhin war ich noch minderjährig. Aber ich kann mich nicht daran erinnern, dass es wegen meines Auszugs ein großes Theater gegeben hätte. Die Situation war zu jenem Zeitpunkt so übel, dass meine Mutter vermutlich zutiefst erleichtert war. Sie und Bruce könnten endlich in Ruhe und Frieden leben. Offen gesagt, sie hatten es sich verdient. Im Rückblick denke ich, dass sich meine Mutter sicher Sorgen um mich machte. Wie könnte es anders sein?

Während im Haus meiner Mutter und meines Stiefvaters allmählich wieder eine gewisse Normalität einkehrte, zog ich in eine Wohngemeinschaft mit drei Jungen ein. Mit einem von ihnen war ich kurze Zeit befreundet gewesen. Bei uns folgte eine Party auf die nächste, und ständig kamen irgendwelche Leute vorbei, um mit uns zu feiern und Drogen zu nehmen. Die Wohnung stank nach Alkohol und abgestandenem Zigarettenrauch. Der Kühlschrank war immer leer, abgesehen von Bier und Ketchup. Die Küche war ein Saustall – Mülltüten mit leeren Flaschen und Pizzaschachteln türmten sich auf dem Boden. Aber es war mein Zuhause, und niemand schrie mich an oder ärgerte mich.

Die Schule hatte in meinem Leben ihre Bedeutung verloren.

Dann und wann besuchte ich den Unterricht, wenn ich gerade Lust dazu hatte. Aber ich war entweder high oder betrunken oder beides. Wenn ich die Schule schwänzte, schlief ich oder feierte Party. Mein Tagesablauf war ziemlich gleich: Feiern bis um 6 Uhr morgens. Den ganzen Tag schlafen. Party in der Nacht bis 6 Uhr morgens. Den ganzen Tag schlafen. Ich weiß, sehr inspirierend.

Um das Geld für die Miete und für meine Drogen zu verdienen, nahm ich einige ungewöhnliche Jobs an. Eine Weile arbeitete ich nachts als Kassiererin an einer Tankstelle. Da ich eine Nachteule bin, liebte ich diese späten Stunden.

In den frühen Morgenstunden kamen die unterschiedlichsten Kunden – müde Reisende, die auf einer langen Autofahrt eine Pause einlegten, Kellnerinnen, deren Schicht beendet war, Polizisten, die ihre Schicht antraten. Ich saß halb verschlafen in dem engen Kiosk der Tankstelle, der aus zwei winzigen Räumen und einem noch kleineren Waschraum bestand, in den kaum eine Toilette und ein Waschbecken passten. Während meiner Schicht zog ich Kreditkarten durch das Lesegerät, gab Wechselgeld aus, verkaufte Zigaretten und erklärte Autofahrern, die sich verfahren hatten, gelegentlich den Weg.

An einem Tag löste ich kurz vor Mitternacht meine beste Freundin ab, deren Schicht gerade zu Ende war. Ich wusch mir die Hände und stellte mich gedanklich auf die kommenden acht Stunden ein. Meine Freundin, die in dem kleinen Nebenraum die Kasse abrechnete, regte sich über einen unangenehmen Kunden auf, der sie wieder einmal gepiesackt hatte. Ich lachte und stellte mir insgeheim vor, ich läge wieder in meinem warmen Bett und kuschelte mich unter die Decke.

Schließlich saß ich hinter der Glasscheibe des Kiosks und wartete auf meinen ersten Kunden, als ein Mann mit einer dunklen Ski-Maske auftauchte. Er zielte mit einer Pistole auf mein

Gesicht. »Mach die Tür auf! Mach die besch... Tür auf – sofort!«, schrie er. Mein Herz begann zu rasen. Ich war gelähmt vor Angst, die Augen fielen mir beinahe aus dem Kopf wie bei einer Figur aus einem Zeichentrickfilm. Er deutete mit seiner Pistole zur Kiosktür und schrie erneut: »Mach die Tür auf!« Aus den Augenwinkeln sah ich, dass ein zweiter maskierter Mann neben dieser Tür ungeduldig darauf wartete, dass ich aufschloss.

Ich geriet in Panik und ignorierte seine Anweisung, stieß einen markerschütternden Schrei aus und floh in den angrenzenden Raum, wo das Bargeld eingeschlossen war. Ich glaube, ich habe ihn mehr erschreckt als er mich.

Meine Freundin war so auf ihre Tätigkeit konzentriert, dass sie von dem Überfall nichts mitbekommen hatte. Mein Schrei und meine Flucht erschreckten sie. »Was ist los?«, fuhr sie mich an. Sie drehte den Kopf in die Richtung, aus der ich gerade geflohen war, und entdeckte die beiden bewaffneten Männer. Der Mann neben der Tür schrie sie an, sie solle die Tür öffnen, und auch sie geriet in Panik – und folgte seiner Anweisung.

Beide Männer drängten in den Kiosk. Der eine kam in seinen mit Stahl beschlagenen Stiefeln mit schweren Schritten auf mich zu. Während er mich zum Waschraum zerrte, hörte ich, wie sein Kumpel meine Freundin anbrüllte: »Steck das Geld in die Tasche! Und auch Zigaretten!«

Der Mann, der mich in den Waschraum schob, zog ein Seil aus der Tasche und fesselte meine Handgelenke. Ich hockte in einer unbequemen Stellung auf dem Boden. »Mach bloß keine Dummheiten«, warnte er. Dann schlug er die Tür zum Waschraum zu und ließ mich im Dunkeln zurück. Ich empfand eine Mischung aus Angst und Erleichterung. Der Toilettenkasten drückte gegen meine Wange. Ich zitterte, hörte, wie die Räuber meine Freundin herumkommandierten und ihr Gejammer, ihr doch bitte nichts zu tun. Fast glaubte ich, das alles würde gar nicht passieren. *Wer-*

den sie uns umbringen? Uns vergewaltigen? Geschah das tatsächlich?

Und so schnell, wie alles begonnen hatte, war der Überfall auch schon vorbei. Die Männer flüchteten mit Tausenden Dollar und einer großen Tasche mit Zigarettenstangen. Weniger als fünf Minuten, nachdem die bewaffneten Männer sich in den Kiosk gedrängt hatten, kam meine beste Freundin taumelnd in den Waschraum, um mich zu befreien. Mit zitternden Händen löste sie die Fessel an meinen Handgelenken. Wir riefen die Polizei und warteten voller Angst auf ihr Eintreffen. Wir hofften, dass die Räuber nicht noch einmal zurückkämen. Danach gab ich diesen Job auf. Auf keinen Fall wollte ich einen weiteren Überfall oder gar noch Schlimmeres riskieren.

Ohne den Job an der Tankstelle ging mir schnell das Geld aus. Schon bald stand ich mit leeren Taschen da, doch ich behielt mein Partyleben bei und beschaffte mir das Geld für Miete und meinen Lebensunterhalt anderweitig. Und so fing ich an, Zigaretten zu klauen. Ich betrat ein Geschäft, schnappte mir ein paar Stangen, steckte sie unter meine weite Jacke und verschwand durch die Eingangstür. Niemand verdächtigte mich. Meine Jacke war so weit, dass ich problemlos vier Stangen darin unterbringen konnte. Damals kostete eine Packung Zigaretten etwa acht Dollar, und ich verkaufte die Stange mit zehn Packungen für fünfundzwanzig Dollar. Das war viel Geld. Trotzdem reichte es hinten und vorn nicht, um meinen Lebensstil beizubehalten.

Darum begann ich, mit Drogen zu dealen. Auch für meine Mitschüler in der Schule war das ein Nebenerwerb, und sie verdienten viel Geld damit. Es ging schnell und einfach, und weil ich so jung und gepflegt wirkte, war ich eine absolut unverdächtige Drogendealerin. Ich kaufte ein paar Unzen Marihuana oder Haschisch und verkaufte sie in Viertel-, Halbe- und Grammpackungen, gerade so viel, dass ich genug zum Leben hatte. Ich verkaufte auch Haschöl. Es ist ein Wunder, dass ich nie geschnappt wurde. Ich wäre im Gefängnis gelandet.

Obwohl ich in meiner Jugendzeit wirklich viel Blödsinn gemacht habe, muss ich sagen, dass es durchaus noch schlimmer hätte kommen können. Das klingt natürlich seltsam, nicht? Meine Jugendzeit, die bestimmt war von Alkohol, Drogen, Zigaretten, vom Stehlen und Drogendealen, hätte »noch schlimmer« sein können? Aber es gab Grenzen, die ich nicht überschritt – Grenzen, die vielleicht nicht da gewesen wären, wenn nicht in früheren Jahren in mir der Same des Glaubens ausgestreut worden wäre.

Im Großen und Ganzen hätten die Konsequenzen für mich viel schlimmer sein können. Es hätte sein können, dass ich selbst eine Tankstelle ausgeraubt hätte oder von harten Drogen wie Meth oder Heroin abhängig geworden wäre. Ganz bestimmt möchte ich mich hier nicht als geheilte Drogenabhängige darstellen. Aber ich bin zutiefst dankbar, dass ich nicht den schwierigen Prozess einer Entziehungskur von Alkohol oder Drogen habe durchmachen müssen.

Nachdem ich einige Monate allein gelebt hatte, zog ich wieder zu Hause ein. Und sofort begann ich wieder, mit meiner Mutter zu streiten, als hätte es keine Pause gegeben. Mir tut es schrecklich leid, was ich meiner Mutter in meiner Teenagerzeit zugemutet habe. Der Zorn und der Schmerz, die sich in mir während der vielen Jahre angestaut hatten, richteten ihr Gift gegen sie. Ich wusste nicht, wie ich mit meinen Gefühlsschwankungen umgehen sollte: In der einen Minute hasste ich mich, in der nächsten sehnte ich mich nach Liebe. In der einen Minute war ich voller Zorn und schon wieder gleichgültig in der nächsten. Ich zucke zusammen, wenn ich daran denke, wie rebellisch ich zu Hause gewesen bin. Aber es macht mich auch traurig, weil der Grund für mein Verhalten tiefer Schmerz gewesen ist. Ich sage immer: »Die am schwersten zu lieben sind, brauchen es am allermeisten!«

Etwa zu dieser Zeit kehrte ich auch wieder zu meinem vertrauten Muster mit Jeremy zurück. Wir erneuerten unsere Achterbahn-Beziehung. Jeremy und ich hingen wieder viel mit unseren gemeinsamen Freunden herum, feierten entweder Party oder machten Dummheiten. Einmal, als ich knapp siebzehn war, trafen wir uns mit unseren Freunden, die wie wir Unruhestifter waren. Es war Abend, draußen aber noch hell, und wie gewöhnlich waren wir zugekifft und langweilten uns. Wir trieben uns im Innenstadtbereich herum, als wir plötzlich an einem nicht verschlossenen Gebäude vorbeikamen. »Ist es wirklich Einbruch, wenn die Tür offen steht?«, fragten wir uns.

Die Lagerhalle sah aus wie eine Art Bunker. Sie war geräumig und fast leer. Wir verteilten uns darin und durchsuchten lärmend die darin stehenden Schränke und Spinde. Was wir suchten? Na ja, irgendetwas. Wir fanden dann einen Stapel Yogamatten, holten sie heraus und verteilten sie auf dem Boden, wo wir dann Kleinolympia spielten mit Radschlagen und Handstand. Ja, wir waren keine großen Sportler.

Nach einer Weile wurde auch das langweilig, und wir durchsuchten das Gebäude noch eingehender. Die Dämmerung hatte mittlerweile eingesetzt, und jemand öffnete einen großen Schrank, der eine Treppe verbarg. Es war ungewöhnlich, in einem Schrank auf eine Treppe zu stoßen. Wir stellten uns vor, welche schrecklichen Dinge uns am Ende jener Treppe erwarteten, und schließlich forderte einer der Jungs einen anderen heraus, Mut zu zeigen und hinunterzusteigen.

Ein ganz mutiger Junge nahm die Herausforderung an. Er öffnete die Tür und tastete sich langsam ein paar Stufen in die totale

Dunkelheit hinunter. Doch dann überkam ihn die Angst, und er rannte wieder nach oben. Der arme Kerl. Er wurde gnadenlos gehänselt.

Ein anderer Junge meldete sich freiwillig. Mit stolz geschwellter Brust sagte er: »Ich mache es.« Er schaffte es nicht einmal die halbe Treppe hinunter, bis auch er Angst bekam und wieder hochkam.

Ich fand das Ganze blöd. Ich meine, mal im Ernst, worauf könnten wir dort unten schon stoßen? So richtete ich mich auf und sagte: »Das ist eine Aufgabe für eine richtige Frau«, und marschierte die Treppe hinunter. Vorsichtig tastete ich mit der Hand an der Wand nach einem Lichtschalter, und als ich ihn endlich fand, traute ich meinen Augen kaum.

Ich schnappte laut nach Luft. Als meine Freunde das hörten, erschraken sie und wichen von der Tür zurück. »Nein, wartet!«, rief ich. »Kommt runter. Das ist der reine Wahnsinn! Ihr werdet es nicht glauben!« Ein wenig zögerlich stiegen meine Freunde schließlich die Treppe hinunter.

»Wow«, sagte jemand, als sie unten angekommen waren und sich umsahen. »Das ist irgendwie surreal.«

Wie gelähmt und vollkommen fassungslos standen wir in einem riesigen Raum, der ausgestattet war mit Basketballkörben, Fernsehgeräten für Videospiele, einem Musikautomaten und Dartscheiben. Ein großer Spielplatz für Teenager. Es war, als hätten wir eine ganz neue Welt betreten. Und dann fiel es mir ein. Das war vermutlich das neue Zentrum, »Bunker« genannt, von dem ich in der Lokalzeitung gelesen hatte. Wir waren darauf gestoßen, bevor es überhaupt eröffnet worden war. Das war ein stolzer Moment für uns alle.

Während der kommenden Stunden fühlten wir uns wie im Himmel. Die Computerspiele waren frei zugänglich. Man konnte also eine Münze einwerfen, ein Spiel spielen, dann bekam man das Geld zurück und konnte weiterspielen. Wir probierten alles aus. Wir warfen ein paar Körbe, wir stellten den Musikautomat an, spielten Poolbillard und Tischtennis. Und dann setzte die Langeweile wieder ein.

Ich sah mich genauer um und entdeckte eine Kabine, die verschlossen war. Bestimmt wurde Geld da drin aufbewahrt oder zumindest kleine Snacks. Als wir gemeinsam vor dem Schloss standen und es aufbrechen wollten, hörten wir auf der anderen Seite des Gebäudes ein leises Geräusch. Wir erstarrten. Da war jemand. Als dann eine Tür geöffnet und wieder geschlossen wurde, eine andere Tür als die, durch die wir in das Gebäude eingedrungen waren, war uns klar, dass wir hier verschwinden mussten. Und zwar schnell. Nervös kichernd flohen wir aus dem Gebäude auf demselben Weg, auf dem wir hereingekommen waren.

Da wir diese Einrichtung gefunden hatten, bevor sie überhaupt eröffnet wurde, proklamierten wir sie stolz als die »unsrige«. Dieser Eigentumsanspruch war der einzige Grund, warum wir unsere Abende dort verbrachten. Immerhin war dies ein christliches Zentrum. An den Wänden hingen Bibelsprüche, und auf einem Schild stand: »Kein Alkohol. Keine Zigaretten. Kein Fluchen.«

Ja, klar!

Als der »Bunker« dann offiziell eröffnet wurde, hingen wir jedes Wochenende dort ab. Dort konnten wir mal richtig Spaß haben und unsere Freizeit verbringen. Natürlich hielten wir uns nicht an die Regeln. Fast immer brachten wir Bier mit und versteckten es im Spülkasten der Toilette, um es kühl zu halten. Ich betrank mich im Bunker häufiger, als ich zugeben möchte. Auch Drogen nahm ich dort.

Wenn ich keine Lust hatte auf Videospiele oder Poolbillard, setzte ich mich zu John, dem Leiter des Zentrums. Seine Fußballerfrisur war mir wirklich unvergesslich, vorne geschäftsmäßig, hinten Party. Während dieser Zeit und auch noch Jahre danach erinnerte er mich an die Hippies in den 1980iger-Jahren. Ich neckte ihn immer: »Hey, John, die Achtziger haben angerufen. Sie wollen ihre Haare zurück.« Trotz seiner gewöhnungsbedürftigen Frisur konnte ich mich gut mit ihm unterhalten, und wir führten zahlreiche Debatten über das Leben. Er war sehr fürsorglich und aufrichtig, und egal, wie sehr ich mich auch bemühte, ich fand einfach keine versteckten Motive für seine Freundlichkeit. Er hatte keine Hintergedanken.

Eins störte mich an ihm allerdings. Er redete über Gott. Sehr viel sogar. Egal, über welches Thema wir uns auch unterhielten, es gelang ihm immer, das Gespräch wieder auf Gott zu lenken. Das ärgerte mich. Aber ich ließ ihn reden, weil er nett war. Und ich mochte ihn sehr.

Obwohl John freundlich war zu Jeremy, meinen Freunden und mir, ließ er sich doch nicht täuschen. Er merkte genau, was wir taten. Wenn er uns mit Bier oder Drogen erwischte, warf er uns sofort aus dem Zentrum, doch am folgenden Wochenende ließ er uns immer wieder hinein.

John war der erste Mensch, der mir eine Chance gab. Der mich nicht ablehnte, weil ich jung, dumm und eine Unruhestifterin war. John war ein Kuppler; er wollte mich mit einem Gott bekannt machen, der den Kurs meines Lebens für immer verändern würde.

An einem Wochenende im Mai 1992 feierten meine Freunde und ich den 24. Mai (Victoria Day), ein kanadischer Feiertag zu Ehren von Königin Victorias Geburtstag. Für die meisten Partygänger ist es ein Wochenende zum Trinken und Feiern. Ich feierte mit. Jeremy und ich hatten uns in der Woche zuvor gerade mal wieder getrennt, weil ich herausgefunden hatte, dass er mit einer meiner Freundinnen geschlafen hatte. Ich fuhr mit meinen Freunden zum Zelten. Das war für mich eine Flucht; ich wollte einmal alles hinter mir lassen, vor allem mein Beziehungsdrama zu Hause, und mit meinen Freunden zusammen sein.

Das ganze Wochenende verbrachte ich im Rausch, und es endete damit, dass ich mit einem Jungen schlief, den ich nur flüchtig kannte. Normalerweise war ich für solche kurzlebigen Abenteuer nicht zu haben. Doch die Gründe für diese dumme Entscheidung, die ich in meinem Alkoholrausch traf, waren sehr selbstsüchtig. Ich wollte mich darüber hinwegtrösten, dass meine Beziehung zu Jeremy wieder einmal zu Ende war, und mich an ihm rächen. Auge um Auge, Zahn um Zahn.

Einige Tage später rief Jeremy an, und es war wieder die alte Leier. Er entschuldigte sich, dass er mich betrogen hatte, und bat mich, ihn doch wieder zurückzunehmen. Er fand genau die richtigen Worte, wusste genau, wie er mich weichkochen konnte. »Baby, ich liebe dich.« »Bitte komm zu mir zurück.« »Ich werde mich ändern.« »Ich kann nicht ohne dich leben.« »Wir sind füreinander geschaffen.« »Du bist die einzige Frau, die ich will.« Gegen seine Schmeicheleien war ich machtlos. Und natürlich würde ich mich wieder auf ihn einlassen. Das tat ich ja immer.

Doch ich wollte ihm gegenüber wenigstens ehrlich sein und ihm beichten, was an jenem Wochenende geschehen war. Unsere Beziehung sollte nicht mit einer Unaufrichtigkeit erneuert werden. Aus Gewissensgründen musste ich ihm die Wahrheit sagen.

Großer Fehler.

»Wenn wir noch einmal neu anfangen wollen«, sagte ich zu Jeremy, »dann muss ich dir auch etwas beichten.« Ich hielt inne und stellte mir seine Reaktion vor. Im Grund wusste ich, dass er es nicht gut aufnehmen würde. »Am vergangenen Wochenende habe ich mit einem Jungen geschlafen.«

Auf mein hässliches Geständnis folgte ein unerträgliches Schweigen am anderen Ende der Leitung. Doch das dauerte nicht lange. Dann brach das Unwetter los. Während ich gegen die Tränen ankämpfte und ihn anflehte, sich doch zu beruhigen, flippte Jeremy total aus. Ich hörte seine trommelnden Fäuste, das Splittern von Glas und wie schwere Gegenstände zu Bruch gingen.

Es war schrecklich. Ich fühlte mich schuldig und schämte mich. Ganz besonders, weil ich seinen Wutanfall durch eine dumme Entscheidung ausgelöst hatte. Zitternd hielt ich das Telefon ans Ohr und hörte Jeremys Wutanfall weiter zu. Von den Gefühlen, die in meinem Kopf herumwirbelten, wurde mir ganz schwindelig.

Jeremys Wutausbruch war eigentlich nichts Ungewöhnliches. Auch nicht die Beleidigungen, die er mir an den Kopf warf. Und ich wusste, dass er sich irgendwann wieder beruhigen würde. Ich würde mich eine Million Mal entschuldigen, und er würde noch ein paar Spitzen gegen mich richten. Dann würden wir uns küssen und uns versöhnen – bis sich der Vorfall einige Wochen darauf wiederholen würde.

Doch dieses Mal eskalierte die Situation, wie ich es noch nie erlebt hatte. Jeremy drohte, meine dunkelsten Geheimnisse zu enthüllen: Dinge, die ich ihm einige Wochen zuvor in einem Augenblick der Schwäche anvertraut hatte. Ich war davon überzeugt gewesen, dass dieser Vertrauensbeweis uns aneinander binden würde. Nie im Leben hätte ich damit gerechnet, dass er dieses Vertrauen missbrauchen würde. Aber genau das geschah nun.

Im Rückblick erkenne ich natürlich, dass Jeremy das alles nur sagte, weil er tief verletzt war. Ich hatte ihn betrogen, und im Augenblick konnte er nur aus dem Moment heraus reagieren. Seine Worte entsprangen der Wut und der Unvernunft, einem destruktiven Verhalten, das uns beiden nur allzu bekannt war.

Das alles weiß ich jetzt. Aber in jenem Augenblick hörte ich nur die Drohung, die mir ganz tief ins Herz schnitt. Ich fühlte nichts als Dunkelheit. Reine, absolute Düsternis.

Das Telefon glitt mir beinahe wie in Zeitlupe aus der Hand und landete mit einem lauten Poltern auf dem Boden. Das Leben, wie ich es gekannt hatte, war zu Ende. Die Welt war schwarz geworden. Ich bekam keine Luft mehr.

Meine Hände begannen zu zittern, und ich hörte nur noch mein eigenes Keuchen in dem verzweifelten Versuch, genügend Sauerstoff in meine Lungen zu bekommen. Seine Worte klangen in meinem Kopf nach. Eine Welle der Scham ertränkte alle Logik. In diesem Augenblick war mein einziger Gedanke: *Ich muss sterben. Und zwar jetzt gleich!*

Innerhalb von Minuten schloss sich der Kreis vom Gedanken zur Tat. Durch mein Gehirn schossen verschiedene Möglichkeiten: Erschießen? Nein, dazu fehlte mir die Waffe. Pillen schlucken? Aber ich wusste nicht, wie viele ich brauchte, um ganz sicher zu sterben. Pulsadern aufschneiden? Nein, es dauerte viel zu lange, bis ich verblutet wäre. Während ich alle Wege zum Selbstmord überdachte, fiel mir plötzlich meine Schwester ein – und wie sie gestorben war … Bingo.

Ich lief aus dem Haus und wartete auf meine Chance. Es musste ein Lastwagen sein. Ein großer. Nichts durfte schiefgehen. Ich würde den Augenblick zum Sterben genau abpassen. Die Autos auf der Straße sausten an mir vorbei. Chevy Impala? Zu klein. Ford Escort? Noch kleiner. Minivan? Da kamen wir der Sache schon näher. Und dann entdeckte ich den herannahenden Lieferwagen. Perfekt.

Adrenalin trommelte durch meinen Körper wie ein Schlagzeugsolo. Als der Lieferwagen näher kam, rannte ich über den Rasen vor unserem Haus und überquerte den Bürgersteig, auf dem ich früher Hüpfkästchen gespielt hatte. Noch ein paar Schritte, und: Schon warf ich mich von der Bordsteinkante direkt vor den Lieferwagen. Noch im Sprung konnte ich das Gesicht des Fahrers erkennen, der weiß wurde wie eine Wand.

Ich schloss die Augen und rechnete damit, von dem Aufprall zu Boden geschleudert zu werden. Aber nichts passierte. Der Fahrer machte eine Vollbremsung und manövrierte den Lkw in eine Seitenstraße hinein. Sicher dankte er Gott. Ich dagegen fluchte.

Die quietschenden Bremsen dröhnten in meinen Ohren. Ich war am Leben. Nur die Knie und die Arme waren aufgeschürft. Ich war enttäuscht und gedemütigt: Ich schaffte es nicht einmal, mich umzubringen! Der Fahrer des Lieferwagens kam auf mich zugerannt, Schweiß strömte ihm über das Gesicht. Der arme Kerl. Ich hatte ihn zu Tode erschreckt.

»Bist du verletzt?«, keuchte er, außer Atem und in aufrichtiger Sorge.

Ich brachte kein Wort heraus, war wie betäubt. Benommen nickte ich, drehte mich um und kehrte zu unserem Haus zurück. Mein Blick begegnete einer wütenden Nachbarin, die meinen Versuch, mich umzubringen, beobachtet hatte. Selbst aus der Entfernung sah ich, wie sie mich anfunkelte, als hätte ich gerade ihre beste Freundin umgebracht. Ganz bestimmt rechnete ich nicht mit dem, was als Nächstes geschah.

Von ihrer Veranda aus beschimpfte sie mich und kam zeternd auf mich zu. Sie packte mich und zerrte mich auf unsere Veranda. Eine Flut von Schimpfwörtern prallte an mir ab, und schließlich schrie sie mich an: »Wie kannst du so etwas tun? Was hast du dir dabei gedacht? Wie konntest du so selbstsüchtig sein?«

Unsere Nachbarin schimpfte immer weiter, während ich meinen Gedanken nachhing. Offen gesagt, ich verstand nicht so ganz, warum sie sich so anstellte. Ich hatte mich doch bereits selbst verurteilt. Und eigentlich war ich doch die Expertin darin, mich zu beschimpfen und zu beschämen. Dazu brauchte ich keine Hilfe. Beschimpfen konnte ich mich selbst sehr gut. Danke. Was ich im Augenblick gebraucht hätte, war Mitgefühl.

Der Stich der Scham und der spitze Dolch der Verurteilung bohrten sich in mein Herz. Ich rollte mich auf dem Boden zusammen und blendete die Stimme der Nachbarin einfach aus. Schließlich hob sie frustriert die Hände. Mein Stiefbruder erschien auf der Veranda, die Augen weit aufgerissen, und meine Nachbarin übergab mich an ihn. Offensichtlich war sie mittlerweile erschöpft und reichte mich weiter, damit Chuck … was denn? Weiterschimpfen konnte?

Chuck führte mich ins Haus und fragte: »Was ist passiert? Was hat dich dazu gebracht, das zu tun?«

Ich hatte nichts zu sagen. Darauf gab es keine Antwort. Das Wohnzimmer drehte sich um mich, und mein Geist war weit entrückt: weit fort von dem Tisch in der Ecke, den altmodischen Sofas, weit weg vom Gesicht meines Stiefbruders, das meinem so nahe war. Mein Bruder wollte unbedingt wissen, was in den vergangenen zwanzig Minuten geschehen war. Irgendwann rief er meine Mutter an. Und während wir darauf warteten, dass sie nach Hause kam, bombardierte mich Chuck weiter mit Fragen.

»Rede mit mir, Pattie. Was hat dich dazu getrieben?«

Ich konnte nicht antworten. Ich war wie erstarrt. Gefangen. Ich saß einfach am Küchentisch, fraß meinen Zorn in mich hinein und starrte ins Leere. Meine Mutter würde bald zu Hause sein. Was um alles in der Welt sollte ich ihr sagen? Während ich auf dem kalten, harten Stuhl saß, war der Wunsch, sterben zu wollen, immer noch da. Ich konnte an nichts anderes mehr denken. Die lockende Stimme war nicht laut oder zudringlich. Da war keine Hysterie. Sie war hypnotisierend und flüsterte mir leise ins Ohr: *Stirb, Pattie. Stirb einfach.* Das beruhigende Gesäusel lullte meine Gedanken ein, bis sie eins wurden mit meinem Geist.

Meine Mutter kam nach Hause und setzte sich zu mir an den Tisch. Ihre Hände zitterten wie Espenlaub. Dabei bemühte sie sich krampfhaft, sich zu beruhigen. Und endlich konnte ich auch reden. Ich erzählte ihr, was ich erlitten hatte, und auch von dem wiederholten Missbrauch über einen Zeitraum von fünf Jahren hinweg durch Menschen, die wir beide kannten. Ich erzählte ihr, wie ich jahrelang unter der Scham und dem Geheimnis gelitten hatte. Und dass Jeremy gedroht hatte, alles zu erzählen. »Das wird mir alles zu viel!«, gestand ich. »Ich weiß nicht mehr, wohin mit dem Schmerz.«

Das Gesicht meiner Mutter wurde weicher. Nachdem wir einige Sekunden lang geschwiegen hatten, machte sie ein für mich schockierendes Geständnis. »So etwas habe ich auch erlebt, als ich klein war.« Mehr sagte sie nicht. Das brauchte sie auch nicht.

Keiner von uns wusste an diesem Punkt, was zu tun war.

Doch dann war es Mom, die das Schweigen brach. »Ich bringe dich ins Krankenhaus. Du brauchst Hilfe.«

Kapitel Sechs

Ich bin betrübt
Ich fühle mich leer
Ich weiß nicht, was ich will
Trost, Liebe und vor allem Aufmerksamkeit
Ich habe eine Mauer um mein Herz gezogen
Ich bin besorgt
Ich bin traurig
Und empfinde Bedauern
Bedauern, weil ich nicht nein gesagt habe
Als ich klein war
Als ich neugierig war
Und als ich noch Hoffnung hatte

Dieses Gedicht schrieb ich am 20. Mai 1992, einen Tag, bevor ich ins Stratford General Hospital eingewiesen wurde.

Schon lange war deutlich, dass ich Hilfe brauchte. Stumme Schreie. Aggressionen. Rebellion. Deutliche Hinweise darauf, dass ich Aufmerksamkeit suchte. Dass ich mich nach einem Menschen sehnte, der mich wahrnahm, mir zuhörte und mir sagte: »Du bist wichtig!« Wie so viele andere litt ich stumm und wusste nicht, wie ich mich aus der Grube der Verzweiflung zurück ins Licht kämpfen sollte. Ich sah nur einen Weg, mein Elend zu beenden: mich umzubringen.

Es war nicht das erste Mal, dass ich mit diesem Gedanken spielte. Fast auf den Tag genau zwei Jahre zuvor hatte ich in mein Tagebuch geschrieben: »In letzter Zeit bin ich so deprimiert. Ich weine ständig, und ein paar Mal habe ich schon an Selbstmord gedacht, aber vermutlich bin ich nicht dumm genug, um es zu tun.« Anscheinend hatte ich schließlich die »Dummheit« aufgebracht, es zu tun.

Nichts passiert von heute auf morgen. Nach vielen Jahren zerbrach ich unter der emotionalen Last. Ich glaube, allein das Auf und Ab der Hormone als Teenie zu verkraften, ist schon schwer. Doch wenn dann noch Gespenster aus der Vergangenheit auftauchen, die sich nicht verjagen lassen, wird es irgendwann zu viel.

In diesem Zustand war es leicht, auf Drogen und Alkohol reinzufallen. Damit betäubte ich meinen Schmerz. Doch die Drogen verstärkten meine Stimmungsschwankungen. Wenn es mir gut ging, war ich euphorisch. Ging es mir schlecht, kroch ich am Boden. Eine Mitte oder eine Balance zu finden, gelang mir nie. Und natürlich half auch meine Achterbahn-Beziehung zu Jeremy nicht weiter.

Als meine Mutter mich ins Krankenhaus bringen wollte, protestierte ich nicht. Ein Teil von mir spürte, dass ich gehen sollte. Es war mir nur peinlich. Eine Wolke der Scham schwebte über meinem Kopf und drohte mit einem Gewitterausbruch. Mir war klar, auf welche Station ich eingewiesen würde – die Psychiatrie. Das Stigma der »Verrücktenstation« machte mir zu schaffen:

Du bist verrückt, Pattie.

Wer wird dich jetzt noch lieben?

Was für ein Mädchen landet schon in der Klapse?!

Als meine Mutter die Einweisungsformulare unterzeichnete, verstärkten sich meine negativen Gefühle. Es war unmöglich, länger gegen die Gedanken »Du bist verrückt und dumm!« anzukämpfen. Dabei war ich schlicht ein Mädchen mit einem gebrochenen Herzen, das Hilfe brauchte. Und so ließ ich los. Ich gab auf. Das letzte Fünkchen Glauben und Hoffnung, an das ich mich geklammert hatte, war erloschen.

Neunzehn Tage blieb ich im Krankenhaus, viel länger, als ich ursprünglich gedacht hatte. Doch ich möchte eins klarstellen. Ich erlebte die psychiatrische Abteilung ganz anders, als man es häufig in Filmen dargestellt sieht. Sie war kein menschlicher Zoo mit Patienten, die einnässen und von Pflegern gejagt werden. Ich begegnete keinen Menschen, die wie Zombies ziellos durch die Flure liefen und mit Geistern redeten. Und ich traf auch keine gewalttätigen Patienten, die nur durch eine Zwangsjacke zu bändigen waren. Eigentlich herrschte auf der Station eine große Stille. Und Traurigkeit.

Meine Zimmergefährtin hatte versucht, ihr Leben durch Tabletten zu beenden. Auf mich machte sie einen freundlichen, normalen und höflichen Eindruck. Ich wirkte auf andere nicht anders. Doch wenn man sich ihr hübsches Gesicht einmal genau ansah, bemerkte man den Schleier über ihren in die Ferne gerichteten Augen. Dieser Blick ist leicht zu erkennen, wenn man ihn jeden Tag im Spiegel sieht.

Ich denke nicht, dass ich mich von den anderen Patienten unterschied – die deprimiert waren, schizophren, selbstmordgefährdet, desillusioniert. Es gab eine Gemeinsamkeit zwischen uns: Wir alle kämpften mit Problemen. Der einzige Unterschied lag in der Art unserer Probleme und ihrer Intensität. Jeder von uns war dort, weil er nicht in der Lage war, seine Lebensumstände zu begreifen, einen Sinn im Leben zu finden oder zu ergründen, warum wir uns selbst so hassten. Oder weil wir die Stimmen in unseren Köpfen, die unsere Gedanken kontrollierten, nicht zum Schweigen bringen konnten. Oder weil wir, wie ich, unserer unerträglichen und lähmenden Depression auf den Grund gehen wollten.

Warum war ich vor einen Lastwagen gesprungen? Warum kehrte ich immer wieder in eine so ungesunde Beziehung zurück, die mich tiefer und tiefer in ein emotionales Chaos stürzte? Warum dachte ich, mein Leben zu beenden sei besser, als es zu leben? Eine Fülle von Fragen quälte mich. Einige waren offensichtlich. Andere konnte ich kaum in Worte fassen. Eigentlich war ich bereit, den ganzen Mist aufzudecken, über meine Vergangenheit zu reden und sie ans Tageslicht zu bringen. Aber im Krankenhaus war dazu keine Gelegenheit.

Meine Begegnung mit dem mich behandelnden Psychiater war unangenehm. Er schien kalt und gleichgültig zu sein. Zudem nahm er sich kaum Zeit für die Einschätzung meines geistigen Gesundheitszustandes. Vielleicht hatte er einen schlechten Tag und wollte so schnell wie möglich in seinem schicken Auto nach Hause fahren, ein Glas Kognac trinken und vor seinem Kamin entspannen.

Wie ein Maschinengewehr feuerte er seine Fragen auf mich ab, ohne mir Zeit zu lassen, sie umfassend zu beantworten: »Wie oft fühlten Sie sich in den vergangenen zwei Wochen niedergeschlagen, deprimiert oder hoffnungslos?«

»Wie lange haben Sie diese Gefühle schon?«

»Wann begannen diese Gefühle?«

Ich hatte nicht erwartet, dass der Arzt mein bester Freund werden würde, sich eine Stunde lang an mein Bett setzt, mir den Kopf tätschelt und sagt, dass alles gut werden würde. Aber ich war schockiert, dass er nicht das geringste Interesse zeigte. Er hätte wenigstens so tun können, als ob er sich für mich interessierte! Mir wenigstens mehr als nur einen flüchtigen Blick zuwerfen. Mir die Gelegenheit geben, seine Fragen zu beantworten, ohne mich zu unterbrechen. Die Arbeit auf einer psychiatrischen Station ist sicher kein Zuckerschlecken. Aber schon ein bisschen Menschlichkeit kann viel bewirken.

Nachdem der Arzt mich eine Stunde lang mit Fragen bombardiert, in sein ledergebundenes Notizbuch gekritzelt und wie eine lebensgroße Puppe mit dem Kopf genickt hatte, verschrieb er mir einige Medikamente und verschwand. Vor meiner Entlassung sah ich ihn vielleicht noch ein oder zwei Mal.

Während meines Aufenthalts lernte ich noch einen weiteren Therapeuten kennen. Unsere Sitzungen liefen ähnlich ab. Ich hätte gern ausführlich über den sexuellen Missbrauch geredet, wäre gern weiter in die Tiefe gegangen, über die Beschreibung der Symptome meiner Depression hinaus. Doch das war mir nicht vergönnt.

Das blieb auch in den kommenden Jahren so. Auf der Suche nach Heilung lernte ich eine Reihe von Therapeuten kennen und probierte unterschiedliche Therapieansätze aus. Ich glaube, jeder Therapeut nahm an, dass ich bereits mit dem vorhergehenden Therapeuten über den sexuellen Missbrauch gesprochen hätte. Darum wurde dieses Thema wohl nie ausführlich aufgearbeitet. Doch Tatsache war: Diesem Teil meiner Vergangenheit hatte ich mich nie wirklich gestellt. Irgendwie ging ich im System unter, obwohl das natürlich niemand beabsichtigt hatte.

Besonders eine Therapeutin, eine Spezialistin für sexuellen Missbrauch, vertrat vehement ihre Ansicht, Reden würde nichts bringen. »Du brauchst nicht so viel zu reden, Pattie«, erklärte sie mir. »Viele Menschen denken fälschlicherweise, man müsse über die Probleme reden, um sie zu verarbeiten. Das stimmt aber nicht.« Sie war überzeugte Anhängerin einer bestimmten Behandlungsmethode der Psychotherapie, der sogenannten EMDR

(Eye Movement Desensitization Reprocessing). Diese wird vor allem bei posttraumatischen Belastungsstörungen angewendet. Ich sollte an ein traumatisches Erlebnis denken und mich darauf konzentrieren, während ich mit den Augen ihren Fingerbewegungen folgte und einige Fragen beantwortete. Sicher hilft diese Therapie manchen Menschen. Aber bei mir schlug sie nicht an.

Erst vor einigen Jahren hatte ich endlich die Gelegenheit, den Missbrauch aufzuarbeiten und Heilung zu finden. Doch damals im Krankenhaus als Teenager hatte ich das Gefühl, dass keines meiner Probleme angesprochen wurde. Die Gründe, warum ich in der Psychiatrie gelandet war, und die Folgen des sexuellen Missbrauchs blieben ein Randthema.

Ich war einsam im Krankenhaus. Mein Tag war bestimmt von Medikamenten, Fernsehen, Gruppentherapie und Aufenthalt im Gemeinschaftsbereich. Sonst gab es nicht viel zu tun. Ich fühlte mich gefangen, als würde ich eine Gefängnisstrafe ohne Aussicht auf Begnadigung absitzen. Die Therapien brachten keine Besserung. Das Durcheinander in meiner Seele oder meinem Herzen blieb. Ich war immer noch derselbe Mensch mit denselben düsteren Gedanken, dem geringen Selbstwertgefühl und derselben Vergangenheit, die mich quälte.

Ich bekam auch selten Besuch. Abgesehen von meinen Eltern und John Brown, dem Leiter des »Bunkers«, erinnere ich mich an keine anderen Besucher. Keiner meiner Partyfreunde besuchte mich. Das war ernüchternd, denn es machte mir klar, dass ich keine wirklichen Freunde hatte. Sicher, da waren viele, die mit mir feiern wollten, doch als ich ganz unten war und nicht mehr weiterwusste, waren auch meine Partyfreunde verschwunden.

John dagegen meinte es ehrlich und wollte mir zeigen, dass ich ihm tatsächlich viel bedeutete. Er besuchte mich regelmäßig. Ich wusste immer sofort, wenn er im Anmarsch war. Ich roch ihn schon von Weitem. Nun, nicht wirklich ihn, sondern den unverwechselbaren Duft von Fastfood, das er mir mitbrachte. Mir lief jedes Mal das Wasser im Mund zusammen! Wenn John in mein Zimmer kam, brachte er vor Fett triefende Tüten mit, und meine Augen leuchteten sofort auf. Hey, welches Teeniemädchen mag kein ungesundes Essen?

Deshalb hatte ich nichts gegen Johns Besuche, obwohl er ständig von Gott sprach: *Gott dies und Gott das* ... An sein ständiges Gerede von Gott war ich aus der Zeit im Jugendzentrum gewöhnt. Doch manchmal ging er mir auch auf die Nerven. Während ich meine Pommes und frittierte Hühnchen mampfte, hörte ich ihm nur halb zu und dachte: *Mann, dieser Typ kann einfach nicht aufhören, von Gott zu quatschen. Dabei ist nicht mal Sonntag!* Aber natürlich blieben seine Worte nicht ohne Wirkung auf mich.

Das erste Mal, als John vorbeikam, brachte er mir eine Rose mit. »Gott möchte dir sagen, dass er dich liebt«, erklärte er. »Für ihn bist du wie diese Rose: wunderschön.« Ich kaute an meinem Big Mac und starrte die perfekte Blume an. Mein erster Gedanke war: John muss völlig verrückt sein, wenn er meinte, etwas von Gott zu hören! Doch noch verrückter war er, wenn er glaubte, Gott wolle mir sagen, ich sei so schön wie diese Blume.

Irgendwie konnte ich ihm dieses ganze »Von-Gott-Hören«-Gerede noch abnehmen. Aber der Vergleich mit der Rose ließ mich nicht mehr los. *Ach du meine Güte, nie im Leben bin ich wie diese Rose. Ich bin nicht schön. Ich bin nicht gut. Von welchem Planeten kommt der bloß?*

John besuchte mich auch weiterhin regelmäßig und erzählte mir sehr eindringlich von Gottes Liebe zu mir. Je mehr er redete, desto mehr wuchs meine Überzeugung, dass er übergeschnappt war. Was wusste er schon über Gottes Liebe zu mir? Offensichtlich nicht besonders viel.

Eines Tages sagte er jedoch etwas, das bei mir einschlug wie ein

Blitz: »Wer völlig am Boden ist, kann nur noch in eine Richtung gehen: nach oben. Du willst doch sowieso nicht mehr leben – warum findest du nicht einfach heraus, was Gott aus deinem Leben machen kann? Welche Pläne er für dich hat?« Voller Mitgefühl schaute er mich an. »Pattie, was hast du denn zu verlieren?«

Trotz allem glaubte ich nicht, dass Gott mich liebte. Noch nie hatte ich ihn erlebt – geschweige denn diese Art von Liebe, von der John sprach. Ehrlich gesagt war ich mir noch nicht einmal sicher, ob Gott überhaupt existierte! Bisher hatte ich nur Schmerz erlebt. Missbrauch. Verlassenwerden. Angst. Enttäuschung. Ich wusste genau, warum ich versucht hatte, mir das Leben zu nehmen. Aber Liebe? Nein, davon hatte ich keine Ahnung.

Was hast du zu verlieren?

Diese Frage verblüffte mich so sehr, dass ich sprachlos war. Er hatte recht: Ich hatte nichts zu verlieren! Bisher hatte ich versucht, auf meine Art zu leben – und war gescheitert.

Nachdem sich John an jenem Tag verabschiedet hatte, klangen seine Worte in mir nach. Während ich im Bett lag, quälten mich die Erinnerungen an den Weg, den ich bisher gewählt hatte. Mir wurde klar: Ich hatte keine bessere Alternative. Ich war ganz unten angelangt und es gab nur noch eine Richtung für mich: nach oben.

Da lag ich nun in meinem Bett und überlegte, was ich Gott sagen wollte. In diesem Augenblick fühlte ich mich sehr verletzlich. Entweder ich betete zu dem Gott des Universums, oder mein Gebet blieb an der Decke hängen, und damit wäre bestätigt, dass ich tatsächlich verrückt war.

»Hm, Gott«, begann ich. »Wenn es dich wirklich gibt, dann bete ich, dass du tust, was John gesagt hat. Hilf mir, mein Leben zu leben. Ich weiß nicht, wie ich das alleine schaffen soll.« Ein Teil in mir fragte sich, was Gott bitteschön mit meinem Leben anfangen sollte. Aber ich sah es als die ultimative Herausforderung. Ich würde einfach sehen, wie Gott meine Geschichte herumreißen könnte, die ich bisher so schlecht geschrieben hatte. Ob er auf den krummen Zeilen meines Lebens wirklich gerade schreiben könnte … Ich war bereit, es auf einen Versuch ankommen zu lassen.

Aber mir war auch klar, dass ich an diesem Punkt nicht stehen bleiben konnte. John hatte mir erklärt: »Wir sind alle Sünder und diese Schuld trennt uns von Gott. Deshalb ist Jesus gekommen, um für unsere Schuld zu sterben. Wenn du seine Vergebung durch das Kreuz annimmst, schließt du Frieden mit Gott.«

Also bat ich Jesus schlicht: »Würdest du mir bitte alle meine Schuld vergeben?«

In dem Moment, als ich diese Worte aussprach, tauchten ganz klare Bilder in meinem Kopf auf. Es war, als würde mein Leben noch einmal vor mir ablaufen wie ein Film: die Drogen, das Dealen, die Diebstähle, meine zahllosen sexuellen Abenteuer … In diesem Moment stand mir sehr deutlich vor Augen, wie groß meine Schuld war und wie heilig Gott ist. Das war niederschmetternd. Es bedrückte mich so sehr, dass ich dachte, ich wäre vielleicht nicht mehr zu retten. Vielleicht war ich wirklich zu weit gegangen. Vielleicht hatte ich die Grenze überschritten und seine Gnade könnte mich nicht mehr erreichen.

Ich fühlte mich schäbig. Und hoffnungslos. Mein Blick wanderte von der Decke zum Linoleumfußboden und meinen Kliniklatschen.

»Gott, wenn es zu spät ist«, flüsterte ich, »dann verstehe ich das total.« Ich meinte das völlig ernst. Denn ich hatte keinen blassen Schimmer davon, was Gnade bedeutet. Wie auch? Wie konnte ich erwarten, dass Gott mir einfach so vergibt und mich mit offenen Armen willkommen heißt? Das war sicher viel zu viel verlangt.

Doch genau das tat er und offenbarte sich mir. Er begegnete

mir auf eine Weise, dass ich nicht an seiner Existenz zweifeln konnte. Bitte entschuldigen Sie die kitschigen Details, aber es ist wirklich so passiert: Mit geschlossenen Augen sah ich ein Herz, das sich öffnete. Goldstaub fiel herab und füllte jeden Millimeter darin. Tief in mir wusste ich, dass es Gottes Liebe war. Als mein Herz rappelvoll war, schloss es sich und färbte sich schneeweiß. Ich fühlte mich völlig rein. Ich staunte und war mir bewusst: Gott ist bei mir!

Doch hier ist das Eigenartige: Ich fühlte mich nicht auf eine hochemotionale Art geliebt. Es war auch kein gefühlsduseliger Moment. Nein, eine tiefe Gewissheit erfüllte mich. Eine Dimension von Liebe, von der ich noch nicht einmal etwas geahnt hatte. Eine Liebe, die nur von Gott kommen konnte.

Regungslos saß ich eine Weile da. Dann fing ich an zu weinen. Tränen der Hoffnung. Tränen der Erleichterung. Tränen der Dankbarkeit. Tränen voller Gefühle, die lange und tief in mir verschlossen gewesen waren. Manches verstand ich gar nicht. Ich fühlte mich wie eine Frau, die tagelang durch die Wüste geirrt war und nun zufällig in einen sprudelnden Bach gestolpert war. Sprachlos versuchte ich zu begreifen, was gerade geschehen war.

»Oh mein Gott, du bist real«, stotterte ich.

»Oh mein Gott, du BIST real.«

»OH MEIN GOTT, du bist REAL!«

»Oh mein Gott, du bist wirklich real!«

Während dieser Zeit konnte ich mich kaum bewegen. So überwältigt war ich von dieser Gewissheit, dass Gott real war.

Doch bald wurde mir noch etwas klar: Es gab viele Sachen in meinem Leben, die Gott nicht gefallen würden. Ich müsste einiges aufgeben. Wenn mir eins aus meinen Gesprächen mit John und meiner katholischen Erziehung noch in Erinnerungen geblieben war, dann, dass es bestimmte Dinge gab, die Gott nicht guthieß. Und das waren natürlich die Dinge, die mir gefielen. Ich musste mich von einigem abwenden. Von Dingen, die ich mochte.

Also holte ich tief Luft und stellte Gott ein Ultimatum. »Wenn ich meine Drogen und den Alkohol aufgeben muss, dann kann ich nur hoffen, dass du viel besser bist. Ich will nicht Kirche spielen. Also geb ich das auf. Aber du musst mir schon zeigen, dass du es wert bist!« Es war sicher nicht das ehrfürchtigste Gebet, aber wenigstens ehrlich. Ich zeigte ihm mein Herz. Und ich glaube, es gefällt Gott, wenn wir ganz offen mit ihm sprechen und uns auch verletzlich machen.

Nach diesem Gebet fing ich an, in der Schublade meines Nachttischs zu kramen: Ich wusste, dass darin eine gute alte Gideon-Bibel lag. Egal, ob im Krankenhaus oder im Hotel, man findet immer eines dieser Bücher in der Schublade. Irgendwie wusste ich einfach, dass ich mich mit der Bibel beschäftigen musste. Zum ersten Mal hielt ich eine Bibel in der Hand. Doch ich hatte keine Ahnung, wo ich anfangen oder wie lange ich lesen sollte. Also schlug ich sie einfach irgendwo auf und vertiefte mich in den Inhalt.

Meine Kenntnisse über die Bibel waren minimal. Natürlich hatte ich keine Ahnung, dass es verschiedene Ausgaben gab. In meiner Schublade hatte ich eine »King James«-Ausgabe gefunden, vermutlich keine gute Übersetzung für einen Glaubensneuling im Teenageralter. Ich verstand nur Bahnhof. Jedes zweite Wort schien aus einer fremden Zeit zu stammen oder einem Shakespeare-Stück entnommen zu sein. Ich schloss daraus, dass Gott eben ganz anders redete als normale Menschen.

»Okay, Gott«, sagte ich. »Wenn ich zu dir gehören soll, musst du mir eben deine Sprache beibringen.«

Ich war so aufgeregt, nachdem ich das alles erlebt hatte, dass ich es jemandem erzählen musste. Also rannte ich den Flur hinunter, um John anzurufen. Er war der Einzige meiner Bekannten, der sich mit mir freuen würde über das, was ich gerade erlebt hatte. Und bestimmt könnte er mir helfen, Gottes Sprache zu verstehen. Ich dachte an unsere vielen Gespräche über Gott und dass ich überhaupt nicht verstanden hatte, was er mir hatte sagen wollen. Aber nach meiner Begegnung mit Gott fand alles, was John mir zu erklären versucht hatte, seinen Platz.

Als ich das Telefon erreichte und Johns Nummer wählte, war ich völlig außer Atem vor Aufregung. »Du wirst nicht glauben, was passiert ist«, platzte ich heraus.

»Was ist los?« Er klang besorgt.

»Sitzt du gerade?«

»Ja, natürlich, Pattie. Was ist geschehen?« Nur Gott weiß, was er in diesem Moment dachte.

»GOTT IST REAL!« Diese Worte brüllte ich regelrecht in den Hörer. Ich dachte, er würde ganz dramatisch reagieren, weil er es kaum glauben konnte. »Du machst Scherze, oder?«, würde er bestimmt sagen. Denn ich war fest davon überzeugt, dass ich ihm etwas revolutionär Neues erzählte! Eine Erkenntnis, die seine ganze Welt auf den Kopf stellen würde. So wie bei mir. Natürlich wusste ich, dass John Christ war. Aber ich glaubte nicht, dass er die Wahrheit so kannte wie ich. Immerhin hatte ich Gott ja gerade hautnah erlebt.

John lachte und schien den Augenblick zu genießen. Ich fand das nicht lustig. Im Gegenteil – ich wurde böse. *Ist es zu fassen! Er begreift es nicht.* Ich versuchte es erneut, wiederholte, was ich gerade gesagt hatte, dieses Mal mit noch mehr Ausdruck. »GOTT« – lange Pause – »IST REAL!«

»Ja, das weiß ich«, erwiderte John geduldig. Mittlerweile grinste er vermutlich über das ganze Gesicht.

»Nein, nein, nein. Du verstehst mich nicht. Ich habe gerade etwas erlebt. Ich rede hier nicht von dem religiösen Kram, den man in der Kirche hört. Ich rede hier von Gott, der real ist.« Voller Leidenschaft sprach ich weiter. »Dem Gott des Universums, dem Gott, der dich und mich und den Himmel und die Bäume geschaffen hat – John, dieser Gott ist real!«

»Ja, das weiß ich. Ich versuche doch schon die ganze Zeit, dir das klarzumachen.«

»Oh«, stutzte ich und wechselte das Thema. »Gut, also, ich wollte gerade in der Bibel lesen. Aber ich verstehe sie einfach nicht. Ständig treffe ich auf uralte Wörter und ellenlange Formulierungen. Und ich begreife gar nichts. Du musst mir Gottes Sprache beibringen.«

Wieder kicherte John. »Das ist doch nicht Gottes Sprache«, erklärte er. »Das ist die Sprache der King-James-Übersetzung. Die Originalbibel wurde in Griechisch und Hebräisch geschrieben und später in die verschiedenen Sprachen übersetzt. Und die King-James-Ausgabe ist die uralte Ausgabe.«

John versprach mir, sofort ins Krankenhaus zu kommen und mir eine moderne Bibelübersetzung mitzubringen, die ich besser verstehen könnte. Abends betete er mit mir und las mit mir gemeinsam in der Bibel, der modernen Übersetzung, deren Sprache für mich verständlicher war.

John freute sich sehr für mich. Und ich bin ihm zu großem Dank verpflichtet. Er hat mich nicht nur zu Gott geführt, sondern mir auch beigebracht, was Glauben ist. Er war mein geistlicher Mentor. Durch sein Vorbild im Alltag zeigte er mir, was Christsein bedeutet. Dieser wundervolle Mann half mir, Gottes Liebe besser zu begreifen.

Eine Woche später wurde ich aus dem Krankenhaus entlassen. Meine Ärzte bemerkten die Veränderung und sprachen mich darauf an. Da beschrieb ich ihnen meine Begegnung mit Gott.

Sie reagierten skeptisch. »Dann hörst du jetzt also Stimmen?«, fragte einer von ihnen.

Nein, ich hörte keine Stimmen. Ich war Gott begegnet. Ich hatte einen Sinn gefunden. Mein Leben hatte sich neu geordnet. Die Depression quälte mich nicht mehr so sehr. Zum ersten Mal in meinem Leben fühlte ich mich frei. Ich konnte klar denken. Ich spürte in mir eine tiefe, unbeschreibliche Liebe – eine Liebe, die die ständig breiter werdende Kluft in meinem Herzen ausfüllte. Die Kluft, die nichts von dem, was ich in der Vergangenheit ausprobiert hatte, hatte füllen können.

Nach meiner Entlassung aus dem Krankenhaus war ich etwa eine Woche lang in Hochstimmung. Ich nutzte jede Gelegenheit, anderen von Gott zu erzählen. Niemand war vor meinem missionarischen Eifer sicher: weder meine Freunde noch meine Familie. Nicht einmal der Verkäufer. Und auch der Postbote nicht!

Die meisten dieser Gespräche verliefen einseitig. Ich redete auf mein Gegenüber ein, das mich fast immer höflich anlächelte und nickte. Damals realisierte ich nicht, wie aufdringlich ich mich verhielt. Erst heute ist mir das bewusst. Bestimmt habe ich einige Menschen mit meinem Gerede über Gott verärgert, ähnlich wie John mich vorher verärgert hatte.

Ich kann kaum erahnen, wie mein Verhalten auf einige meiner engsten Freunde gewirkt haben mochte. Ich, die ich gerade aus der Psychiatrie kam, erzählte ihnen von Gott. Ha! Aber mit den Jahren mussten sie zugeben, dass mein Glaube keine Eintagsfliege war. Manchmal bitten sie mich sogar, für sie zu beten.

Zu meiner Verteidigung muss ich sagen: Ich war hin und weg! Gerade hatte ich herausgefunden, dass es Gott wirklich gibt! Deshalb wollte ich, dass alle Menschen, die – wie ich bisher – an ihm zweifelten, erfahren, was ich nun wusste. Es war wie bei der ersten Liebe: Die Blumen leuchteten bunter. Die Sonne strahlte heller. Die Sonnenuntergänge waren malerischer. Ich schwebte wie auf Wolken, und die Welt sollte es erfahren. Aber egal, wie viel ich redete, keiner schien mich zu verstehen.

Heute weiß ich, dass ich anderen nicht helfen konnte, dasselbe zu erleben. Es ist wie bei einem leckeren Essen. Es reicht nicht, in einem edlen Restaurant zu sitzen, die Speisekarte durchzublättern, darüber zu diskutieren und dann wieder nach Hause zu gehen. Vielleicht läuft einem dabei das Wasser im Munde zusammen. Aber um das Essen wirklich zu »erleben«, muss man es schmecken.

Sicherlich habe ich öfters Leute vor den Kopf gestoßen oder auf eine komische Art über meinen Glauben gesprochen. Mittlerweile bin ich einfühlsamer. Ich stimme nicht jeder Meinung zu, aber ich muss auch nicht jeden von meinem Glauben überzeugen.

Sogar noch eine Woche nach meiner Entlassung aus dem Krankenhaus war ich euphorisch. Mir ging es einfach gut. Ich brauchte weder Drogen noch Jeremy, um mich geliebt zu fühlen. Ich wollte mich nicht mehr betäuben, um den Schmerz zu vergessen. Endlich hatte ich gefunden, was in meinem Leben gefehlt hatte. Meine Mutter ging einfach über mein Erlebnis hinweg und sagte nichts dazu. Doch auf jeden Fall war sie froh, dass ich scheinbar zur Vernunft gekommen war.

Jeremy war kein Fan von meinem neuen Glauben. Ich glaube, er fühlte sich dadurch bedroht. Er war eifersüchtig, dass sich bei mir plötzlich alles um Gott drehte – und nicht mehr um ihn. Deshalb besaß Jeremy nicht mehr dieselbe Macht über mich wie früher. Und endlich konnte ich auch erkennen, wie schädlich und oberflächlich unsere Beziehung gewesen war.

Einige Wochen, nachdem ich aus dem Krankenhaus gekommen war, besuchte mich Jeremy. Er stand vor mir und bat mich, doch wieder zu ihm zurückzukommen. Seit Tagen schien er nicht mehr richtig geschlafen zu haben. Das sah man ihm an. Dunkle Ringe lagen unter seinen Augen, und seine Wangen waren eingefallen und ließen ihn älter aussehen.

»Bitte, Pattie«, bettelte er. »Komm wieder zu mir zurück. Wir wollen es noch mal versuchen. Dieses Mal wird es klappen, ich weiß es.« Seine Stimme war so traurig, dass es mir das Herz brach. Doch ich wollte nicht wieder in denselben Strudel geraten.

Ich schüttelte den Kopf. »Das geht nicht, Jeremy. Es tut mir leid.«

Er fragte, ob wir einen Spaziergang an der frischen Luft machen könnten. Während er auf mich einredete, hielt er meine Hand. »Hör zu, Pattie, wir gehören doch zusammen. Wir sind füreinander bestimmt. Ohne dich kann ich nicht leben.« Ich schwieg, wusste nicht, was ich sagen sollte, außer dass ich nicht wieder mit ihm zusammen sein wollte.

Jeremy konnte nicht begreifen, warum ich mich weigerte, es noch einmal mit ihm zu versuchen. So hatte ich mich noch nie verhalten, und das verwirrte ihn.

Ich erklärte es ihm. »Endlich bin ich glücklich, Jeremy. Ich habe Gott gefunden. Ich fühle mich frei. Und endlich erkenne ich auch, dass ich diese Beziehung nicht mehr möchte. Sie schadet uns beiden.«

Stille.

Jeremy nickte langsam, seine Augen verdunkelten sich. Sofort bemerkte ich seinen Stimmungsumschwung. Er explodierte. »Weißt du was ich von deinem Gott halte, Pattie?« Er trat einen Schritt zurück, zog die Nase hoch und spuckte neben meinen Flip-Flops aus.

Kapitel *Sieben*

Mein geistlicher Höhenflug schwächte irgendwann wieder ab. Das ist normal. An einem bestimmten Punkt steigt man von der Wolke herunter und kommt im realen Leben wieder an. Und auch hier sehe ich wieder eine Parallele zur Liebe. Die Euphorie geht vorüber. Es ist ein schöner Zustand, nicht essen, schlafen oder an etwas anderes denken zu können als an den Menschen, in den man sich verliebt hat. Aber dieses intensive Gefühl lähmt einen auch. Man funktioniert nicht mehr richtig. Man kann nicht mehr arbeiten, seinen alltäglichen Pflichten nicht mehr nachkommen. Eine solche Ekstase ist auf Dauer nicht auszuhalten. Ich musste als Gegengewicht zu diesem Hochgefühl lernen, die Realitäten des Lebens zu sehen.

Obwohl mein Leben eine neue Richtung genommen hatte, waren meine inneren Probleme nicht von heute auf morgen verschwunden. Das Trauma des sexuellen Missbrauchs und die daraus folgenden schädlichen Gedankenmuster waren immer noch da. Die Heilung geschah nicht über Nacht, sondern kam nach und nach im Laufe der Jahre. Doch das verstand ich anfangs noch nicht. Deshalb kehrte ich irgendwann genau zu den schädlichen Verhaltensmustern zurück, die mich einmal in die Tiefe gestürzt hatten.

Als ich das Krankenhaus verließ, schloss ich mich einer christlichen Gemeinde an, die ganz anders war, als ich mir Kirche bisher vorgestellt hatte. Auch wenn keine Kirche vollkommen ist und sich in jeder Gemeinde ein paar Scheinheilige einschleichen, hatte ich den Eindruck, dass die Christen in dieser Gemeinde sehr glaubwürdig lebten. Sie waren aufrichtig und lebten ihren Glauben auch im Alltag. In ihnen fand ich ein Vorbild. Es waren Menschen, die aus unterschiedlichen Lebensumständen kamen. Sie lehrten mich, dass Jesus der Grundstein der Gemeinde ist – und dass wir in ihm eins sind. Wir können unsere Unterschiede respektieren und voneinander lernen, weil Christus unser Mittelpunkt ist.

Mein Hunger nach allem, was mit meinem neu gefundenen Glauben zusammenhing, war unersättlich. Während der folgenden sechs Monate besuchte ich treu jeden Sonntag den Gottesdienst. Woche für Woche saß ich in der ersten Reihe und lauschte atemlos der Predigt. Ich besuchte die Bibelstunde, las viele christliche Bücher und hatte verschiedene geistliche Mentoren. Zu allen Tages- und Nachtzeiten rief ich die Pastoren an (tut mir leid!), um mit ihnen meine Fragen zu besprechen und sie um Gebetsunterstützung zu bitten. Ich war wie ein Schwamm, der alles in sich aufsaugte.

Je mehr Wissen ich ansammelte, desto mehr distanzierte ich mich von meinen Freunden. Ich hielt mich nicht für was Besseres, weil sich mein Leben veränderte. Nein, wir hatten einfach nicht mehr viel gemeinsam. Mir machte es keinen Spaß mehr, meinem Gehirn nächtelang eine Volldröhnung zu geben. Ich wollte mein Leben auf die Reihe kriegen. Deshalb lief ich in eine völlig neue Richtung und das wirkte sich natürlich auch auf die Beziehung zu meinen Freunden aus. Viele von ihnen verschwanden komplett aus meinem Leben.

Doch einige Monate nach meiner Begegnung mit Gott war ich frustriert. Für bestimmte Probleme, die mich quälten, fand ich einfach keine Lösung. War ich nach meiner Begegnung mit Gott nicht ein vollkommen neuer Mensch geworden? Wieso waren dann meine schlechten Angewohnheiten und Unsicherheiten noch da? Warum hatte ich immer noch so viele Durchhänger? Anfangs glaubte ich, meine ungesunden Tendenzen – wie Zorn und Bitterkeit – würden einfach verschwinden. Ich würde nur noch lächeln, optimistisch und liebevoll sein und niemals ein schlimmes Wort sagen oder denken.

Manche wohlmeinende Christen kleben Bibelverse wie Pflaster auf klaffende Wunden. Das ist nicht böse gemeint, aber kann sehr verwirren. Diese Wirkung hatte es bei mir. Mit einer Bibelstelle kämpfte ich besonders: »Gehört jemand zu Christus, dann ist er ein neuer Mensch. Was vorher war, ist vergangen, etwas Neues hat begonnen« (2.Korinther 5,17). Diese Bibelstelle bereitete mir Probleme. Denn ich war zwar geistlich ein neuer Mensch geworden, doch ansonsten war alles beim Alten geblieben. Meine Macken, Selbstzweifel und Durchhänger plagten mich wie eh und je. Ich hatte Heißhunger auf Zigaretten. Nach wie vor fühlte ich mich wie ein Außenseiter, abgelehnt und verlassen. Panikattacken lähmten mich.

Wie sollte ich das in Einklang bringen? Mein altes und neues Ich? Damals verstand ich nicht, dass ich noch viel Heilung brauchte. Heilung, die Zeit brauchen würde, viele Stunden der Seelsorge und Therapie. Heilung, die mich viel Kraft kosten würde. Und so wuchs meine Frustration von Stunde zu Stunde. Ich machte mir ununterbrochen Vorwürfe, weil ich nicht perfekt war. Ich musste lernen, »an meiner Errettung zu arbeiten« (siehe Philipper 2,12).

Der Kampf, der in meinem Herzen tobte, äußerte sich in meinem Verhalten. Oft reagierte ich völlig übertrieben. Meine

Gefühle fuhren Achterbahn. In der einen Minute war ich still und abweisend, empfindlich und aufbrausend in der nächsten. An einem Tag wollte ich mit jemandem über meine Probleme reden, am nächsten nur allein sein und zog mich bewusst von den Menschen zurück, die mich am meisten liebten.

Außerdem war ich einsam. Obwohl ich glücklich war, dass mich in der Gemeinde so viele Menschen mochten und mich unterstützten, waren sie doch sehr viel älter als ich. Sie waren verheiratet und hatten Familie, um die ihr Leben kreiste. Ich wünschte mir eine Gruppe von jungen Menschen, mit denen ich über die Schule, Musik und die anderen Dinge reden konnte, die für einen Teenager wichtig sind. Ich brauchte Freunde in meinem Alter. Ohne geistliche Unterstützung von Gleichaltrigen gab ich meinem Leben langsam, aber sehr bewusst wieder eine andere Richtung. Ein paar Schritte rückwärts hier und ein paar mehr dort, und bevor ich mich versah, war ich wieder regelmäßiger Gast auf den Partys, trank Bier und rauchte Joints.

Eigentlich suchte ich ein Gegenüber, mit dem ich mich austauschen konnte. Das war alles. Meine Rückkehr zu meinen alten Partygewohnheiten war kein bewusster Schritt. John hatte mich gewarnt, dass so etwas schiefgehen konnte. Doch ich versicherte ihm, dass der Umgang mit meinen alten Freunden keinen negativen Einfluss auf mich haben würde. Im Gegenteil, ich war fest davon überzeugt, dass ich einen guten Einfluss auf sie ausüben würde. Doch er wusste es besser.

»Ich will dir das mal verdeutlichen«, sagte er und stellte einen Stuhl in die Mitte des Raums. »Steig auf diesen Stuhl.«

Ich folgte seiner Aufforderung.

John streckte seine Hand aus. »Jetzt nimm meine Hand.«

Nachdem ich sie ergriffen hatte, zog er mich mit starkem Griff nach unten.

»Überleg doch mal. Was ist leichter – dass du mich nach oben ziehst oder ich dich nach unten?«

Das saß.

Und trotzdem suchte ich wieder den Kontakt zu meiner alten Clique. Anfangs war es nicht so ganz angenehm, den Abend über nüchtern zu bleiben. Ich fühlte mich, als gehörte ich nicht hierher. Diese Partys nüchtern zu überstehen ist beinahe unmöglich. Und bald fing ich an, Kompromisse einzugehen, hier ein wenig, da ein wenig. Aus einem Bier wurden ein paar tiefe Schlucke aus der Flasche mit Pfefferminzschnaps, um mir eine Grundlage zu schaffen. Aus einem Zug wurde ein ganzer Joint, und ganz plötzlich erschien es mir eine gute Idee, LSD einzuwerfen. Bevor ich es merkte, war ich wieder in den Dingen gefangen, mit denen ich früher meinen Schmerz betäubt hatte.

Ich vernachlässigte den Gottesdienst und tauschte mich zwangsläufig auch weniger mit John und meinen anderen Mentoren aus der Gemeinde aus. Und auch wenn ich mich nicht gänzlich von Gott abwendete, war der Sog zur Vergangenheit einfach zu stark. Die alten Gewohnheiten, Neigungen und Sehnsüchte fielen mit voller Wucht wieder über mich her. Doch dieses Mal kamen auch noch Schuldgefühle dazu. Es war mir unmöglich, dieses Gefühl abzuschütteln.

Ein Jahr nach meinem Selbstmordversuch waren der Friede und die Freude, die ich einmal empfunden hatte, fort. Stattdessen fühlte ich mich schuldig. Ich war nicht dumm und wusste genau, dass ich als Christ nicht so leben sollte. Ich bewegte mich zwischen meiner Vergangenheit und meinem neu gefundenen Glauben hin und her. Ein Gleichgewicht zu finden, war sehr schwer. Ich wollte mich nicht völlig von meinen alten Freunden abwenden, aber gleichzeitig meinen Glauben leben. Ich hing irgendwo dazwischen. Die Schuldgefühle waren meine ständigen Begleiter, ob nun in Gesellschaft meiner alten Partyfreunde oder wenn ich mit Leuten aus der Gemeinde zusammen war. Irgendwann konnte ich das nicht mehr ertragen.

Ich wollte beten, doch es wollte mir nicht gelingen. Ich suchte nach Worten und fand sie nicht. Dass mein Glauben in so weite Ferne gerückt war, machte alles nur noch schlimmer. Immer tiefer riss mich der Sog meiner Vergangenheit in den Abgrund. *Warum nicht?*, dachte ich. *Schließlich bin ich immer bis an meine Grenzen gegangen.* Ich trank noch mehr, rauchte noch mehr und kehrte wieder zu Jeremy zurück. Zusammen mit seinen Freunden feierten wir seinen Geburtstag.

Er hatte einen Wunsch: mich.

Ich sagte ja.

Zwei Wochen später hatte ich einen Termin zur Vorsorgeuntersuchung bei meinem Frauenarzt. Dieser Termin war mir sehr unangenehm. Es gab tausend Dinge, die ich lieber getan hätte. Selbst eine Wurzelbehandlung klang besser. Mir hätte nicht einmal Hausarrest etwas ausgemacht. Aber mit gespreizten Beinen im Untersuchungsstuhl zu liegen, während der Arzt in mir herumstocherte? Ich wollte es nur hinter mich bringen, und zwar schnell.

Es sollte eine Routineuntersuchung sein. Ich würde ein paar Fragen beantworten, der Arzt würde mich untersuchen und dann wissen wollen, ob ich noch Fragen hätte. Danach würde ich den Termin für das nächste Jahr vereinbaren. Doch die Untersuchung dauerte länger, als ich erwartet hatte. Die Zeiger der Wanduhr krochen entsetzlich langsam weiter, während sich meine Mutter in der Ecke in eine Zeitschrift vertiefte.

Endlich zog der Arzt seine Latexhandschuhe aus, warf sie in den Abfalleimer und fragte: »Kann es sein, dass du schwanger bist?«

Meiner Mutter fiel die Zeitschrift aus der Hand.

Soll das ein Witz sein?, schoss es mir durch den Kopf.

Der Arzt wiederholte seine Frage, genauso beiläufig, als würde er mich fragen, ob es regnete. »Ist es möglich, dass du schwanger bist?«

Mein Blick schoss sofort zu meiner Mutter hinüber, die wie erstarrt auf ihrem Stuhl saß. Dann antwortete ich: »Nein! Ganz bestimmt nicht! Auf keinen Fall!« Mein Gesicht war knallrot. Die Frage war mir peinlich und beleidigte mich auch. Wie konnte es dieser Arzt wagen, mich im Beisein meiner Mutter zu fragen, ob ich schwanger sei! Hätte er mich nicht beiseitenehmen können? Meine Mutter bitten, den Raum zu verlassen? Hätte er das nicht am nächsten Tag telefonisch mit mir klären können?

Ich richtete mich auf und zog das Papierhemd schützend um meinen Körper. Schwanger? Der Arzt hatte bestimmt einen Joint geraucht, bevor er an diesem Morgen in seine Praxis gekommen war. »Ich bin ganz bestimmt nicht schwanger, Herr Doktor«, wiederholte ich entschieden.

»Ich weiß nicht, was ich dir sagen soll, Pattie.« Der Arzt zuckte die Achseln. »Eigentlich bin ich ziemlich sicher, dass du schwanger bist. Darum …« Er kritzelte etwas auf einen Rezeptblock. »Darum schicke ich dich zu einem Schwangerschaftstest in die Klinik nebenan.« Er riss den Zettel ab und drückte ihn mir ein wenig verärgert in die Hand.

Meine Mutter stöhnte auf. »Oh Gott! Pattie, bitte sag mir, dass du nicht schwanger bist.«

Ich verdrehte die Augen. »Ich bin nicht schwanger!«

Seit ich fünfzehn war, nahm ich die Pille. Meine Mutter hatte mir dazu geraten. Eines Tages am Küchentisch schnitt sie dieses unangenehme Thema an: »Pattie, ich denke, du solltest die Pille nehmen.«

Ich starrte sie ungläubig an. *Was?* Schließlich war ich noch

Jungfrau. Und ich hatte auch nicht vor, jetzt schon mit einem Jungen zu schlafen.

An jenem Tag gab mir meine Mutter praktisch die Erlaubnis, Sex zu haben. Als ich dann tatsächlich irgendwann mit der Pille anfing, nahm ich sie regelmäßig. Das dachte ich zumindest. Auf keinen Fall gehörte ich zu den zwei Prozent Frauen, bei denen die Verhütung nicht klappte.

Ich war nicht schwanger. Das konnte nicht sein. Es war unmöglich.

Trotzdem suchten meine Mutter und ich die Klinik nebenan auf. Keine von uns sprach ein Wort. Meine Mutter hielt es vermutlich für überflüssig, noch einmal nachzufragen. In wenigen Minuten wüssten wir Bescheid. Ich starrte die bunten Poster an der Wand des Wartezimmers an. Eines empfahl, sich auf diese und jene Krankheit testen zu lassen. Ein anderes mahnte mich, mehr Obst und Gemüse zu essen. Die Wände wirkten schmuddelig. Grau und schmutzig. *Warum bin ich hier?* Sie können sich nicht vorstellen, wie groß die Versuchung war, einfach die Flucht zu ergreifen.

»Pattie Mallette?« Eine Schwester steckte den Kopf zur Tür hinein. »Du kannst jetzt mitkommen.«

Meine Zuversicht war unerschütterlich. Arzt, Schwester, was auch immer – niemand würde mir sagen, ich sei schwanger.

Nach einem Urintest und einigen Minuten Wartezeit stand ich in einem anderen Raum. Den einzigen Stuhl im Zimmer hatte die Schwester meiner Mutter angeboten. Sie brauchte ihn vermutlich dringender als ich. Auf jeden Fall sah sie so aus, als würde sie jeden Augenblick in Ohnmacht fallen.

Die Tür ging auf, und die Schwester, die den Test vorgenommen hatte, kam herein. Sie nickte mir mitfühlend zu und sagte: »Pattie, der Arzt hatte recht. Du bist schwanger.«

Hinter mir hörte ich, wie meine Mutter leise, beinahe flüsternd stöhnte: »Oh Pattie.« Ihre Stimme war leise, aber ihre Empfindungen kamen klar und deutlich zum Ausdruck: Enttäuschung. Abgrundtiefe Enttäuschung.

Ich war fassungslos. *Alles Lügen. Das ist eine Lüge.* Ich starrte die Schwester an, als wäre sie nicht richtig im Kopf. »Auf keinen Fall. Ich kann gar nicht schwanger sein. Sie müssen den Test wiederholen. Er ist falsch.«

Die Schwester erwiderte: »Doch, Pattie, du bist schwanger. Der Test ist zu 99,9 Prozent sicher.«

Ich wich nicht zurück. »Nun, dann besteht doch trotzdem eine 0,1-prozentige Chance, dass ich nicht schwanger bin. Wiederholen Sie diesen Test.«

Auf mein Drängen hin machte sie einen zweiten Test.

Während wir wieder warteten, begann ich an mir zu zweifeln. Auch wenn ich immer noch stark an einer Schwangerschaft zweifelte, fing ich an nachzudenken: Vielleicht hatte ich die Pille einmal zu spät genommen. Oder auch vergessen. Als die Schwester zurückkam, bestätigte sie ihre frühere Diagnose. Jetzt blieb kein Raum mehr für Zweifel. Ich bekam ein Baby.

Als die Schwester mir die Ergebnisse des zweiten Tests vorlas, sackte ich gegen die Wand. Kraftlos wie eine Stoffpuppe rutschte ich zu Boden. Ich war im Schockzustand, konnte die Ungeheuerlichkeit der Situation nicht verarbeiten. Ein Baby? Jetzt? Der Zeitpunkt hätte nicht schlechter sein können: Ich war nicht verheiratet. Ich war viel zu jung und hatte keine Ahnung, wie man Verantwortung übernimmt. Gerade war ich wieder tief in den alten Mist von Partys und Drogen gesunken. Ein Baby passte überhaupt nicht ins Bild.

Ich hatte nichts gegen Kinder. Im Gegenteil – ich liebte Kinder. Ich habe mir immer Kinder gewünscht. Aber ich hatte sehr romantische Vorstellungen. Dazu gehörte ein Mann. Ein gut aussehender, liebevoller Ehemann, der mich unterstützte. Und ein hübsches Heim. Mein Mann und ich würden unseren Kindern Geborgenheit schenken und dafür sorgen, dass ihr Leben gelingt. Anders als bei mir.

Aber jetzt ein Baby? In meinem Chaos von Leben? Das war ein Albtraum. Halb betend, halb weinend, schluchzte ich: »Oh Gott, nein, nein, nein! Was soll ich nur tun?«

Während sich meine Emotionen nicht mehr unter Kontrolle halten ließen, schwieg meine Mutter. Obwohl es mir einerseits nicht recht war, dass sie jetzt schon über die dramatische Wende in meinem Leben Bescheid wusste, war ich doch froh, dass sie hier war. Wenigstens musste ich ihr nichts mehr beichten. Tröstend legte sie ihre Hand auf meine Schulter.

Tagelang taumelte ich benommen durch die Gegend, desorientiert und immer noch im Schockzustand. Die Konsequenzen der Schwangerschaft waren für mich schwer einzuschätzen – in weniger als neun Monaten sollte ich die Mutter eines lebendigen und atmenden Babys aus Fleisch und Blut sein? Das war doch ein Traum, oder? Und ich wachte bestimmt bald daraus auf.

Auch meine Mutter schockierte diese Tatsache. Doch sie hatte bereits einen Plan. Nun ja, zumindest war für sie ganz klar, was *nicht* passieren würde. »Meine Kinder sind erwachsen«, erklärte sie mir in aller Deutlichkeit. »Wenn du dieses Baby bekommen willst, kannst du hier nicht wohnen bleiben.«

Ich will ehrlich sein. Das traf mich tief. Ich war verbittert. Zornig. Verletzt. Wieder einmal fühlte ich mich zurückgewiesen und im Stich gelassen.

Die Ansage meiner Mutter, dass ich bei dieser Schwangerschaft auf mich allein gestellt wäre, ließ keinen Raum für Zweifel. Ich musste aufwachen. Dabei müsste ich mich nicht nur der Realität stellen, sondern auch den Schritt ins Unbekannte wagen. Allein. Und ohne den geringsten Schimmer einer Ahnung, wie es gehen sollte.

Während meiner Schwangerschaft rieten mir immer mehr Leute: »Pattie, treib ab!« Aber das kam für mich nicht infrage. Ich war schockiert darüber, wie viel Druck ich erlebte, diesen Weg einzuschlagen. Ich musste regelrecht um mein Recht kämpfen, das Baby zu behalten. Abtreibung war keine Möglichkeit, die ich auch nur vage in Betracht zog. Eigentlich war das ironisch: In der Schule hatte ich einmal eine Debatte angeführt und viele gute Argumente dafür gefunden, warum eine Frau das Recht haben sollte, sich auch für eine Abtreibung zu entscheiden. Nun war plötzlich Abtreibung völlig außer Frage für mich. Die einzige Alternative schien mir eine Adoption. Doch so etwas hätte ich emotional vermutlich nicht verkraftet. Ich wollte mein Baby.

Aus den Gelben Seiten suchte ich mir Einrichtungen für schwangere Mädchen heraus und besichtigte ein Heim der Heilsarmee: das Salvation Army's Bethesda Centre in London, Ontario. Von Anfang an, noch während ich durch die Einrichtung geführt wurde, wusste ich, dass dies der richtige Ort für mich war. Ich konnte keine Gründe dafür angeben, aber hier fühlte ich mich irgendwie wohl. Es war wie ein Zuhause. Genau das sollte es für mich sein. Hier würde ich leben, lernen, Rat suchen, Schwangerschaftsbetreuung bekommen und Hilfe bei der Versorgung des Babys. Meine Mutter und Bruce nahmen meine Entscheidung gelassen hin. Vermutlich dachten sie, wenn ich alt genug wäre, um schwanger zu werden, dann wäre ich auch alt genug zu entscheiden, wie ich damit umgehen wollte.

Jetzt blieb nur noch eines zu tun: Ich musste Jeremy informieren. Seit Wochen hatte ich keinen Kontakt mehr zu ihm gehabt. Wir bekamen ein Baby, und ich betrachtete uns als Eltern. Jeremy und ich wären bestimmt zu dem Paar gewählt worden, »das mit größter Wahrscheinlichkeit scheitern würde«, wenn es diese Kategorie gegeben hätte. Wir waren jung. Wir waren dumm. Wir waren nicht bereit, Eltern zu werden.

Ich rief ihn an und sagte ihm, wir müssten miteinander reden. Ich hatte das Gefühl, dass er den Grund bereits ahnte. Es kam nicht oft vor, dass ich ihn um ein persönliches Gespräch bat. Bei unserem Treffen war ich, wie zu erwarten war, ziemlich nervös. Ich konnte ihm nicht in die Augen sehen. Und ich hatte keine Ahnung, wie er reagieren würde.

Anfangs glaubte er mir nicht und behauptete, das Baby sei bestimmt von einem anderen. Nachdem ich ihm einige Tage Zeit gelassen hatte, kam er zur Vernunft und glaubte mir. Zu der Zeit war er immer noch ständiger Gast auf irgendwelchen Partys. Darum erklärte ich ihm in aller Deutlichkeit, was ich von ihm erwartete, falls er die Absicht habe, die Schwangerschaft mit mir gemeinsam durchzustehen. »Ich bin schwanger«, sagte ich ihm. »Wenn das mit uns beiden was werden soll, dann ist das auch deine Schwangerschaft. Dann musst du dich entscheiden zwischen dem Baby und mir und dem Alkohol.« Ich ließ keinen Raum für Zweifel: Er musste aufhören zu trinken, Partys meiden und sich nicht mehr auf Schlägereien einlassen.

An diesem Abend betrank sich Jeremy sinnlos. Der Alkoholismus forderte seinen Tribut. Tief in meinem Inneren wusste ich, dass er seine Entscheidung getroffen hatte. Ich war auf mich allein gestellt und er genauso. Am nächsten Tag erklärte ich ihm, sein Verhalten spräche lauter als Worte, und ich würde allein nach London reisen. Mein neues Leben in Bethesda würde ich ganz allein beginnen. Ich brauchte niemanden. Weder meine Eltern noch Jeremy. Ich würde beweisen, dass ich es allein schaffen und Verantwortung übernehmen könnte.

Kapitel
Acht

Verdrehte Gefühle und wilde Hormone
Lasten eines Erwachsenen treffen auf Ängste eines Kindes
Rasende Fragen warten auf Antwort
Verwirrung macht sich breit, ich sitze nur da und weine
Ich bin gefangen in einem Albtraum
Ich verliere und kann gar nicht gewinnen
Meine Träume sind zerbrochen, meine Pläne durchkreuzt
Mein Denken auf den Kopf gestellt, mein Körper verwandelt
Auf jede Bewegung muss ich achten
Denn auf einmal geht es auch um das Leben eines anderen
Ich muss an viel denken, viel durchstehen
Aber ich weiß, das ist es wert, auch wenn ich traurig bin
Ich werde neue Träume finden, neue Pläne machen
Denn ich weiß: Wenn ich ihn in den Händen halte
wird alles neu.

Anfang August 1993 war ich im zweiten Monat schwanger. An einem Sommermorgen fuhren mich meine Mutter und Bruce morgens sehr früh ins Bethesda-Zentrum. Es war ein großes, unscheinbares Gebäude in einer ruhigen Gegend abseits von den Hauptstraßen Londons.

Vor dem Haupteingang kamen wir zum Stehen. Der Knoten in meinem Magen löste sich langsam. Das war es. Mein neues Zuhause. Angst und Unsicherheit machten sich in mir breit.

Nachdem ich die wenigen Gepäckstücke, die ich für meinen achtmonatigen Aufenthalt gepackt hatte, aus dem Wagen ausgeladen hatte, verabschiedete ich mich von meiner Mutter und von Bruce. Es flossen keine Tränen, was mich nicht überraschte. Der Abschied machte mir nicht einmal etwas aus. Mir war es wichtig, meine Unabhängigkeit von meiner Mutter zu bewahren. Obwohl ich schreckliche Angst vor diesem neuen Abschnitt in meinem Leben hatte, ließ ich mir nichts anmerken. Es gab keine herzliche Umarmung. Keine zitternden Lippen. Ich brauchte nicht einmal Tränen zurückzudrängen. Ich gab mich stark und zuversichtlich, als würde ich nur in ein Sommerlager reisen. *Bevor du dich versiehst, bin ich wieder da, Mom. Ich vergesse auch nicht zu schreiben und Fotos zu schicken. Ich werde dich vermissen. Tschüss.* Aber was mich erwartete, war ganz sicher kein Sommerlager. Wenn ich nach Hause zurückkehrte, hätte ich nicht schwimmen oder reiten gelernt. Ich würde mit einem Baby zurückkehren.

Ich bewahrte Haltung, als meine Mutter davonfuhr. Doch während der Wagen den kleinen Hügel hinunterrollte und die Rücklichter immer kleiner wurden und aus meinem Blickfeld verschwanden, öffneten sich die Fluttore. Tränen der Scham rollten mir über die Wangen. Tränen der Reue. Tränen der Furcht. Tränen der Angst vor dem Unbekannten. Schluchzend schnappte ich nach Luft, aber sofort riss ich mich wieder zusammen. Erst musste ich die Formalitäten hinter mich bringen. Dann konnte ich mich in mein Zimmer zurückziehen. Eine tiefe Einsamkeit erfüllte mich, und ich wollte allein sein, um mich diesen Gefühlen hinzugeben.

Ich nahm meine Taschen und betrat die Eingangshalle. Neugierig blickte ich mich in dem bescheiden ausgestatteten Raum um. Die Linoleumböden glänzten, und die eintönigen Wände wurden durch einige alte Gemälde aufgehellt. Durch eine geöffnete Tür sah ich ein paar Mädchen im Teenageralter mit gerundeten Bäuchen, die an einem großen rechteckigen Tisch saßen und bastelten. Sie lachten, schienen ihren Spaß miteinander zu haben. *Ich hoffe, sie werden mich mögen*, dachte ich.

Ich war wie betäubt und erlebte alles wie im Nebel. Und sofort flüchtete ich mich in die Verhaltensweise, die sich bei mir bewährt hatte – Augen zu und durch und möglichst wenig Emotionen zeigen. Eine freundliche Mitarbeiterin führte mich in mein Zimmer und schwärmte mir unterwegs vor, wie wundervoll das Zentrum sei, wie toll die anderen Mädchen wären und wie viel Spaß alle hier hätten, und sie wüsste einfach, dass es mir hier gefallen würde.

Ich nickte und lächelte, ließ sie reden. So brauchte ich wenigstens nicht zu reden. Wenn ich hätte antworten müssen, ich weiß nicht, ob es mir gelungen wäre, ohne die Fassung zu verlieren. Und auf keinen Fall wollte ich vor einer Fremden wie ein Kartenhaus zusammenfallen. Vermutlich würde sie Mitleid mit mir haben und meinen Gefühlsausbruch den Hormonen zuschreiben.

Nachdem ich mich eingewöhnt hatte, war Bethesda ein Zufluchtsort für mich. Ich, die ich kein Zuhause hatte, hatte endlich ein Heim gefunden. Ich fühlte mich angenommen, wie ich es noch nie erlebt hatte. Natürlich war in dem Zentrum nicht alles nur toll. Stellen Sie sich vor, wie es ist, wenn zehn schwangere Teenager zusammenleben! Hormonschübe und Emotionen unterschiedlicher Stärke prallten mit voller Wucht aufeinander. Ein Mädchen ist wütend auf die Welt. Ein anderes kann sich nicht damit abfinden, dass sein Körper sich verändert. Ein Mädchen hat Angst davor, ein Baby allein großzuziehen – ein anderes bricht ständig wegen kitschiger Werbespots in Tränen aus. Wir waren emotionale Wracks, die die ständigen Hormonschwankungen in ihren Körpern nicht gut verkrafteten.

Und nicht zu vergessen die Heißhungerattacken! Die eine hatte Lust auf Ketchup-Chips zum Frühstück, die andere futterte Schokolade in jeglicher Form. Die eine vertrug nur Ginger Ale, die andere lebte von gegrillten Käsesandwichs. Einige von uns pilgerten zwischendurch immer mal wieder zum Supermarkt, um zu besorgen, worauf wir gerade Lust hatten.

Wir waren eine bunte Truppe junger werdender Mütter. In Bethesda fanden Mädchen mit ganz unterschiedlichen Lebensgeschichten ein Zuhause: Mädchen, die ständig über die Stränge schlugen, und Mädchen, die sonst immer brav waren. Mädchen aus armen wie aus wohlhabenden Familien. Mädchen, die drogenabhängig gewesen waren und auch die Moralapostel. Obwohl wir aus so unterschiedlichen Lebenssituationen kamen, hatten wir etwas Entscheidendes gemeinsam: Wir waren jung. Und wir waren schwanger.

Wir verstanden uns beinahe auf Anhieb. Die Kameradschaft tat mir gut. Es war tröstlich zu wissen, dass ich nicht allein war. Wir alle betraten unbekanntes Land. Gemeinsam stellten wir uns dem Kampf, und wir teilten unsere Einsamkeit und unseren Schmerz. Wir machten uns gegenseitig Mut, so gut es ging. Einige brauchten diese Unterstützung dringender als andere. Zum Beispiel das Mädchen, das sich immer ritzte. Sie schloss sich in ihrem Zimmer ein und ritzte sich ihren Körper auf mit jedem scharfen Gegenstand, den sie finden konnte. Ich sah keine Möglichkeit, ihr zu helfen.

Im Heim gab es viel Arbeit. Wir saßen nicht den ganzen Tag vor dem Fernsehgerät und stopften Süßigkeiten in unsere immer dicker werdenden Bäuche, die uns als Ablage dienten. Am Vormittag gingen wir zur Schule. Unterrichtet wurden Fächer wie

Mathe, Biologie, Chemie, Physik und Englisch. Angeboten wurde auch eine Vorbereitung auf die Erziehung unserer Kinder. Und Einzeltherapiestunden. Jeder Tag begann mit einer Andacht. Und außerdem mussten wir im Haushalt mithelfen: kochen, spülen, putzen, aufräumen. In unserer Freizeit veranstalteten wir auch Modenschauen, samt unseren runden Bäuchen.

Ab und zu hielten unterschiedliche Referentinnen Vorträge über das »wahre Leben« als Mutter. Darin rückten sie unsere vielleicht ein wenig romantischen Vorstellungen vom Leben mit Kind gerade. Ein Kind sei keine Puppe. Man verbringt nicht den ganzen Tag damit, es hübsch anzuziehen, mit ihm zu kuscheln und spazieren zu gehen. Und natürlich schreien Kinder auch mal. Auf jeden Fall lernten wir, dass ein Kind einer Mutter sehr viel mehr abverlangte, als uns Mädchen in Bethesda klar war.

Schlaflose Nächte sind durchaus nicht niedlich oder aufregend. Koliken. Die Kosten für Windeln, Pflegemittel und Säuglingsnahrung. Die Wochenbettdepression. Das Ende – zumindest für eine gewisse Zeit – aller Kinobesuche und Partys mit Freunden. Die Einsamkeit. Das Ende von »Ich, mein, mir …« und der Beginn des »Wir«. Und dazu kommt, dass man ganz allein auf sich gestellt ist. Kurz gesagt, das Leben als alleinerziehende Mutter ist schwer. Ich werde nie vergessen, was eine der Rednerinnen uns sagte: »Als Teenie Mutter zu sein ist kein Zuckerschlecken. Es ist das Schwerste, das ich je getan habe.«

Ihre Worte trafen mich tief. Mir wurde bewusst, dass ich mich auf das Schlimmste vorbereiten sollte. Doch an jenem Tag beschloss ich, mich der Herausforderung zu stellen. Denn ich wollte mein Baby behalten. Egal, wie hart es werden würde, ich wollte mein Bestes geben. Ich wollte die beste Mutter für mein Kind werden und ganz da sein. Hundertprozentig.

Obwohl ich mich von meinem wilden Leben abgewendet hatte, hing meine Vergangenheit mir nach. Das war der Preis für den Drogenkonsum über viele Jahre hinweg. Während meines Aufenthalts in Bethesda erlebte ich mehrere LSD-Flashbacks.

Eines Nachts riss mich ein lähmendes Gefühl der Angst aus dem Schlaf. Es war genau dieses Gefühl der Paranoia, das mich quälte, als ich mit der Droge experimentiert hatte. Die Angst legte sich auf mich wie eine nasse Decke, erstickte mich unter kaum auszuhaltenden Wellen der Furcht. Ich bekam keine Luft mehr. Ich konnte nicht denken. Die Angst legte sich schwer auf meinen Geist und ergriff von mir Besitz. Ich hielt das nicht mehr aus, sprang aus dem Bett und taumelte aus meinem Zimmer.

Irgendwie landete ich in der Halle und rollte mich unter dem Telefon zu einem Ball zusammen. Die Nachtschwester saß an ihrem Schreibtisch. Ohne auch nur den Blick von ihren Papieren zu nehmen, blaffte sie mich an: »Geh in dein Zimmer zurück.« Was dachte sie denn? Dass ich auf dem Boden lag, weil es mir Spaß machte? Weil ich vielleicht einen Keks aus der Küche stehlen oder mit einem der Mädchen quasseln wollte?

Ich hatte Angst, in mein Zimmer zurückzugehen. In der Halle fühlte ich mich sicher, auch wenn mich die Nachtschwester angefahren hatte. Zumindest wurde ich gesehen und gehört und bekam Hilfe, wenn ich sie brauchte. In meinem Zimmer war ich allein. Ich könnte in der lähmenden Angst ersticken, und niemand würde es merken. In der Halle unter dem Telefon hatte ich zumindest eine Überlebenschance.

Solche Flashbacks erlebte ich mehrmals. Jedes Erlebnis war anders und dauerte zwischen fünfzehn und dreißig Minuten. Das letzte Mal traf es mich, als ich mit einem der Mädchen zum Abendessen aus war. Zwischen einem Schluck Cola und einem Bissen vom saftigen Cheeseburger veränderte sich plötzlich der Raum. Es war wie auf einem Trip, nur dass ich keinen Stoff genommen hatte. Der Raum begann sich zu verdrehen und zu verschieben. Ich suchte die Toilette auf und verhielt mich so normal wie möglich und ließ mir nicht anmerken, dass ich das Gefühl hatte, in einer anderen Welt zu sein. Zwanzig Minuten später fand die Welt wieder zur Normalität zurück (zumindest zu meiner neuen Normalität), und ich kehrte an den Tisch zurück. Ich bin so dankbar, dass dies der letzte Flashback in meinem Leben war.

Es gab viel Positives in Bethesda, und mein Aufenthalt dort tat mir gut, keine Frage, aber diese Zeit war nicht leicht für mich. Ich litt unter Heimweh. Und ich war oft sehr unglücklich.

Während dieser Zeit vernachlässigte ich mein Tagebuch. Auf den wenigen Seiten, die ich füllte, beschrieb ich, wie elend ich mich fühlte: »Ich bin so unglücklich, aber ich füge mich … ich könnte tagelang in meinem Zimmer sitzen und heulen, aber ich könnte auch jeden besch---enen Gegenstand in diesem Haus an die Wand werfen. Heulen ist sicherer, dann bekomme ich wenigstens keinen Ärger. Doch ich würde diesen Zorn gern herauslassen. Gott, hilf mir.«

Erst nachdem ich die Hälfte meiner Schwangerschaft hinter mich gebracht hatte, wurde mir klar, dass meine Beziehung zu Gott zu wünschen übrig ließ. Ich hatte mir meinen Rückfall in mein altes Leben noch nicht vergeben. Die Scham ließ mir keinen Raum zum Atmen. Liebend gern hätte ich mich aus dem emotionalen Treibsand, in dem ich feststeckte, befreit. Aber ich war wie gelähmt. John und seine Frau Sue verhinderten, dass ich noch tiefer einsank.

John besuchte mich ein paar Mal in Bethesda. Ich freute mich immer sehr, ihn zu sehen. Nach seinen Besuchen ging es mir viel besser. Mein Heimweh ließ nach. John und Sue waren wie zweite Eltern für mich (und sind es heute noch). Ich liebte dieses nette Paar. Während meiner Schwangerschaft habe ich einmal bei ihnen übernachtet. Sie beteten mit mir und brachten mich doch tatsächlich wie ein Kind zu Bett. Das war eine so nette und innige Geste. Ich fühlte mich geliebt; ihre Fürsorglichkeit tat mir gut. Mit ihren dichten braunen Haaren und den dunklen, durchdringenden Augen war Sue eine Schönheit, innerlich und äußerlich. Sie schenkte mir Liebe und ermutigte mich, wo immer es nötig war. John war ein nie versiegender Quell väterlichen Rates; mit ihm konnte ich über alles reden, jederzeit.

An einem Nachmittag rief John an und teilte mir mit, dass er mich am Abend abholen und mit mir in die Kirche gehen würde. Damals war ich im siebten oder achten Monat schwanger. Er ließ mir keinen Entscheidungsspielraum. Ich hatte mitzukommen. »Du kannst nicht nein sagen«, erklärte er. »Ich bin bereits unterwegs.«

Etwas in mir sträubte sich. Kirche? Ich stöhnte innerlich. Seit Monaten war ich nicht mehr in der Kirche gewesen. Ich wollte keine Predigt hören, die meine Schuldgefühle noch verstärkte, oder während der Anbetungszeit vor Scham vergehen, sodass ich nicht wagte, in das Lob Gottes einzustimmen. In lauwarmem Wasser fühlte ich mich viel wohler – nicht ganz fertig mit dem Glauben, aber auch nicht bereit, ganz dabei zu sein.

Irgendwie freute ich mich trotzdem, einmal das Heim verlassen zu können. Die Kirche, die John mit mir besuchen wollte, war nicht unsere Heimatgemeinde. In Gesellschaft von Fremden fühlte ich mich bestimmt wohler als bei Menschen, die ich kannte. Also sträubte ich mich nicht.

Irgendwann zwischen dem Singen und der Predigt stellte ich mich den Entscheidungen, die ich getroffen hatte, seit ich Gott mein Leben anvertraut hatte. Wieder einmal hatte ich mein Leben selbst in die Hand genommen. Nun stand ich da: schwanger als ledige Mutter. Wenn ich wirklich glaubte, dass Gott einen Plan für mein Leben hatte, dann käme ich nicht weiter, wenn ich weiterhin so lebte, wie ich es wollte. Ich musste anfangen, so zu leben, wie Gott es wollte. Das wurde mir klar.

Lange Zeit hatte ich geglaubt, dass Gott seine Regeln nur um der Regeln willen aufgestellt hatte. Um die Menschen unter seiner Knute zu halten. Zum Beispiel hatte ich Probleme damit, die Regel »kein Sex vor der Ehe« zu akzeptieren. Wenn sich etwas richtig anfühlte, konnte es doch nicht falsch sein?! Im Laufe der Zeit erkannte ich, dass Gott gute Gründe hat für die Richtlinien, die er uns an die Hand gibt. Es geht nicht darum, uns jeden Spaß zu verderben. Nein, er gab uns die Regeln aus Liebe – zu unserem Schutz und damit unser Leben gelingen kann. Gott will nicht, dass ich mich mit Krankheiten anstecke. Ich sollte nicht schwanger werden ohne die Unterstützung und Stabilität einer Ehe. Schließlich begriff ich, was ich in der Bibel gelesen hatte: »Verlass dich nicht auf deine eigene Urteilskraft, sondern vertraue voll und ganz dem Herrn! Denke bei jedem Schritt an ihn. Er zeigt dir den richtigen Weg« (Sprüche 3,5-6).

An jenem Abend in der Kirche musste ich mir überlegen, wie ich transparent vor Gott sein konnte, ohne von meinen Schuldgefühlen zerfressen zu werden. Ich musste mich Gott stellen, aber auch mir selbst. Ich hatte keine zweite Chance verdient, aber ich wollte sie. Ich brauchte die Gnade. Wer in zwischenmenschlichen Beziehungen viel Unbarmherzigkeit erlebt, dem fällt es sehr schwer, an Gottes Gnade und Barmherzigkeit zu glauben. Aber ich hatte keine Alternative. Darum nahm ich dieses Geschenk an, ohne ganz zu begreifen, wie umfassend Gottes Gnade ist.

An jenem Abend vertraute ich mich Gott neu an. Ehrlich gesagt fiel es mir schwer zu glauben, dass ich eine zweite Chance bekommen würde. Deshalb wagte ich es kaum, Gott um noch etwas zu bitten. Ich verdiente nichts anderes. Doch während ich betete, musste ich an mein Baby denken. Da begann ich, Gott anzuflehen: »Bitte lass mein Kind gesund zur Welt kommen, mit zehn Fingern und zehn Zehen!« Wenn ich heute zurückblicke, sehe ich, wie unglaublich gut Gott ist. Trotz meiner schlechten

Entscheidungen hielt er mich fest. Keine Frage: Alles, was wir tun, hat Folgen! Aber Gott kann sogar auf diesen krummen Zeilen gerade schreiben und manche Folgen überdecken, die uns treffen sollten. Mir jedenfalls schenkte er tausendmal mehr als das, worum ich gebeten hatte.

Mit diesem Gebet begann für mich die letzte Phase der Schwangerschaft. Das Leben verwandelte sich nicht in ein Märchen. Noch musste ich viel lernen. Bevor ich neue Weichen in meinem Glauben stellte, war mein Glaube zwar echt, aber sehr unreif. Weisheit war Mangelware. Ich wollte meinen Glauben leben, aber immer wieder rannte ich gegen Mauern. Diese Zusammenstöße rieben meine dünne geistliche Substanz auf.

Ich ließ mich sehr schnell von äußeren Umständen herunterziehen. Meine Stimmungsschwankungen waren groß. Wenn alles gut lief, glaubte ich, dass Gott mich liebte. Doch sobald es schwierig wurde, fühlte ich mich von Gott verlassen. Mein emotionaler Zustand und meine Lebensumstände manipulierten meinen Glauben, und ich hielt mich nicht an die Wahrheit. Doch Gefühle sind unbeständig. Sie kommen und gehen und verändern sich, und dann beginnt der Kreislauf wieder von vorn. Das Leben ist nicht immer leicht. Bloß weil Schwierigkeiten auftreten, heißt es nicht, dass man ein schlechter Mensch ist oder sein Unglück verdient hat.

In meinem Leben gab es nach wie vor viele Tiefpunkte. An einem Abend besuchte ich eine Jugendveranstaltung. Mir fiel auf, dass fast alle im Raum Gottes Nähe zu spüren schienen. Alle außer mir. In diesem Augenblick dachte ich, Gott hätte mich aufgegeben. Ich war nicht gut genug für ihn, und darum spürte ich seine Nähe nicht. Dass ich früher am Tag eine große Distanz zwischen mir und Gott wahrgenommen hatte, so groß, dass ich nicht sagen konnte, ob er da war oder nicht, trug auch nicht dazu bei, meine Empfindungen abzumildern.

Der Jugendpastor schien zu spüren, dass ich allen Mut verloren hatte. Denn er nahm mich beiseite und sagte: »Pattie, ich glaube, Gott möchte dir den folgenden Bibelvers zusprechen.« Er las mir etwas aus der Bibel vor: »Denn ich allein weiß, was ich mit dir vorhabe: Ich, der Herr, werde dir Frieden schenken und dich aus dem Leid befreien. Ich gebe dir wieder Zukunft und Hoffnung« (Jeremia 29,11).

Ich reagierte höflich, lächelte und bedankte mich. Doch am liebsten hätte ich gesagt: »Wer's glaubt!« Verstehen Sie mich nicht falsch. Das ist ein wundervoller Vers. Sehr aussagekräftig. Doch er erreichte mich nicht. Es war, als hätte der Pastor einen hübschen Bibelvers aus seiner Trickkiste gezogen, um einen deprimierten Teenager aufzumuntern.

Am folgenden Tag ging ich wieder in die Kirche. Eine Gruppe aus einer anderen Gemeinde gestaltete das Programm. Nach dem Gottesdienst fragte ich eines der Mädels, die bei uns zu Gast waren, ob sie mit mir beten könnte. Sie begann für mich zu beten und brach dann plötzlich ab. »Warte kurz«, sagte sie, rannte zu einer Bank, um ihre Bibel zu holen. Geräuschvoll blätterte sie die Seiten um, bis sie gefunden hatte, was sie suchte. »Pattie, ich glaube, Gott möchte, dass du diesen Vers hörst.« Ob Sie es glauben oder nicht, sie las mir aus Jeremia, Kapitel 29, den Vers 11 vor: »Denn ich allein weiß …«

Damit überzeugte mich Gott, aber nur beinahe. *Das ist bestimmt ein Zufall,* dachte ich. *Vielleicht lieben Christen diesen Vers.* Als ich von der Kirche nach Hause kam, hörte ich meinen Anrufbeantworter ab. Eine Bekannte hatte eine Nachricht hinterlassen. »Es tut mir leid, dass ich dich heute in der Kirche verpasst habe. Aber Gott hat mir aufgetragen, dir diesen Vers vorzulesen. Er lautet folgendermaßen: »Denn ich allein weiß, was ich mit dir vorhabe: Ich, der Herr, werde dir Frieden schenken und dich aus dem Leid befreien. Ich gebe dir wieder Zukunft und Hoffnung.«

Echt jetzt?

Meine Handflächen begannen zu schwitzen. Es konnte kein Zufall sein, dass ich diesen Vers so oft gehört hatte. Wollte Gott mir damit etwas sagen? Sorgte er doch für mich? Liebte er mich doch? War er wirklich an meiner Zukunft interessiert?

Ich wählte die Nummer einer Freundin, um ihr von meinem Erlebnis zu erzählen. Obwohl ich mich voll auf das Gespräch konzentrierte, starrte ich unbewusst auf den Kalender an der Wand. Ich nahm nicht richtig wahr, was darauf abgebildet war. Während ich meiner Freundin zuhörte, wanderte mein Blick auf den unteren Teil des Kalenders. Mir stach der Monatsspruch ins Auge. Und raten Sie einmal, wie dieser Bibelvers lautete.

In den folgenden Tagen stieß ich immer wieder auf diesen Vers aus Jeremia. Ich entdeckte ihn auf einem Kaffeebecher, den ich bei einer Poolparty aus dem Schrank nahm, und auf meinem Andachtsbuch. Eine Frau verteilte in der Bibelstunde Bibelverse an die Teilnehmer, und ob Sie es glauben oder nicht: Mein Vers war Jeremia 29,11.

Gott ärgerte sich nicht über mich, weil ich nicht gleich beim ersten Mal begriffen hatte, was er mir sagen wollte. Er kam mir meilenweit entgegen, um sicherzustellen, dass seine Botschaft bei mir ankam: die Botschaft, dass er einen Plan für mein Leben hatte. Einen guten Plan. Das war unfassbar für mich.

Um mir die letzten Monate der Schwangerschaft zu vertreiben, schrieb ich Briefe an meine Familie und Freunde zu Hause. Ich hielt den Kontakt zu ihnen, auch wenn meine Freunde nicht wirklich nachvollziehen konnten, was ich durchmachte.

Als ich ins Bethesda zog, hatten Jeremy und ich uns mal wieder getrennt. Unsere Beziehung war während der Schwangerschaft sehr verwirrend. Wir schrieben uns und telefonierten ab und zu miteinander. Er besuchte mich auch ein paarmal.

Bei seinem letzten Besuch kam Jeremy, weil er mit mir an einem Kurs zur Geburtsvorbereitung teilnehmen sollte. Ich hatte ihn gebeten, diesen Kurs mit mir zu besuchen. Auch wenn wir nicht so genau wussten, wo wir in unserer Beziehung standen, sollte er mich wenigstens unterstützen.

So betrat ich also mit Jeremy an meiner Seite den Raum, in dem der Kurs stattfinden sollte. Wir beide fühlten uns nicht wohl in unserer Haut. Die Möbel in dem Raum waren zur Seite geräumt. Gymnastikmatten und Kissen waren auf dem Boden verteilt, die Paare nahmen auf den Matten Platz. Jedes Mädchen hatte einen Partner mitgebracht, aber nicht zwischen allen bestand eine Liebesbeziehung. Doch ich spürte, wie vertraut die meisten Paare miteinander umgingen. Sie tuschelten miteinander, und ihre Blicke sprachen Bände. Ich empfand einen Stich der Eifersucht.

Jeremy wollte eigentlich gar nicht dabei sein, das war deutlich zu spüren. Er passte nicht in das Bild eines verliebten Partners. Aber ich wünschte mir immer noch so sehr, dass unsere Beziehung gelingen würde. Schließlich bekamen wir ein Baby. Wir hatten ein menschliches Wesen geschaffen, das wir in weniger als zwei Monaten zum ersten Mal in den Armen halten würden.

Die Kursleiterin machte sich am Videogerät zu schaffen und legte eine Kassette ein. Schließlich räusperte sie sich und blickte sich im Raum um. Jeremy hockte auf unserer Matte und sprang plötzlich auf. Dass er sich unwohl fühlte, war nicht zu übersehen. Obwohl er körperlich anwesend war, war sein Herz nicht einmal in der Nähe des Kurses, unseres Babys oder mir.

»Ich muss zur Toilette«, entschuldigte er sich.

Mein Herz sank. *Oh Gott. Es passiert tatsächlich.*

Ich war nicht dumm. *Bitte Gott, lass nicht zu, dass er einfach geht. Bitte, Gott. Ich möchte das nicht allein machen.* Nachdem Jeremy den Raum verlassen hatte, stand ich auf, so schnell es mir mit meinem dicken Bauch möglich war. An der Tür, durch die er das Gebäude verlassen wollte, holte ich ihn ein.

»Es tut mir leid.« Jeremy legte die Hände auf meine Schultern und gab mir einen Kuss auf die Stirn. »Ich kann das nicht.« Mit diesen Worten verließ er das Gebäude. Und wieder blieb ich mit einem Scherbenhaufen zurück. Wieder fühlte ich mich zurückgewiesen und getäuscht, wie ich es schon mein ganzes Leben erlebt hatte.

Mir blieb nicht einmal Zeit zu protestieren. Mein dicker Bauch hinderte mich daran, ihn am Hemd festzuhalten, zurückzuziehen und dazu zu bringen, bei mir zu bleiben. Ich hatte keine Möglichkeit, meine Argumente vorzubringen und ihn davon zu überzeugen, dass er während dieser überaus schwierigen Zeit meines Lebens an meiner Seite sein und mich unterstützen sollte. Ich fühlte mich gedemütigt. Niedergeschlagen. Beschämt. Der Raum begann, sich um mich zu drehen. Die Luft um mich herum stand. Kein Ton war zu hören. Ich stand in einem leeren Flur. Allein.

Ich kehrte nicht zurück zu jenem ersten Kurs und machte mir auch nicht die Mühe, andere zu besuchen. Irgendwie würde ich die Geburt hinter mich bringen.

Der Tag, an dem bei mir die Wehen einsetzten, glich nicht meinen Träumen, die ich schon als kleines Mädchen hatte. Ich sehnte mich nach dem Vater meines Babys. Er sollte neben mir sitzen und meine Hand war halten. Doch Jeremy war im Gefängnis wegen einer Schlägerei.

Der errechnete Geburtstermin war bereits um eine Woche

überschritten. Meinem Baby gefiel es in meinem Bauch. Es nahm sich Zeit und hatte es nicht eilig mit seinem Auftritt in die Welt. (Seltsamerweise hatte mein Sohn es danach aber immer sehr eilig. Er war immer in Bewegung.)

Eine Woche nach dem errechneten Geburtstermin begab ich mich also in die Klinik, wo die Geburt eingeleitet werden sollte. Wie sehr wünschte ich mir, Jeremy bei mir zu haben – auch wenn wir nicht mehr zusammen waren. Er sollte mich unterstützen, mir Mut machen und mit mir die Ankunft des Babys feiern, das wir gemeinsam geschaffen hatten. Doch Unterstützung kam von anderer Seite: Meine Mutter war da, meine Freundin Missy, Jeremys Mutter Kate und seine Schwester Bonnie. Sie alle blieben an meiner Seite im Krankenzimmer, bis ich in den Kreißsaal gebracht wurde.

Eins hatte ich mir vorgenommen: Ich würde nicht die Heldin spielen und hatte keine Ambitionen, mein Baby ohne Betäubung zur Welt zu bringen. Ich bewundere alle Frauen, die das tun, aber ich erklärte dem Arzt in aller Deutlichkeit: »Schmerzen kann ich schlecht aushalten. Ich bin ein Feigling. Geben Sie mir bitte Medikamente.« Also eigentlich sagte ich das nicht nur, ich schrie nach jemandem, der mir ein Schmerzmittel verabreichte, und zwar auf der Stelle!

Nachdem der Arzt meine Fruchtblase punktiert hatte, setzten bald die Wehen ein. Sehr zum Erstaunen des Arztes öffnete sich mein Muttermund recht schnell. Vier Stunden später wurde ich in den Kreißsaal geschoben. Meine Mutter begleitete mich, während Kate, Missy und Bonnie ungeduldig im Wartezimmer ausharrten.

Nach sieben Minuten voller Schreien und Schwitzen und genervten Ärzten und Schwestern, die immer wieder »pressen« schrien (als ob das nicht offensichtlich wäre!), passierte es: Um ein Uhr morgens, am Dienstag, dem 1. März 1994 im St. Joseph's

Hospital in London, Ontario, Kanada, hörte ich den süßesten Schrei. Es war wie Musik in meinen Ohren. Ganz im Ernst! Mein kleines Baby klang schon so, als ob es singen wollte.

Die Krankenschwestern machten meinen Sohn sauber und legten ihn mir dann auf die Brust. Mein Herz raste. War er gesund? Hatte er zehn Finger und zehn Zehen? Er war perfekt! Sieben Pfund quirlige Perfektion und süßes Glück! Eigentlich hatte ich mir vorgenommen, ihn Jesse zu nennen. Aber als ich meinen kleinen Jungen zum ersten Mal erblickte – als unsere Blicke sich trafen, ging sein melodisches Schreien in ein Wimmern über, und seine kleinen Finger schlossen sich um meine – und da wusste ich plötzlich, dass er nicht wie ein »Jesse« aussah.

»Hi Justin«, flüsterte ich.

Wie um alles in der Welt konnten zwei völlig kaputte Teenager wie wir ein so atemberaubendes Baby hervorbringen? Ich saugte die ganze Schönheit auf. Es war der herrlichste Moment meines Lebens. Ich spürte die zarte Haut meines Babys, das sich an mich kuschelte. Auch meine Mutter strahlte, als sie ihn zum ersten Mal halten durfte. Voller Stolz, Staunen und Dankbarkeit. Ihre Augen funkelten, als sie in sein Gesicht blickte. Jeremys Mutter ging es nicht viel anders. Ihr Blick hing mit unglaublicher Ehrfurcht an ihrem Enkel. Sie schnappte nach Luft. »Er sieht aus wie Jeremy.«

Nachdem alle den Raum verlassen hatten, konnte ich ein bisschen nachdenken. Irgendetwas passiert, wenn Babys geboren werden. Die Welt scheint anders. Besser. Man sorgt sich weniger um dumme Dinge und fängt an, über die Zukunft nachzudenken. Etwas in mir erwachte zum Leben, als Justin und ich allein waren. Sein niedliches, faltiges Gesicht und die goldige Art, wie er gähnte – es erinnerte mich an Löwenbabys – besiegten meine Ängste und all die Fragen, die mir ständig im Nacken saßen:

Wie wirst du dich allein um dieses Baby kümmern?
Einen Tag nach dem anderen.

Kannst du es dir überhaupt leisten, als Alleinstehende ein Kind zu haben?
Wir werden schon zurechtkommen.

Was, wenn er krank wird?
Nun, dann gehen wir zum Arzt.

Wo willst du wohnen?
Da wird sich etwas finden, wie sich bisher alles gefunden hat.

Aber was, wenn …? Was, wenn …? Was, wenn …?

Wer hat schon die Zeit und Kraft, sich vom Sumpf dieser Fragen herunterziehen zu lassen? Ich ganz bestimmt nicht. Da lag ein kleiner Junge in meinen Armen, um den ich mich kümmern musste.

Kapitel Neun

Justin ist hungrig
Unser Zuhause ist durcheinander
Ich habe keine Zeit für diesen Stress
Es ist ein Uhr morgens
So müde
So gesegnet
Ich denke, ich werde jetzt etwas schlafen.

Nach Justins Geburt blieb ich noch einen Monat im Bethesda-Zentrum. Als ich nach dem Krankenhausaufenthalt zurückkam, war es wie ein großes Fest. Ich war erschöpft, aber überglücklich. Die Mädchen bestaunten Justin, nahmen ihn abwechselnd auf den Arm und fragten mich, wie die Geburt gewesen sei. Sie wollten selbst die kleinste Kleinigkeit wissen.

Ich konnte den Blick nicht von den Gesichtern der Mädchen wenden, die in wenigen Wochen ihr Kind zur Welt bringen würden. Einige von ihnen blickten verklärt, sobald sie Justin in ihren Armen hielten. Ich merkte, dass sie die Minuten zählten, bis ihr eigenes Baby da wäre. Sehr vorsichtig reichten sie Justin an das nächste Mädchen weiter, das es kaum erwarten konnte, ihn zu halten.

Aber ein oder zwei Mädchen wirkten auch sehr nervös. Ängstlich. Schon bald würde das wahre Leben sie mit unaufhaltsamer Gewalt einholen. Ich konnte ihre Gefühle gut nachvollziehen – dieses Schwanken zwischen großer Begeisterung und Panik.

Elf Tage nach Justins Geburt wurde Jeremy aus dem Gefängnis entlassen und sah unseren Sohn zum ersten Mal. Ich war bei meiner Mutter zu Besuch und saß mit Justin am Küchentisch. Tief atmete ich den Duft seiner frischen Babyhaut ein und wartete nervös auf das Klopfen an der Tür. Ich hatte Jeremy nicht mehr gesehen, seit er an jenem Tag aus dem Geburtsvorbereitungskurs verschwunden war. Justin half mir über die Bitterkeit hinweg, die seit jenem demütigenden Abend an mir nagte. Die Enttäuschung darüber, dass Jeremy einfach fortging und mich zurückließ, verlor angesichts der unbeschreiblichen Liebe zu meinem Sohn an Intensität.

Trotzdem war ich nervös. Ich war nicht sicher, wie Jeremy reagieren würde. Würde er sich freuen? Verstimmt sein? Würde er Interesse zeigen? Ich versuchte, mich abzulenken, indem ich mich auf Justin konzentrierte. Doch ich merkte, wie die Hoffnung in mir wieder aufflackerte. Ich liebte meinen Ex. Das war schon immer so. Und ich fragte mich: Würde Jeremy in dem Augenblick, in dem er unser wunderschönes Kind erblickte, endlich die Kraft finden, sich zusammenzureißen und sein Leben neu zu ordnen? Vielleicht – und ich hoffte, dass das nicht nur Wunschdenken war – könnten wir sogar eine Familie sein.

Verstehen Sie mich nicht falsch. Mir war durchaus bewusst, wie ungesund unsere Beziehung war. Wir beide brauchten ein großes Stück innere Heilung. Ich hatte nicht vergessen, wie sehr ein Streit zwischen uns eskalieren konnte, wenn wir die Kontrolle verloren. Aber selbst angesichts dieser offensichtlichen und trübseligen Realitäten konnte ich den Hoffnungsschimmer nicht ignorieren, der in mir aufglimmte. Vielleicht, nur vielleicht war Justin das fehlende Glied, das unsere Beziehung gelingen ließe?

Als Jeremy durch die Tür trat und sein Blick auf unseren Sohn fiel, erstarrte er. Wie gebannt hing sein Blick an Justin. Nicht einmal eine Horde tanzender Elefanten hätten ihn von Justin ablenken können. Ehrfürchtiges Staunen lag auf seinem Gesicht. Unser kleines Baby hatte ihn in seinen Bann gezogen. Als Jeremy dieses winzige Wesen wickelte, konnte er den Blick nicht von Justins süßem Gesicht lösen. Von diesem Tag ist mir nichts weiter im Gedächtnis geblieben als der Blick eines Mannes, der zum ersten Mal voller Liebe auf seinen kleinen Sohn schaut – mit einer Liebe, die nur aus dem Herz eines Vaters kommen kann.

Nachdem ich Bethesda verlassen hatte, wohnte ich ein paar Wochen bei meiner Mutter. Gemeinsam gingen wir einkaufen, um mich auf mein neues Leben vorzubereiten: Wir klapperten die Garagenverkäufe ab, durchstöberten Secondhandläden und fragten bei Wohltätigkeitsorganisationen nach. Stück für Stück fanden wir Möbel für meine neue Wohnung – mein Zuhause für Justin und mich. Für mich war es eine große Freude, eigene Möbel zu bekommen, und es machte mir überhaupt nichts aus, dass die Möbel gebraucht waren. Mich störten weder die Zigarettenlöcher in der Couch noch der wackelnde Küchentisch. Ich freute mich über alles, was ich mir aussuchte oder von großzügigen und lieben Menschen geschenkt bekam: aus der Gemeinde oder von Stratford House of Blessing, einer gemeinnützigen Organisation, die Familien in Not mit lebenswichtigen Dingen versorgte wie Lebensmitteln, Kleidung, Möbeln und Babysachen.

Ich hatte Anspruch auf Mutterschaftsgeld, in Kanada eine Art

Sozialhilfe, bis ich in der Lage war, selbst für den Lebensunterhalt für Justin und mich aufzukommen. Mein Jahreseinkommen schwankte zwischen neun- und zehntausend Dollar, Sozialleistungen und mein Verdienst durch verschiedene Teilzeitjobs inklusive. Justin und ich hatten also nicht viel. Windeln und Babynahrung waren teuer, aber irgendwie kamen wir über die Runden. So arm wir auch waren, mein Sohn litt keinen Mangel.

Meine Mutter und Bruce waren unglaublich. Sie unterstützten uns finanziell, wo immer es ging. Und sie nahmen Justin, wenn ich mal eine Pause brauchte. Oft blieb Justin für eine Nacht oder über das Wochenende bei ihnen. Als Justin älter wurde, übernahmen sie einen Teil der Kosten für sein Hockeytraining, die Ausrüstung und Trikots, die Mitgliedsbeiträge und so weiter. Ich bin sehr dankbar für ihre Hilfe. Mir ist bewusst, dass viele Teeniemütter diese Unterstützung von ihren Eltern nicht bekommen.

In den ersten beiden Jahren nach Justins Geburt wohnten wir beide in einem Miethauskomplex, nur wenige Minuten von meiner Mutter und Bruce entfernt. Unsere Zweizimmer-Erdgeschosswohnung war klein, aber gemütlich. Wir beide waren ja allein. Wir brauchten also nicht viel Platz. Abgesehen von dem fragwürdigen Rohrleitungssystem, dem billigen Aluminiumrollo, das sich beim Herunterziehen immer verbog, und den Wänden, von denen die Farbe abblätterte, war die Wohnung perfekt. Sie war mein Zuhause.

Nachdem ich in meine eigene Wohnung gezogen war, kam Jeremy häufig vorbei. Er war so häufig dort, dass er seine Sachen daließ. Eine Zahnbürste. Einige Kleidungsstücke. Toilettenartikel. Aus einer Nacht wurde ein Wochenende. Es dauerte nicht lange, bis er ganz bei uns lebte.

Ich hatte es nie bewusst darauf angelegt, dass er bei uns einzog. Sicher, ich hatte es mir insgeheim immer gewünscht, aber nur, wenn er seinen Lebensstil änderte. Heute weiß ich, dass ich damals unglaublich naiv war. Wieder einmal ließ ich mich auf die Beziehung ein und verschloss die Augen vor den gravierenden Unterschieden zwischen uns. Ich hoffte einfach, dass alles wie durch ein Wunder in Ordnung käme. Dass wir eine glückliche Familie würden. Eine wundervolle, liebevolle, funktionierende Familie. Wie im Fernsehen. Nie sprach ich an, was es für uns bedeutete, zusammen zu sein. Und eigentlich redeten wir auch nie darüber, dass wir zusammen waren. Es war eine unausgesprochene Annahme.

Zwar hatte ich meinen Glauben an Gott erneuert, doch meine Sexualität hatte ich ihm nicht anvertraut. Schon so viele Jahre waren Jeremy und ich zusammen gewesen. Ich wusste einfach nicht, wie ich unsere intime Beziehung auf eine andere Ebene bringen sollte. Ich brauchte Zeit, diesen Teil meines Lebens neu zu ordnen. Doch ich war aktiv in meiner Gemeinde, besuchte die Sonntagsgottesdienste, die Jugendgruppe und die Bibelstunden.

Während die Wochen ins Land zogen, holte uns der Alltag ein. Meine Wunschvorstellung, die meinen gesunden Menschenverstand getrübt hatte, verlor ihren Glanz. Ich musste mich der Tatsache stellen, dass Jeremy nicht vorhatte, seinen Lebensstil zu ändern. Er blieb oft die ganze Nacht fort und lud seine Kumpels manchmal in die Wohnung ein, um Karten zu spielen und Bier zu trinken. Die Realität traf mich wie eiskaltes Wasser.

Einmal hörte ich Justin in den frühen Morgenstunden weinen. Zum wiederholten Mal war er aufgewacht. Ich wusste nicht, wie oft in dieser Nacht. Ich war zutiefst erschöpft, nachdem ich auch in der vergangenen Nacht nur wenige Stunden Schlaf bekommen hatte. Jeremy war noch nicht nach Hause gekommen. Als ich in das Zimmer unseres Sohnes taumelte, wusste ich auf einmal mit absoluter Gewissheit, dass ich die Beziehung zu Jeremy beenden musste. Nicht, weil ich ihn nicht liebte, sondern weil er nicht bereit war, sich zu verändern. Ich war enttäuscht von mir. Ich war ja so dumm. Warum hatte ich nicht einmal mit ihm darüber geredet, was es bedeutete, zusammen zu sein – zusammen als ein Paar, und wichtiger noch, als Eltern?

Es reichte mir. Am nächsten Morgen sagte ich Jeremy, er solle ausziehen. »Ich weiß nicht, was ich damals gehofft habe, als du eingezogen bist«, gestand ich ihm. »Es tut mir leid.« Wir stritten eine Weile, dann ging er. Einige Wochen hörten ich nichts mehr von ihm.

Als sich Jeremy das nächste Mal meldete, fragte ich mich, ob Schweine vielleicht doch fliegen könnten. Er rief aus der Entzugsklinik an, wo er, wie er mir sagte, »Jesus gefunden hätte«. Und er wollte mit mir über Gott reden.

Das war eine große Neuigkeit, aber ich war misstrauisch. Ich kannte Jeremy. War das vielleicht nur ein Trick, um mich zurückzubekommen? Die Zeit würde es zeigen.

Jeremy und ich gingen jeden Sonntag in die Kirche. Wir beteten regelmäßig und besuchten sogar die Bibelstunden. Ich war verblüfft. Jeremy war nicht mehr derselbe Mann wie damals, als er mich bei dem Geburtsvorbereitungskurs sitzen gelassen hatte. Das war ein neuer und besserer Jeremy, der Mann, von dem ich gehofft hatte, dass er eines Tages zum Vorschein kommen würde. Einige Wochen, nachdem Jeremy Christ geworden war, ließ meine Wachsamkeit allmählich nach. An einem Sonntag bat er mich mitten im Gottesdienst, mit ihm nach draußen zu gehen und einen Spaziergang zu machen. Jeremy hielt meine Hand und wirkte sehr nachdenklich. Er wandte sein Gesicht dem Himmel zu und fragte: »Warum wissen nicht alle Menschen von Gott? Wieso haben sie keine Ahnung, wie unfassbar groß er ist?« Dieser Augenblick gehört zu meinen schönsten Erinnerungen mit ihm.

Eine

REISE

durch die Jahre

Meine Mom mit
meinem Dad.

Meine Mom, Dad,
Chris und Sally.

Die ersten JAHRE

Mom und Bruce: Voller Freude zur Hochzeit.

Noch immer geben sie sich gern zwischendurch ein Küsschen.

Unsere neue Familie: Chuck, Candie, Chris, Mom, ich und Bruce.

Immer lächeln: Ich mit fünf und sechs Jahren.

Schnappschuss
mit Bruce.

Mein
6. Geburtstag.

Das Haus meiner Kindheit.

Schick für die Kinderstunde: Robbie und ich vor der Fahrt in die Kirche.

Party vorm Haus: Mit Freunden zu meinem Geburtstag.

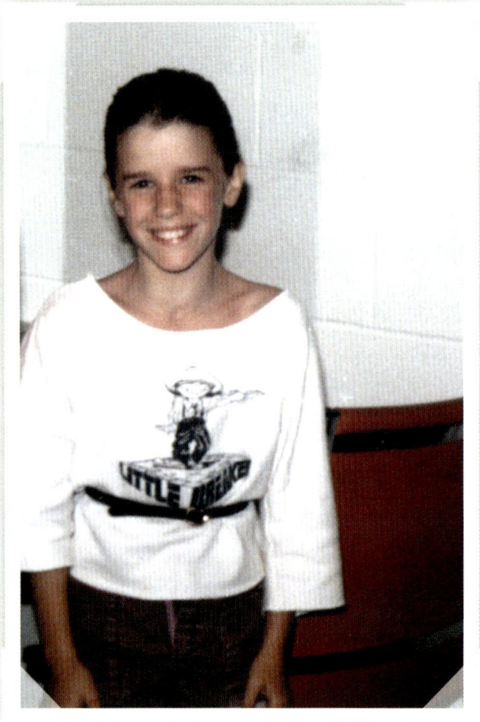

Auf dem Weg ins Theater: Ich freue mich auf meinen Auftritt zum Stratford Festival mit zehn Jahren.

Im Laufe der Jahre änderten sich auch meine Haare – man beachte die 80er-Jahre-Frisur! Großartig!

Schwanger mit Justin.

Auf dem „Laufsteg“:
Zur Modenschau im
Bethesda-Zentrum.

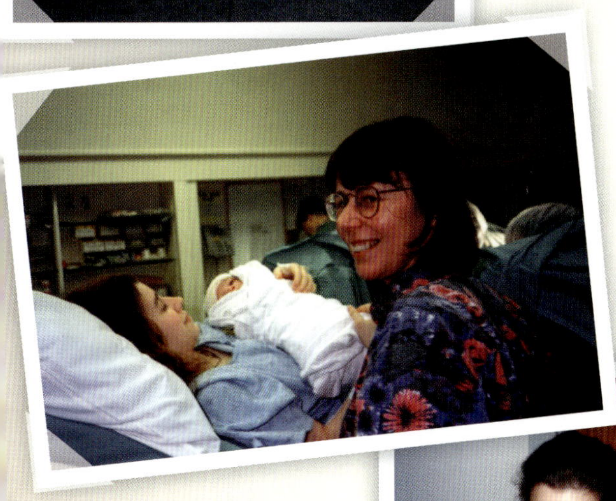

Meine Mom mit mir
und Justin kurz nach
der Geburt.

Bonnie und
Grandma Kate
mit Justin im
Krankenhaus.

Vater und Sohn.

Mit Grandpa George
und Grandma Kathy.

Mit Grandma Kate.

Meine Mom und
Bruce mit Justin.

Vier Generationen:
Meine Mom,
Grandma, Justin
und ich.

Ich und mein Baby.

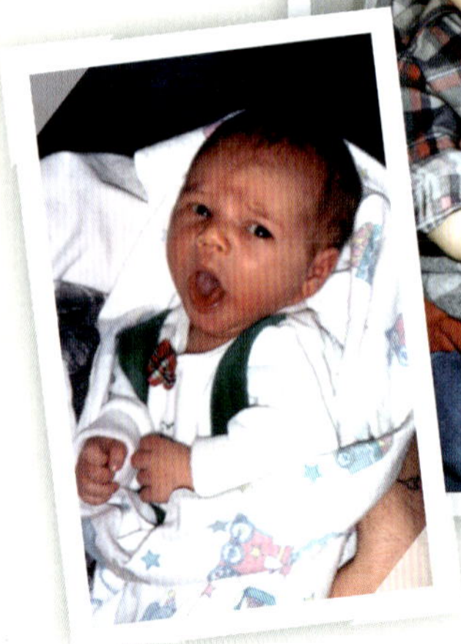

Mein wunderschöner Junge.

Der erste Geburtstag.

Am See.

Zeit mit Papa.

Au Backe!
Von Anfang an ein
kleiner Wildfang.

Kuscheln.

Los geht's! Der erste Schultag!

Justin und Sport: Ihn begeistert fast jede Sportart, aber Hockey und Fußball liebt er besonders.

Camping: Wir hatten immer viel Spaß beim Zelten.

Rumblödeln.

Unsere erste Reise nach ATLANTA

Justins erster Flug: Vor dem Start nach Atlanta durften wir ins Cockpit.

Scooter und Justin: Die beiden verstanden sich auf Anhieb prächtig.

So schnell erwachsen ...

... und doch für immer mein LIEBES KIND!

Ich zweifelte keinen Augenblick daran, dass seine Umkehr echt war. Seine Denkweise und sein Verhalten hatten sich verändert. Auch wenn es in unserer Vergangenheit eine Fülle von oberflächlichen Versprechungen, sich zu ändern, gegeben hatte, erlebte ich diese Veränderung nun tatsächlich hautnah mit. Jeremy war freundlicher, umsichtiger, liebevoller und sanfter. Und vor allem war er so beständig und verlässlich wie nie zuvor.

Jeremy war also wieder Teil unseres Lebens und wieder in unsere Wohnung eingezogen. Er brachte meine Couch aus dem Secondhandladen zum Müll und stellte ein altes Sofa in unser Wohnzimmer, das seine Mutter ihm überlassen hatte. Gemeinsam kauften wir einen wunderschönen Küchentisch aus Holz mit einer angebauten Bank.

Als frischgebackene Eltern waren Jeremy und ich begeistert von Justin. Bei der leisesten Andeutung eines Lächelns oder einem gurgelnden Lachen schmolz ich dahin. Ich liebte es, wenn er seine winzigen Händchen nach mir, seiner Mama, ausstreckte. Wenn ich Justin auf dem Arm hielt, drückte ich meine Nase an sein süßes Gesicht und genoss den unvergleichlichen Babyduft. Er war ein Geschenk, das mir anvertraut worden war. Er war mein Leben.

Irgendwann wurde unser Pastor auf unsere Lebenssituation aufmerksam. (Wir haben nie versucht, unser Zusammenleben vor anderen zu verbergen; wir haben nur nicht freiwillig darüber geredet.) Eines Tages nach dem Gottesdienst nahm er uns beiseite und sagte: »Wir mögen euch beide sehr. Wir wissen, dass ihr zusammenlebt, und da ihr bereits ein Baby habt, möchte ich euch Mut machen, doch über eine Heirat nachzudenken. Es wäre der richtige Schritt.«

Später blickte Jeremy mich an und fragte: »Und, was meinst du? Willst du heiraten?« Dieser beiläufig gestellten Frage fehlte jegliche Romantik. Genauso gut hätte er mich fragen können, ob ich ein Truthahnsandwich wollte. Trotzdem sagte ich ja. So unromantisch der Heiratsantrag auch war, ich wollte Jeremy heiraten. Wir legten das Hochzeitsdatum auf den 15. Oktober 1994 fest, nur wenige Monate später.

In einem Juweliergeschäft suchten wir uns Ringe aus. Er hatte keine große Sache aus seinem Heiratsantrag gemacht – er kniete nicht vor mir nieder, um mir einen Ring an den Finger zu stecken. Meine Verlobung verlief absolut unromantisch, ganz anders, als ich es mir ausgemalt hatte, seit ich ein kleines Mädchen gewesen war.

Während ich mir mein Hochzeitskleid anpassen ließ, starrte ich in den Spiegel. Ich stellte mir vor, wie ich in der Kirche tief gerührt durch den Mittelgang schritt. Es fiel mir schwer, mir vorzustellen, dass Jeremy mich lieben und bewundern würde, wie eine Braut an dem schönsten Tag ihres Lebens bewundert werden sollte.

Unsere Gemeinde bot einige Ehevorbereitungskurse an. Wir meldeten uns dazu an. Die Gruppenleiter kamen sehr schnell zu der Erkenntnis, dass wir für eine Ehe noch nicht bereit waren. Das wussten wir selbst. Die Anzeichen dafür waren nicht zu übersehen, aber ich wollte es mir nicht eingestehen. Wir beide waren immer noch emotionale Krüppel und hatten noch nicht einmal *angefangen*, unsere persönlichen Probleme aufzuarbeiten. Unsere Beziehung war also nie wirklich gesund.

Jeremy und ich hätten erst einmal lange Zeit allein leben müssen, bevor wir auch nur daran denken konnten, eine Ehe einzugehen. Aber das wussten wir nicht. Ich wünschte mir so sehr, dass unsere Beziehung funktionierte, und Jeremy war zu sehr mit seinen eigenen Problemen beschäftigt und mit dem Kampf gegen den Alkohol.

Zwar machte ich große Fortschritte in meinem Glauben, aber

auch ich hatte noch viele Ecken und Kanten. Es würde Jahre dauern, sie abzuschleifen und einige von ihnen zu glätten. In mir hatte sich großer Zorn angestaut, der auf meine Vergangenheit – vor allem auf die Jahre des sexuellen Missbrauchs – zurückzuführen war. Diesen Zorn reagierte ich häufig an Jeremy ab. Ich gebe zu, ich stritt mich wegen der absurdesten Dinge mit ihm.

Der Anfang vom Ende kam an einem Abend, als ich mich mit Jeremy in der Bibelstunde treffen wollte. Aber er kam nicht. Die Bibelstunde ging mit einem Gebet zu Ende, aber mein Verlobter war immer noch nicht aufgetaucht. Verärgert fuhr ich nach Hause, legte Justin schlafen und zog mich aus, um zu Bett zu gehen. Immer noch keine Spur von Jeremy.

Gegen Mitternacht lag ich im Bett und zappte durch die Fernsehkanäle, um mich abzulenken. Denn natürlich stellte ich mir die schlimmsten Horrorszenarien vor. Vielleicht war er in einen Autounfall geraten? Oder seiner Mutter war etwas zugestoßen? Während eines Werbespots für irgendein nutzloses Produkt fiel schließlich die Wohnungstür ins Schloss.

Als Jeremy das Schlafzimmer betrat, roch ich den Alkohol.

»Wo warst du?«, fragte ich, obwohl ich es natürlich genau wusste. Ich war wütend, aber mehr noch: tief enttäuscht. Er hatte einen so guten Anfang gemacht, war monatelang nüchtern geblieben. Ich machte mir ernsthaft Sorgen. Warum war er wieder rückfällig geworden? »Was ist geschehen, Jeremy?«

Jeremy schwieg, zog seine Stiefel aus, streifte seine Kleider ab und verschwand im Bad. Meine Enttäuschung schlug schnell in Misstrauen um, als er meine Fragen ignorierte. Er war zu schweigsam. Das konnte nichts Gutes bedeuten. Ich spürte, dass da etwas war. Die Angst schnürte mir die Kehle zu.

Für mich gab es nur eine Schlussfolgerung. Voller Sarkasmus und Verachtung schleuderte ich ihm entgegen: »Was ist los? Hast du mich betrogen?«

Jeremy sagte kein Wort. Je länger er schwieg, desto lauter schrie er die Wahrheit heraus. Ich ging noch einen Schritt weiter.

»Was? Nach all dieser Zeit betrügst du mich? Willst du mich zum Gespött der Leute machen?« Ich sprang aus dem Bett, bereit für einen Zweikampf.

Schließlich schleuderte ich ihm entgegen: »Nur zu, sag es mir. Wie heißt sie?« Ich rasselte die Namen der Mädchen herunter, die wir kannten. Nach jedem Namen brummte er: »Nein.« Außer bei diesem einen bestimmten Namen.

Ich wiederholte den Namen. Keine Reaktion. Jeremys Schweigen sagte alles.

Ich war fassungslos. Ich wusste genau, dass er sich zu dieser Frau nicht einmal hingezogen fühlte und ganz bestimmt keine Gefühle für sie hatte. »Mit *ihr* hast du mich betrogen? Du hast mit voller Absicht unsere Familie, deine Verlobung mit der Mutter deines Kindes, in Gefahr gebracht, um mit einer Frau zusammen zu sein, die du nicht einmal magst?«

Mein Kopf schmerzte. Ich saß auf der Bettkante und kämpfte mit meinen Gefühlen – Trauer, Zorn, Verwirrung. Ich stürmte ins Wohnzimmer und atmete tief durch, um mich zu beruhigen. Jeremy folgte mir und versuchte, mich an sich zu ziehen. Schließlich gelang es ihm. Er drückte sein Gesicht an meine gerötete Wange und wiegte sich hin und her, während er sich wie ein Ertrinkender an mich klammerte. Erst jetzt wurde ihm klar, was für einen Fehler er begangen hatte. Ich wollte mich von ihm befreien, während er seine Entschuldigungen stammelte. Immer und immer wieder sagte er mir, wie leid es ihm täte und was für eine große Dummheit er begangen hätte. »Bitte, bitte. Es tut mir leid, Baby. Es tut mir so leid.«

»Ich brauche frische Luft«, sagte ich und konnte mich endlich aus seiner Umklammerung lösen.

Ich rannte aus der Wohnung an die frische Luft und ignorierte

Jeremys Stimme, die mir hinterherrief. Ich erinnere mich nicht, eine Jacke angezogen zu haben. Mein Herz klopfte zum Zerspringen, während ich über den Bürgersteig des Apartmentkomplexes rannte. Ich war außer mir vor Zorn. *Wie konnte er mir das antun?* Ich rannte einen Straßenzug weiter. *Und warum ausgerechnet jetzt?* Ich rannte immer weiter. Ich konnte mich ein wenig abreagieren, aber das Problem blieb. Was sollte ich tun? Ich musste mit jemandem reden. Aber mit wem? Mein Freundeskreis war ziemlich zusammengeschmolzen.

Von einer Telefonzelle in der Nähe eines Tante-Emma-Ladens aus rief ich unsere Babysitterin an, ein Mädchen, das nur wenige Jahre jünger war als ich (und dann eine Woche später mit Jeremy schlief). Ich lud meinen ganzen Frust bei ihr ab. Sie hörte mir geduldig zu und tröstete mich. Nachdem ich das Gespräch beendet hatte, war ich immer noch nicht bereit, nach Hause zurückzukehren. Es gab noch eine Person, die ich anrufen musste: die Frau, mit der Jeremy sich an jenem Abend vergnügt hatte.

Das Telefon läutete ein paarmal, bevor sie abnahm. Ich war ruhig. Cool. Beherrscht. Bereit, alles zu sagen … aber was denn? Ich hatte keine Ahnung.

»Hallo?«

Als ich die Stimme »der anderen Frau« hörte, kam der Zorn zurück. Ich attackierte sie verbal und nahm sie auseinander wie ein Tornado ein Haus, das auf Pfählen stand. Ich bedachte sie mit den übelsten Schimpfnamen.

»Und, geht es dir jetzt besser?«, wütete ich. »Hast du jetzt gesiegt? Du hast jedes Fünkchen Hoffnung auf Glück erstickt, das in mir war. Du hast dich in eine bestehende Beziehung gedrängt. Das war nicht nur eine oberflächliche Beziehung, wir waren verlobt und wollten heiraten. Also vielen Dank. Ich hoffe, du fühlst dich jetzt wie eine richtige Frau.«

Sie sagte keinen Ton. Ich gab ihr auch keine Gelegenheit zu antworten. Ich beschimpfte sie noch eine Weile, doch dann war mein Zorn von einer Sekunde zur nächsten verraucht. Mein Gewissen meldete sich, weil ich so auf diese Frau losgegangen war.

Ich atmete tief durch und beruhigte mich, wartete eine Weile ab. »Vielleicht bedauerst du das nicht einmal«, fuhr ich etwas ruhiger fort. »Aber das ist egal. Ich werde dir vergeben. Ich will es nicht, aber ich weiß, dass es richtig ist.«

Damit legte ich auf und lief noch ein wenig durch die Gegend. Der Mond stand voll am Himmel und beleuchtete meinen Weg, und ich überlegte, was ich tun sollte. Offen gestanden, hatte ich keine Ahnung. Ich war immer noch nicht ganz bereit loszulassen. Tief in meinem Inneren wollte ich, dass meine Beziehung mit Jeremy gelang. Ich wollte den Vater meines Kindes heiraten. So war es gedacht, und genau das wünschte ich mir.

Als ich nach Hause kam, teilte ich Jeremy mit, dass ich einige Zeit zum Nachdenken bräuchte. Da er keine Wohnung hatte, ließ ich ihn weiter in meiner Wohnung wohnen. Am nächsten Morgen packte ich ein paar Sachen zusammen und fuhr mit Justin zu meiner Mutter, die mich für ein paar Wochen aufnehmen wollte.

Als Jeremy und ich uns trennten, steckten wir mitten in den Hochzeitsvorbereitungen. Die Einladungen waren verschickt, die Blumen bestellt. Mein Hochzeitskleid hing im Schrank. Zu unserem Junggesellenabschied hatten wir Geld geschenkt bekommen. Die eingeladenen Gäste hatten ihre Fahrkarten für die Hochzeit bereits in der Tasche und freuten sich auf eine schöne Feier, gutes Essen und Trinken.

Obwohl alles auf das offensichtliche Ende unserer Beziehung hindeutete, hoffte ich im Stillen, dass Jeremy und ich die Hochzeit doch noch retten könnten. Ich weiß. Ich war verrückt. Und blind. Ich kann es nicht leugnen: Ich war verzweifelt. Darum übersah ich die Hinweise, die mir rieten, die Beine in die Hand zu nehmen und davonzurennen, so schnell ich konnte.

Fast eine Woche später bekam ich kurz nach Mitternacht im Haus meiner Mutter einen Anruf. Das konnte nichts Gutes bedeuten. Niemand rief nach zehn Uhr noch an.

»Hallo«, sagte die Stimme am anderen Ende der Leitung. Ich erkannte sie sofort. Obwohl er nur dieses eine Wort gesagt hatte, merkte ich, dass Jeremy getrunken und sein »Alter-Ego Jack« wieder übernommen hatte.

»Hallo«, erwiderte ich verschlafen.

Jeremy nuschelte ein wenig. »Rate mal, mit wem ich gerade in deinem Bett schlafe.« Pause. »Ich gebe sie dir mal.«

Eine Frau meldete sich. Sie klang verwirrt. Ich merkte, dass sie nicht begriff, was Jeremy da tat. Auch ihre Stimme erkannte ich sofort. Es war ein Mädchen, das früher einmal eine meiner besten Freundinnen gewesen war.

Ich sah rot. Grenzenlose Wut überfiel mich. Ich fühlte mich betrogen. Mein Herz lag auf den Knien und flehte mich an, etwas zu unternehmen – diesem Wahnsinn ein für alle Mal ein Ende zu setzen. Ich hatte versucht, Größe zu zeigen, und meine Wohnung geräumt. Ich hatte sie Jeremy überlassen, nachdem er mich gerade betrogen hatte. Und jetzt besaß er die Frechheit, mich schon wieder zu betrügen, dieses Mal in meinem eigenen Heim, in meinem Bett.

Der Telefonhörer fiel mir aus der Hand; das Freizeichen dröhnte in der Stille der Nacht. Mein Zorn setzte mich schließlich in Bewegung. *Geh. Geh. Geh sofort!* Ich rannte ins Schlafzimmer meiner Mutter. »Mom, ich muss weg. Bitte, du musst mich fahren!«

Sie geriet in Panik, da sie ja nicht wusste, was los war. Beinahe fiel sie aus dem Bett. Sie stolperte über ihre eigenen Füße, zog sich einen Trainingsanzug an und fragte: »Was? Wohin? Was ist los?«

Ich erzählte ihr, was gerade geschehen war. Sie zögerte keine Sekunde, riss sich zusammen und fuhr mich zu meiner Wohnung. Ich sprang aus dem Wagen, bevor sie auch nur richtig angehalten hatte, stürmte durch das Treppenhaus hoch und schloss die Tür zu meiner Wohnung auf. Das war *mein* Heim.

Jeremy, zwei andere Jungen und meine frühere beste Freundin hockten auf der Couch. Der Fußboden war übersät von Bierflaschen. Sie hatten gefeiert. Ich gab mir Mühe, ruhig zu bleiben. Ich schwöre, ich habe es versucht. Ich atmete also tief durch, aber mein Zorn war übermächtig.

»Verschwindet aus meiner Wohnung!«, schrie ich so laut, dass die Fenster beinahe klapperten. »Ihr alle, verschwindet!«

Mittlerweile hatte meine Mutter mich eingeholt und stand hinter mir, bereit, mich zu verteidigen, falls die Situation eskalieren sollte. Ich war dankbar, dass sie da war. Im Augenblick war ich so geladen!

Meine frühere Freundin wagte nicht, mich anzusehen. Ihr Blick klebte an ihren Schuhen, und sie wand sich vor Verlegenheit. Zusammen mit den beiden anderen Jungen stand sie auf. Jeremy dagegen blieb seelenruhig auf der Couch sitzen, legte seine Arme auf die Armlehne und schlug die Beine übereinander. Er steckte sein Territorium ab. »Setzt euch alle wieder hin. Niemand geht hier irgendwohin«, blaffte er.

Die drei blickten sich an, und ihre Blicke wanderten von mir zu dem selbstgefällig grinsenden Jeremy. Langsam wichen sie zur Couch zurück. Ganz offensichtlich wussten sie nicht, ob sie bleiben oder aus meiner Wohnung verschwinden sollten.

»Raus hier«, wiederholte ich mit fester Stimme und drohendem Unterton. »Das ist mein Heim. Mein Name steht am Türschild. Raus!«

Sie erhoben sich erneut, langsam, suchten bei Jeremy Rat, was sie tun sollten.

»Ihr bleibt«, warnte er mit drohendem Gesichtsausdruck.

Mir war klar, dass ich diesen Kampf nicht allein ausfechten konnte. Ich ging zum Telefon und rief die Polizei an. Ich sagte: »Hier sind Leute in meiner Wohnung, die nicht gehen wollen. Könnten Sie bitte jemanden schicken, der sie hinausbegleitet?« Wenn ich es schon nicht schaffte, diese Typen aus meiner Wohnung zu entfernen, den Männern in Blau würde es sicherlich gelingen. Ich legte auf und grinste Jeremy zufrieden an. *Na, wie gefällt dir das?*

Er sprang von der Couch, baute sich vor mir auf und fing an, mich zu verhöhnen. »Verschwindet aus meiner Wohnung. Verschwindet aus meiner Wohnung«, äffte er meine Stimme nach. Wir standen dicht voreinander, viel zu dicht – einer von uns konnte leicht eine Dummheit begehen. Ich beschloss, keinen Schritt zurückzuweichen. Als er sich weiter über mich lustig machte, knallte ich ihm die Bierflasche, die er in der Hand hielt, gegen die Zähne.

Meine Mutter schnappte nach Luft. Wir alle waren schockiert, Jeremy besonders. Seine Hand fuhr zu seinem Mund, und Blut gemischt mit Bier tropfte zu Boden.

Jeremy schäumte vor Wut. Er beschimpfte mich mit den übelsten Worten. Dann suchte er ein paar Sachen zusammen, rief nach den drei Marionetten und verließ die Wohnung.

Ich war stocksauer. Viele Emotionen hatten sich angestaut – auch noch von der letzten Schlacht, die Jeremy und ich ausgetragen hatten. Obwohl es jetzt vorbei war, wollte ein Teil von mir den Kampf immer noch nicht aufgeben. Ich sprang vor und schrie Jeremy nach: »Du –« Meine Mutter stellte sich mir in den Weg und hielt mich auf. Die Tür knallte, und fort waren sie. Nun konnte ich das Chaos beseitigen.

Es war vorbei. Es war endlich vorbei. Nach vier Jahren des Wahnsinns voller Herzschmerz, Verwirrung, Dummheit und Unsicherheit hatten Jeremy und ich endgültig Schluss gemacht. Es würde keine Entschuldigungen mehr geben. Er würde nicht mehr angerannt kommen. Wir würden nicht mehr versuchen, unsere Beziehung fortzusetzen. Keine vergeblichen Versuche mehr, die Scherben zusammenzusetzen. Wir waren fertig miteinander.

Am nächsten Tag kam ich in meine Wohnung zurück. Sie war praktisch leer geräumt. Jeremy hatte alle Möbel aus der Wohnung geholt. Justin und ich blieben mit einem Fernsehgerät zurück.

Kapitel Zehn

Einige Wochen vergingen, bis ich wieder mit Jeremy redete. Irgendwann brachte ich den Mut auf, ihn zu fragen, ob er Justin besuchen wolle. Obwohl mein Zorn noch nicht verraucht war, wollte ich unserem Sohn nicht seinen Vater nehmen.

Als Jeremy daraufhin zu Besuch zu uns kam, hängte er sich sofort an mein Telefon, noch bevor ich die Wohnung verlassen hatte. Als ich mich verabschiedete, konzentrierte er sich auf das Telefongespräch und nickte nur zerstreut in meine Richtung. »Bis dann, Pattie«, sagte er und redete sofort weiter. Mit wem wusste ich nicht.

Als ich zwei Stunden später zurückkehrte, telefonierte Jeremy immer noch. »Mit wem telefonierst du eigentlich?«, fuhr ich ihn verärgert an, und natürlich fragte ich mich, ob er wohl die ganze Zeit telefoniert hatte.

»Mit meiner Mutter«, flüsterte er, ohne auch nur hochzublicken.

Ich konnte es nicht fassen. Seine Mutter lebte in British Columbia. Jetzt durfte ich ein mehr als zweistündiges Ferngespräch bezahlen.

Ich war außer mir vor Zorn. »Hast du etwa die ganze Zeit mit ihr telefoniert?«

Jeremy erhob sich, nachdem er aufgelegt hatte. Er baute sich vor mir auf, die Beine gespreizt wie ein Cowboy, die Hüfte zu einer Seite geschwungen. Auf seinem Gesicht lag der mir vertraute Ausdruck der Arroganz, als er von oben herab meine Frage beantwortete. »Hmm, ja, und was geht dich das an?«

Am liebsten hätte ich ihm die Selbstgefälligkeit aus dem Gesicht gefegt. Ich konnte seine Arroganz einfach nicht mehr ertragen. Das Maß war voll. Meine Geduld war erschöpft, und in meinem unreifen Zorn verlor ich die Beherrschung. Mit aller Kraft holte ich mit meinem rechten Bein aus und trat ihn dorthin, wo die Sonne nicht scheint.

Jeremy stürzte zu Boden und wand sich vor Schmerzen. Er rollte sich herum, stöhnte und schnappte nach Luft. Ich will ehrlich sein: Ich empfand eine tiefe Befriedigung, ihn in seinem Augenblick der Schwäche zu sehen. Es tat mir gut, wenigstens einmal die Oberhand zu haben. Aber tief in meinem Inneren wusste ich, dass das ein Fehler gewesen war. Und mir wurde klar, dass ich gerade einen Streit vom Zaun gebrochen hatte, der schlimm enden könnte, möglicherweise sogar in einem Gewaltausbruch.

Während sich mein Ex weiterhin stöhnend auf dem Boden rollte und unterdrückte Beschimpfungen ausstieß, machte sich Furcht in mir breit. Ich begann zu zittern. Auch wenn Jeremy mir gegenüber nie gewalttätig geworden war, wusste ich ja, wie stark er war und wie leicht er zu Wutausbrüchen neigte. Ich kniete mich neben ihn auf den Boden und fing an, mich zu entschuldigen. »Es tut mir leid, Jay. Es tut mir wirklich leid.« Nach meinem strategisch platzierten Tritt wand er sich weiter vor Schmerzen auf dem Boden. »Bitte tu mir nichts«, flehte ich. »Bitte tu mir nichts.«

An diesem Punkt war ich vor Angst wie gelähmt. Und natürlich geschah genau das, was ich befürchtet hatte: Nach einer Weile rappelte sich Jeremy hoch, ging auf mich los und drückte mich gegen die Wand. Ich öffnete die Augen in dem Augenblick, als die Spucke aus seinem Mund auf meine Haare tropfte. Obwohl ich mich nicht bewegt hatte, fehlte mir die Luft zum Atmen. Ich bekam nicht genügend Sauerstoff.

Meine Freundin Missy, die mit mir zusammen die Wohnung betreten hatte und sich im anderen Raum aufhielt, kam angerannt. Sie bückte sich, um Justin hochzunehmen, der auf dem Boden krabbelte, aber sie erstarrte, als Jeremy schrie: »Wag es nicht, ihn anzufassen!«

Während ich schluchzend an der Wand in mich zusammensank, nahm Jeremy Justin auf den Arm und zog ihm seinen Schneeanzug an. Wir flehten ihn an, das Baby nicht mitzunehmen. Wir weinten und bettelten, aber er war fest entschlossen. Missy und ich wussten, dass wir beide nicht gegen Jeremy ankamen.

Justin hatte mittlerweile zu weinen begonnen, während Jeremy sich mit dem Reißverschluss seiner Jacke abmühte. Ganz plötzlich hielt er inne und legte seinen Sohn wieder auf den Boden. Er konnte Justin nicht mitnehmen, das wusste er. Wohin sollte er mit ihm gehen? Was sollte er mit einem Baby anfangen? Er hatte ja nicht einmal Windeln für ihn.

Die Realität brachte Jeremy schließlich zur Vernunft, und er stürmte aus der Wohnung.

Einige Tage später, nachdem die Wut abgeklungen war, konnten wir vernünftig über Justin reden und ein Besuchsrecht für Jeremy vereinbaren. Danach sprachen wir kaum noch miteinander.

Ich frage mich oft, warum ich nicht schon viel früher den Schlussstrich gezogen habe. Warum wünschte ich mir so verzweifelt, dass unsere Beziehung gelang? Ich denke, der Grund ist einfach – ich glaubte, dass auch für mich ein Märchen wahr werden konnte. Eine Ehe wie im Märchen, ein Leben voller Glück und Liebe, ein endloser Chorus bestätigender Worte, die mein Ehemann, der mich liebte und bewunderte, mir ins Ohr flüsterte. Und natürlich durfte auch der weiße Gartenzaun nicht fehlen.

Ich wünschte mir, geliebt und angenommen zu werden, so vollständig und umfassend, dass es keine Worte dafür gibt. Und ich glaubte, Jeremy könnte mir diesen Traum erfüllen. Irgendwie nährte ich die Hoffnung – Sie würden das sicher naiv nennen –, dass sich die Situation ändern würde. Dass ihm endlich die große Erkenntnis käme und er mich lieben würde, so wie ich mir wünschte, geliebt zu werden. So hohe Erwartungen an Jeremy zu stellen, war unfair. Er sollte alle meine unerfüllten Wünsche erfüllen und meine Zerbrochenheit heilen. Wie könnte er das? Er war doch genauso zerbrochen wie ich. Und wie ich hatte er nie eine liebevolle, fürsorgliche Beziehung erlebt.

Es dauerte sehr lange, aber irgendwann kamen Jeremy und ich an den Punkt, wo wir zu einer gesunden Beziehung in der Lage waren. Auch wenn wir im Laufe der Jahre viele Verletzungen hinnehmen mussten, haben wir uns Mühe gegeben, unsere Differenzen nicht mehr eskalieren zu lassen. Heute würde ich sogar sagen, dass Jeremy und ich Freunde sind.

»Es ist nicht schwer, eine alleinerziehende Mutter zu sein«, habe ich mal gehört. »Aber es ist sehr schwer, eine *gute* alleinerziehende Mutter zu sein.« Alleinerziehende Mütter stemmen ein großes Gewicht. Sie sind oft einsam. Überfordert. Darauf bereitet uns nichts und niemand vor. Man kann »*Ein Baby kommt*« wie ich fünfzig Mal von vorne bis hinten durchlesen. Man kann hundert Erziehungskurse belegen. Den Erfahrungsberichten seiner Mutter, seiner Freunde, der Nachbarn oder der Friseurin lauschen, bis einem die Ohren abfallen. Trotzdem ist man nicht darauf vorbereitet.

Alleinerziehende Mütter müssen ihrem Kind Vater und Mutter in einem sein. Denn wenn sie mit diesem »Bündel voller Freude« aus dem Krankenhaus kommen, sind sie allein. Und als Teenager sieht die Sache noch einmal ganz anders aus. Den Ball zu treffen, der dann auf dich zufliegt, ist extrem schwierig. Der Druck kann von Zeit zu Zeit überwältigend sein.

Ich war ganz auf mich allein gestellt. Ich hatte Justins emotionale Bedürfnisse zu erfüllen und für seinen Lebensunterhalt zu sorgen. Ich war auch für die Förderung seiner Entwicklung zuständig. Es war kein Partner da, der den Jungen übernahm, wenn ich mal eine Pause brauchte. Jede Entscheidung lag allein in meiner Verantwortung, und mit allen Problemen musste ich allein klarkommen. Und auch wenn das eher eine Randerscheinung war – da ich keinen Partner hatte, musste ich alles allein schleppen. Haben Sie eine Vorstellung davon, wie man Windeln und alle Einkäufe im Kinderwagen verstaut? Dafür ist schon einiges an Organisationstalent nötig.

Und dann die Erziehung. Meine Aufgabe war es, Grenzen zu setzen, darauf zu achten, dass Regeln eingehalten wurden, und Korrektur zu geben, wenn es nötig war. Sich auf einen Erziehungsstil zu einigen, ist schon schwierig genug, wenn man in einer Beziehung lebt. Stellen Sie sich nur vor, wie viel schwieriger es ist, wenn die Elternteile getrennt leben. Meine Erziehungsbemühungen wurden immer wieder über den Haufen geworfen durch die Art, wie Jeremy mit Justin umging, wenn er bei ihm war. Jeremy gestand mir, dass er ihn während der knapp bemessenen Zeit, die er mit Justin verbrachte, nicht erziehen und auch nicht den »Bösen« spielen wollte. Das können sicher viele getrennt lebende Eltern nachempfinden.

Aber natürlich machte das meine Aufgabe nicht leichter. Ich musste die »Böse« spielen, während Justin mit Jeremy seinen Spaß hatte. Sein Vater war sein Held. Im Laufe der Zeit habe ich gelernt, dass Kinder nicht nur Disziplin und Grenzen *brauchen*, sie sehnen sich sogar danach, Grenzen gesetzt zu bekommen. Natürlich wehren sich Kinder gegen Disziplin und Regeln. Doch Grenzen, die Eltern setzen, zeigen Kindern, dass sie geliebt werden, dass ihre Eltern auf ihr Wohl bedacht sind. Und dieses Gefühl sollte mein Sohn erleben.

Reine Willenskraft und eine Tonne Gebet retteten mich über die ersten Jahre als alleinerziehende Mutter. Wie ein Roboter tut man, was getan werden muss. Zeit für Jammern und Selbstmitleid ist nicht übrig, wenn man Windeln wechseln, das Baby füttern und Detektiv spielen muss, um herauszufinden, warum es gerade weint. Wenn man das Geld für Babysachen, Miete und Lebensmittel auftreiben muss und sich weiterbilden möchte, um für sich und sein Kind eine bessere Zukunft zu schaffen.

Und sehr schnell entwickelte ich eine Überlebensstrategie, wie wahrscheinlich viele andere alleinerziehende Mütter. Nicht, dass ich dabei abgestumpft wäre; aber manchmal kann man nur durchhalten, wenn man auf Autopilot schaltet. Nur so habe ich Justins erste Lebensjahre überstehen können. Wenn ich müde war, weil ich in der Nacht nicht viel Schlaf bekommen hatte und tagsüber arbeiten musste, trank ich eine Tasse Kaffee mehr. Wenn ich nach einem anstrengenden Tag von der Arbeit nach Hause kam und feststellte, dass die Miete bald fällig wurde, überlegte ich mir, wie ich mir Geld beschaffen könnte. Wenn ich Paare gemeinsam mit ihrem Kind im Park, im Kino oder im Einkaufszentrum beobachtete und mich die Einsamkeit überfiel, riss ich mich zusammen und versuchte, meinen Kummer nicht an meinem Baby auszulassen.

Irgendwann konnte ich die Tatsache akzeptieren, dass es im

Leben nicht immer gerecht zuging. Dass Menschen nicht immer nur Gutes erlebten. Und dass niemand vor schwierigen Zeiten geschützt ist.

Die ersten Lebensjahre unseres Sohnes waren für Jeremy und mich nicht leicht. Manchmal versprach Jeremy, den zweijährigen Justin abzuholen, und dann kam er einfach nicht. Es tat mir in der Seele weh zu sehen, wie Justin stundenlang auf den Eingangsstufen saß und auf seinen Daddy wartete. Mir kamen die Tränen, wenn Justin mit sehnsuchtsvoller Stimme fragte: »Kommt er jetzt, Mommy?«, und eine Stunde später: »Kommt Daddy bald, Mommy?«

Ich fand immer Entschuldigungen und erklärte ihm, dass bestimmt etwas dazwischengekommen sei. Ich versicherte Justin immer wieder, dass sein Daddy ihn aber sehr lieb habe. »Er besucht dich ein anderes Mal«, versprach ich ihm.

Schließlich sagte ich Jeremy klipp und klar, dass er seinen Sohn nicht ständig enttäuschen dürfe. »Wenn du noch einmal eine Verabredung nicht einhältst, ohne wenigstens vorher angerufen und Bescheid gesagt zu haben, dann kannst du Justin nicht mehr sehen.« Ich riet ihm, mich ernst zu nehmen, denn ich würde mein Wort halten. Leider folgte er meinem Rat nicht. Einige Tage später wollte Jeremy Justin wieder einmal abholen. Und wieder kam er nicht und rief auch nicht an. Und so beendete ich diese Besuche.

Diese Entscheidung ist mir nicht leichtgefallen. Ich wusste ja aus eigener Erfahrung, wie es war, ohne Vater aufzuwachsen. Auch wenn ich davon überzeugt war, dass es richtig war, weil ich Justin vor ständigen Enttäuschungen schützen wollte, kostete es mich große Überwindung, Jeremy den Umgang mit seinem Sohn zu verbieten. Darum regte sich in mir neue Hoffnung, als er zwei Jahre später am Vatertag in der Kirche auftauchte und mich um eine zweite Chance bat. Ich wünschte Justin so sehr eine gesunde Beziehung zu seinem Vater. Mein Sohn sollte haben, was ich nie kennengelernt habe. Jeremy versprach mir, dass er nie wieder eine Verabredung nicht einhalten würde, ohne vorher abzusagen. Bis heute hat er sein Wort gehalten. Er ist immer gekommen, wenn er es versprochen hatte.

Auch wenn es einige Jahre dauerte, bis Jeremy einen festen Platz in Justins Leben gefunden hatte, tauchte er nicht erst auf, nachdem Justin berühmt geworden war, wie es in den Medien manchmal dargestellt wird. Jeremy gab sich zwar Mühe, ein guter Vater zu sein. Doch es gab viele Unstimmigkeiten zwischen uns. Trotzdem waren wir immer bemüht, unseren Sohn aus unseren Streitigkeiten herauszuhalten. Wir hatten beide in der Familie und im Freundeskreis erlebt, wie Eltern ihre Kinder als Waffe missbrauchen, um sich gegenseitig zu verletzen. Das wollten wir beide nicht. Und so waren wir darauf bedacht, in Justins Gegenwart niemals schlecht über den jeweils anderen zu reden, und wir entzogen Justin niemals dem anderen, nur weil wir gerade böse aufeinander waren. Wir versicherten Justin, dass wir beide ihn liebten und für ihn sorgten, auch wenn wir nicht zusammen waren.

Heute ist Jeremy ein ganz anderer Mensch als damals, als Justin noch ein Baby war. In vieler Hinsicht hat er sich positiv verändert. Seine Rolle als Vater hat für ihn oberste Priorität. Das zeigt sich auch im Umgang mit seinen beiden jüngeren Kindern (aus einer anderen Beziehung) und mit Justin. Ich bin stolz darauf, dass er ein so guter Vater geworden ist.

Als Justin auf die Welt kam, hatte ich noch keinen Schulabschluss. Mir war klar, dass ich irgendwann wieder die Schulbank drücken müsste. Ich wollte es auch. Nur fehlte mir das Geld für einen

Babysitter, der auf Justin aufpasste, während ich in der Schule war. Der Staat hätte die Kosten für die Kinderbetreuung übernommen, wenn ich einen Job gehabt hätte. Aber während einer Ausbildung wurden die Kosten nicht gedeckt. Diese Regelung konnte ich nicht verstehen. Man konnte beinahe den Eindruck gewinnen, als wollte der Staat verhindern, dass seine Bürger sich weiterbilden, um irgendwann auf eigenen Beinen stehen zu können.

Mein Nachbar Mike redete mir oft ins Gewissen. Bildung sei wichtig, und er machte mir Mut, doch wieder zur Schule zu gehen. Eines Tages kam Mike herüber, um ein wenig mit mir zu plaudern. Wir unterhielten uns kurz, während Justin – gerade mal ein Jahr alt – auf dem Boden herumkrabbelte, vor sich hin plapperte und mit Mikes Schnürsenkeln spielte.

»Also, Pattie ...«

Ich wusste schon, was kam.

»Du musst unbedingt deinen Schulabschluss nachholen«, mahnte er freundlich, wie es seine Art war. »Das ist wichtig.«

An jenem Nachmittag erklärte ich ihm mein Dilemma und wies darauf hin, wie lächerlich das System war. Mike hörte mir zu. Nach diesem Gespräch sah ich ihn einige Wochen lang nicht mehr.

Sie können sich sicher vorstellen, wie überrascht ich war, als ich einen Anruf vom städtischen Kinderhort bekam. Man teilte mir mit, ich könnte Justin ab sofort zu ihnen bringen. Die Kosten für die Unterbringung für ein Jahr seien im Voraus bezahlt worden. Mir fiel beinahe der Hörer aus der Hand! Wer tat denn so etwas? Meine Mutter und Bruce konnten sich das nicht leisten, das wusste ich. Eigentlich kannte ich niemanden, der so viel Geld hatte, um diese Summe aufzubringen.

Irgendwie fand ich dann heraus, dass es Mike gewesen war. Als ich mich überschwänglich bei ihm bedankte, winkte er ab. Seine Großzügigkeit war für mich unfassbar. Als ich ihm versprach, ihm das Geld zurückzuzahlen, unterbrach er mich. Er hatte nur eine Bedingung: »Hilf eines Tages einem anderen Menschen, zur Schule zu gehen.« Mit anderen Worten: Gib weiter, was du bekommen hast.

Mike erzählte mir, auch ihm hätte jemand geholfen, als er während seines Studiums in finanzielle Schwierigkeiten geraten war. Und auch er zahlte das Geld nicht zurück, sondern versprach, seinerseits einem jungen Menschen zu helfen, die Ausbildung zu beenden. Für dieses große Geschenk werde ich ewig dankbar sein. Seine Großzügigkeit war ein Segen, ein Wunder für mich.

Ich war überrascht, wie viel Spaß mir die Schule machte. Sehr schnell schloss ich viele Freundschaften, was natürlich mit ein Grund dafür war, dass ich mich auf den Unterricht freute und keine Angst davor hatte. Meine Freunde und ich erlebten eine schöne Zeit, und einige dieser Beziehungen bestehen bis heute.

Zuerst jedoch zögerte ich, wieder die Schulbank zu drücken. Ich wusste ja nicht, was mich erwartete. Seit meinem ersten Schulbesuch hatte sich mein Leben drastisch verändert. Ich saß nicht mehr zugedröhnt im Unterricht. Meine Gedanken waren nicht mehr eine Million Meilen entfernt, wenn meine Lehrer mir Mathematik oder Literatur erklärten. Dieses Mal war ich konzentriert bei der Sache. Ich interessierte mich für das, was die Lehrer uns beibringen wollten. Und nach der Schule, wenn Justin schlief, arbeitete ich den Lernstoff sehr intensiv nach.

Als junge Teenie-Mutter war ich schon wie eine Erwachsene, viel reifer als die anderen Schüler. Ich sorgte mich um meine Zukunft und um das Wohlergehen meines Sohnes. Ich wollte ihm ein stabiles Leben schaffen und ihm die Möglichkeit geben, im Leben Erfolg zu haben. Die meisten Schüler verschwendeten noch keinen einzigen Gedanken an ihre Zukunft. Sie dachten an Partys, verbrachten ihre Zeit mit Videospielen, Shoppen oder Chatten.

Natürlich wussten manche Schüler, dass ich ein Baby hatte. Aber da ich noch so jung aussah, dachten die meisten, dass ich siebzehn war wie alle anderen. Doch das stimmte natürlich nicht. Ich war bereits zwanzig. Freizeit gab es für mich nicht. Kein Sport, kein Tanz, keine Chorproben. Nach der letzten Schulstunde raste ich sofort zum Hort, um Justin abzuholen.

Dieser Hort war ein großes Geschenk. Die Erzieherinnen notierten jeden Tag, wie es Justin ging oder was er getan hatte. Dafür war ich sehr dankbar. Ein Einjähriger erlebt keine weltbewegenden Dinge, doch dann und wann musste ich schmunzeln … oder den Kopf schütteln: »Justin hat gut gegessen« und »Justin hat lange geschlafen«, solche Anmerkungen las ich in dem Notizbuch. Doch gelegentlich stieß ich auch auf andere Einträge, dass Justin zum Beispiel ein anderes Kind gebissen hatte. Es war mir peinlich, wenn da stand: »Justin hat seine Freunde schon wieder gebissen.« Oder: »Heute hat Justin nur einen Jungen gebissen.« Abgesehen von solchen Eigenarten, war mein Sohn ein ziemlich unbekümmertes Kind.

Als ich vor Kurzem noch einmal die Einträge in diesem Notizbuch las, fiel mir auf, wie viel von Justins Persönlichkeit schon damals deutlich zutage trat. Besonders fiel auf, dass er voller Energie steckte. Dazu gab es viele Einträge. Er war immer auf dem Sprung und grüßte alle, denen er begegnete (Justin war ein kleiner Schauspieler und liebte die Aufmerksamkeit). Alle, die ihn heute kennen, können bestätigen, dass er immer noch voller Energie steckt, immer in Aktion und sehr freundlich ist. Auch Justins Liebe zur Musik zeigte sich schon früh. Im Kinderhort liebte er den Stuhlkreis, wo die Kinder mit einer Erzieherin zusammen Lieder sangen, von einem Keyboard begleitet. Über einen Eintrag musste ich schmunzeln: »Justins Hose rutschte immer wieder runter. Darum haben wir sie mit einem Seil festgebunden.« Tja, einige Dinge ändern sich nie:

Noch heute ermahne ich Justin ständig, seine Hose hochzuziehen. Aber es nützt nichts.

Ich kann gar nicht sagen, wie viele Nächte ich mich in jenen ersten Jahren bis in die frühen Morgenstunden in meinem Bett herumwälzte, weil ich vor Sorgen nicht schlafen konnte. Und in den frühen Morgenstunden, wenn ich dann endlich hätte schlafen können, war absehbar, dass Justin bald wieder aufwachte, weil er gefüttert werden wollte. Ich brauchte gar nicht erst versuchen, noch ein wenig Schlaf zu bekommen. So starrte ich auf die roten Zahlen des Weckers. Körperlich war ich vollkommen erschöpft. Doch meine Gedanken fanden einfach keine Ruhe. Unzählige Fragen stürmten auf mich ein.

Werde ich die Schule abschließen können?

Wie viele Windeln hat Justin noch?

Wie soll ich im nächsten Jahr den Hort bezahlen?

Werde ich je studieren können?

Meine Gedanken drehten sich unaufhörlich im Kreis. Die Sorge ließ mich nicht aus ihrem Griff, wie ein Verkäufer, der unbedingt seine Ware an den Mann bringen will. Meine Nerven lagen blank. Mein Kopf stand kurz davor zu explodieren. Meine einzige Rettung war das Gebet. Nein, ich hielt Gott nicht für einen Automaten, in den ich ein Gebet einwarf und ein Wunder herauskam. Ich rechnete nicht damit, dass er wie durch Wunderhand alle meine Wünsche erfüllte, während ich mich zurücklehnte und den ganzen Tag vor dem Fernsehgerät hockte oder mein Geld für Blödsinn ausgab. Doch ich bin fest davon überzeugt, dass Gott zu uns kommt, wenn wir beten.

Von dem Tag an, an dem Justin auf die Welt kam, arbeitete ich hart. Ich ging zur Schule, hatte mehrere Jobs oder war auf Jobsuche. Um Hilfe bat ich nur in Situationen, die außerhalb meiner Kontrolle lagen. Meistens ließ sich Gott viel Zeit, mein Gebet zu erhören. Obwohl ich an Wunder glaubte, war immer auch der Zweifel da. Und ich will nicht lügen: Es ist nicht lustig, wenn die Hilfe erst auf den letzten Drücker kommt. Es ist frustrierend.

Hilfe erreichte mich auf ganz unterschiedliche Art. Leute aus der Gemeinde, die ich zum Teil kaum kannte, steckten mir einen Scheck in die Bibel, wenn ich gerade nicht hinsah. Einmal kam eine Gruppe von Frauen zu mir und füllte meinen Kühlschrank und meinen Vorratsschrank mit Lebensmitteln. Ein anderes Mal sprach mich ein völlig unbekannter Mann im Bus an: »Ich habe das Gefühl, ich soll Ihnen das hier geben.« Er reichte mir einen Umschlag voller Geld – so viel Geld, dass meine Ausgaben für den Monat gedeckt waren.

Zufall? Reines Glück? Das glaube ich keine Sekunde lang.

Auch die »Tafeln« vor Ort, wie zum Beispiel das »House of Blessing«, waren ein großer Segen für Justin und mich. Außerdem verschenkte die Heilsarmee Gutscheine von Supermärkten an bedürftige Familien. Solche Wohltaten waren Rettungsringe. Ich bin stolz auf Justin, dass er heute regelmäßig Hilfsorganisationen finanziell unterstützt, die uns damals geholfen haben.

Gott einen Teil meines Geldes anzuvertrauen – auch »Zehnter« genannt« –, war mir wichtig. Geld ist der einzige Bereich unseres Lebens, in dem uns Gott in der Bibel direkt herausfordert, ihn auf die Probe zu stellen. »Ich, der allmächtige Gott, fordere euch nun auf: Bringt den zehnten Teil eurer Ernte in vollem Umfang zu meinem Tempel, damit in den Vorratsräumen kein Mangel herrscht! Stellt mich doch auf die Probe, und seht, ob ich meine Zusage halte! Denn ich verspreche euch, dass ich dann die Schleusen des Himmels wieder öffne und euch mit allem überreich beschenke« (Maleachi 3,10). Und so gab ich jeden Sonntag zehn Prozent meines Einkommens an Gott zurück. Egal, wie wenig ich zur Verfügung hatte. Egal, wie wenig übrig blieb.

Ein Mädchen, mit dem ich seit meinem fünften Lebensjahr befreundet war, wollte bei mir Zweifel an Gott wecken. Sie kannte mich, bevor ich zum Glauben kam, und erlebte, wie ich nun als Christ lebte. Sie wusste, dass ich an die Kirche spendete. Das zu begreifen, fiel ihr schwer. »Warum tust du das?«, fragte sie mich häufiger. »Warum gibst du dein Geld an die Kirche, obwohl du es doch selbst so dringend brauchst? Ich sehe doch, wie du zu kämpfen hast. Ich weiß, dass dein Geld hinten und vorn nicht reicht. Wenn der Gott, an den du glaubst, real ist, warum sorgt er dann nicht für dich? Wo bleibt denn seine Fürsorge?«

Ich lächelte nur. »Ich spende nicht an die Kirche«, korrigierte ich sie. »Ich schenke das Geld Gott und vertraue ihm. Gott verspricht, dass er das, was ich ihm gebe, vervielfachen will. Warte nur ab. Du wirst schon sehen.«

Heute sieht diese Freundin, was geschehen ist, seit ich Gottes Herausforderung angenommen hatte. Sie kann es nicht fassen: Denn Gott hat mich nicht nur finanziell gesegnet, sondern auf vielfältige Weise. Beim Zehnten geht es nicht in erster Linie um Geld. Es geht darum, sich nicht vom Geld kontrollieren zu lassen, sondern ganz darauf zu vertrauen, dass Gott für einen sorgen wird.

Justin und ich wohnten noch in unserer ersten Wohnung, als John eines Tages anrief und mich um einen Gefallen bat. Er hatte ein vierzehnjähriges Mädchen, das von zu Hause fortgelaufen war, auf einer Parkbank aufgelesen. Liz war obdachlos, fror und hatte Hunger. Mit einem seiner Sozialarbeiter hatte er eine Weile mit ihr geredet. John wollte ihr gerne helfen, doch es war ihm nicht möglich, sie über Nacht mit nach Hause zu nehmen. So bat er mich um Hilfe.

»Sue und ich können sie nicht bei uns aufnehmen. Aber sie braucht dringend einen Platz zum Schlafen«, erklärte er. »Morgen werden wir überlegen, wie es weitergehen soll, aber könnte sie heute vielleicht bei dir und Justin übernachten?«

John versicherte mir, dass Liz kein schlechtes Kind sei. Sie sei nur verloren, buchstäblich und im übertragenen Sinn. Verloren, verletzt und zerbrochen. Er hatte so eine Ahnung, dass wir beide uns gut verstehen würden. Liz hatte viel durchgemacht und brauchte einen emotionalen Halt. Und den könnte sie bei mir finden, so hoffte er.

Er brauchte mich nicht zweimal zu bitten. Natürlich könnte sie bei mir übernachten. Allein die Vorstellung, dass dieses junge, hilflose Mädchen in einer fremden Stadt die Nacht im Freien verbrachte, zerriss mir das Herz. Gott allein wusste, welche Gefahren dort draußen lauerten und was alles passieren könnte. Ich bat John, sie sofort zu uns zu bringen.

Ich staunte nicht schlecht, als Liz an jenem Abend durch die Tür trat. Sie wirkte viel jünger als vierzehn. Ihre rötlich blonden Haare waren zu zwei ordentlichen Zöpfen geflochten, und ihr Gesicht war mit Sommersprossen übersät. Als sie mich leise begrüßte, konnte sie mir nicht in die Augen sehen. Mir war klar, dass sie sich unwohl fühlte. Immerhin war ich eine Fremde für sie, und für sie gab es keinen Grund, mir zu vertrauen.

Doch John hatte recht. Wir verstanden uns tatsächlich auf Anhieb. Sie war eines der nettesten und klügsten Mädchen, das ich je kennengelernt hatte. Am nächsten Morgen fragte ich John, ob sie nicht auf Dauer bei mir bleiben könnte. Ich meinte das ernst. Liz wusste nicht, wo sie hin sollte. Ich könnte ihr zumindest ein Dach über dem Kopf bieten. Wie das in Zukunft gehen sollte, wusste ich nicht. Aber ich wollte alles möglich machen. John fand mein Angebot sehr nett, meinte aber, dass das vermutlich nicht ginge. Wer würde schon die Genehmigung dazu geben, dass eine zwanzigjährige alleinerziehende Mutter eine vierzehnjährige Ausreißerin bei sich aufnahm? Das war einfach absurd.

Doch Liz war schon in so vielen Pflegefamilien gewesen, dass die für sie zuständige Sozialarbeiterin nicht mehr weiterwusste.

Sie suchte ganz dringend ein Heim für Liz, einen Platz, an dem sie auch bleiben würde. Und so bekam ich eines Tages einen Anruf. »Wir werden Folgendes machen, Pattie«, meinte sie. »Wenn Liz bei Ihnen bleiben möchte, werden wir Ihnen einige Fragen stellen, uns Ihre Wohnung ansehen und dann eine Entscheidung treffen.« So einfach war es.

Als Liz bei uns einzog, stellten wir sehr schnell fest, dass unsere Wohnung zu klein war. Nachdem sie jetzt zu unserem Haushalt gehörte, mussten wir umziehen. Aber wie sollte das gehen? Wohin? Und oh ja, da gab es noch ein klitzekleines Problem: meine Finanzen. Ich hatte schon Mühe, das Geld für Miete, Lebensmittel und alles, was wir zum täglichen Leben brauchten, aufzubringen. Aber ich schob alle Bedenken beiseite und kündigte die Wohnung. Sie war nun mal einfach zu klein. Wir konnten uns ja kaum bewegen, ohne dass wir ineinanderrannten.

Mir blieben jetzt zwei Monate Zeit, um eine Wohnung zu finden, die ich mir leisten konnte. Mehr als genug Zeit, dachte ich. Die Warteliste für Wohnungen im sozialen Wohnungsbau war so lang, dass das für uns nicht infrage kam. (Bis wir auf der Liste nach ganz oben gewandert wären, wäre Justin bereits im Kindergarten.) So machte ich mich auf die Suche nach einer Wohnung, die für mich bezahlbar wäre. Das war nicht einfach. Ich durchforstete die Zeitungsannoncen, hörte mich um und suchte auch im Internet. Ich betete und wartete. Nichts.

Nach jedem Gottesdienst bat ich meinen Freund Tim, für meine Wohnungssuche zu beten. Es war jede Woche dasselbe: Ich bat um Gebetsunterstützung, und er betete. Sonntag für Sonntag sprach ich dasselbe Gebet, aber eine Lösung war nicht in Sicht. Drei Wochen, bevor wir ausziehen sollten, begann ich, mir ernsthaft Sorgen zu machen. Ich betete lauter, heftiger. Eine Woche später bekam ich eine richtige Panikattacke. Wo sollten wir unterkommen? Ich war nicht mehr allein. Ich trug die Verantwortung für einen kleinen Jungen und einen heimatlosen Teenager!

Obwohl Tim natürlich mitbekam, dass ich noch keine Antwort auf mein Gebet bekommen hatte, schien ihn das nicht aus der Ruhe zu bringen. Er beruhigte mich. »Ich denke, Gott möchte deinen Glauben stärken«, meinte er.

Ich verdrehte die Augen. *Machst du Witze?* Ganz und gar nicht überzeugt, blickte ich ihn an und sagte: »Wenn ich endlich eine Wohnung finden würde, dann könnte ich das ja vielleicht auch so sehen. Aber bisher habe ich nicht einmal eine Wohnung in Aussicht. Diese Situation stärkt nicht meinen Glauben! Ganz im Gegenteil.«

Er lächelte. »Manchmal lässt Gott uns warten, Pattie. Und dann müssen wir noch etwas länger warten. Und manchmal lässt er dich selbst in der letzten Minute noch ein wenig warten, bis er handelt. Nur so lernst du, ihm zu vertrauen.«

Ich war mir da nicht so sicher.

Eine weitere Woche zog ins Land. Nichts. Ich war in höchstem Maß frustriert. War das irgendein kranker Scherz? Sollten wir auf der Straße landen? War das wirklich, was Gott wollte?

Am Mittwoch, bevor wir aus unserer Wohnung ausziehen mussten, rief meine Mutter an. Sie klang sehr aufgeregt. »In der Zeitung habe ich eine Annonce entdeckt. Da wird eine Wohnung in der Elizabeth Street angeboten, und sie ist sofort bezugsfertig.«

Hoffnung.

Endlich.

Gemeinsam mit Liz und Justin fuhr ich quer durch die Stadt, um mir die Wohnung anzusehen. Als wir ankamen, hatte eine Familie die Wohnung gerade besichtigt. Sie schienen die perfekten Mieter zu sein: ein Ehemann mit einer hübschen Ehefrau und dem niedlichen Baby. Ich bin ziemlich sicher, in dem Minivan auch einen Golden Retriever gesehen zu haben, der den Kopf zum Fenster herausstreckte. Und ob Sie es glauben oder nicht, nachdem wir die Wohnung besichtigt hatten, wartete noch eine andere perfekte kleine Familie darauf, sich die Wohnung anzusehen.

Wir drei waren sicher ein sehenswerter Anblick: ein Teenager in ziemlich ausgefallenen Klamotten, eine erschöpfte Mutter, die selbst noch wie ein Teenager wirkte, und ein energiegeladenes zweijähriges Kleinkind. Oh ja, wir setzten unser strahlendstes Lächeln auf und beteten, dass der Vermieter uns mögen würde.

Die Wohnung war perfekt: drei Schlafzimmer, ein Dachboden, eine Veranda und sogar ein Kamin. Die Miete samt Nebenkosten war erschwinglich. Das schien zu schön, um wahr zu sein. *Vielleicht ist das ein übler Scherz*, dachte ich, während ich vorsichtig über die dunklen Holzdielen lief und mit den Fingern über die frische Farbe an den Wänden strich. Zweifel schlich sich in mein Herz ein. *Warum sollte dieser Mann ausgerechnet dir die Wohnung vermieten? Ihr macht doch einen ganz schlechten Eindruck! Warum sollte er sie an eine alleinerziehende Mutter mit einem Pflegekind vermieten, wo er auch eine Vorzeigefamilie als Mieter haben könnte: nett, normal und ohne Geldprobleme?*

Das waren berechtigte Einwände. Gute Fragen. Ich hatte keine Antworten darauf. Ich konnte nicht sagen, warum dieser Mann uns als Mieter auswählen sollte. Ich wusste nicht, warum er sich nicht für die anderen, besseren Mieter entscheiden sollte … Ich wusste es nicht und weiß es bis heute nicht.

Aber trotzdem: Nachdem er uns auch noch den hübschen Garten gezeigt hatte, wo Justin bestimmt gern spielen würde, ergriff der Vermieter das Wort. »Hören Sie. Es ist kein Problem für mich, diese Wohnung zu vermieten. Interessenten gibt es genug, und nach Ihnen habe ich noch einige andere Besichtigungstermine.« Er hielt kurz inne und wählte seine nächsten Worte mit

Bedacht. »Aber ich habe Gott gebeten, mir zu zeigen, wem ich diese Wohnung geben soll, und ich habe den Eindruck, ich sollte sie Ihnen geben.«

Ich weiß, das klingt absurd, aber ich schwöre, genau so war es. In diesem Augenblick wurde mir klar, dass Tim recht hatte. Diese Erfahrung stärkte tatsächlich meinen Glauben. Fast drei Jahre lang wohnten wir in dieser wunderschönen Wohnung. Nicht *einmal* waren wir mit der Miete im Verzug, obwohl wir dann schließlich hinausgeworfen wurden, weil Justin zu viel Lärm machte: Trommeln, laute Musik und ein kreischendes Kleinkind, das war für die Nachbarn einfach zu viel.

Liz blieb insgesamt eineinhalb Jahre bei uns. Sie war mir eine große Hilfe, viel mehr als ich für sie (obwohl sie mir Jahre später ein wunderschönes Gedicht schickte. Darin schrieb sie, ich hätte ihr gezeigt, was Liebe sei). Liz half im Haushalt und kümmerte sich um Justin, der sie bewunderte. Ich denke, Justin und ich übten einen positiven Einfluss auf sie aus. Denn nachdem sie bei uns einzogen war, hörte sie auf zu klauen und nahm auch keine Drogen mehr. Sie ging regelmäßig zur Schule und besuchte auch mit uns zusammen den Gottesdienst.

In meinem Leben habe ich viel Gutes erlebt. Gott sorgte für mich auf wundersame Weise, wie bei der Wohnung. Aber es gab auch viele Augenblicke des Zweifels, in denen ich nicht klarkam mit den Realitäten des Lebens und den unbeantworteten Fragen.

Sechs Jahre, nachdem ich mein Leben Gott anvertraut hatte, quälten mich viele Zweifel und die Dunkelheit schien mich zu verschlingen. Eines Abends lag ich in der Badewanne und flehte Gott an, mir zu helfen. Aber meine Situation änderte sich einfach nicht. Meine Gebete schienen auf taube Ohren zu stoßen. Ich konnte Gott nicht hören, und ich spürte ihn auch nicht.

Ich betete. Ich schrie. Ich flehte. »Gott, wo bist du? Ich brauche dich so dringend und kann dich nicht finden.«

Meine Gebete blieben unerhört. Ich wusste nicht, warum ich mir überhaupt die Mühe machte zu beten. Der Zweifel tröpfelte sein Gift in meine Seele hinein. Ich fragte mich sogar, ob diese ganze Sache mit dem Glauben nicht vielleicht doch nur ein großer Betrug sei. Vielleicht waren meine Verletzungen damals, als ich nach meinem Selbstmordversuch im Krankenhaus lag, so tief und meine Not so groß, dass ich mir meine Begegnung mit Gott nur eingebildet hatte. Vielleicht war ich so leer und verloren gewesen, dass Gott tatsächlich nur ein Produkt meiner Einbildung war – ein Rettungsanker, an den ich mich klammerte, damit ich nicht in meinem Elend ertrank.

Natürlich war ich schon vorher in meinem Leben als Christ auf viele Hindernisse gestoßen. Meistens konnte ich entweder selbst neuen Mut finden oder andere sprachen mir Mut zu. Manchmal war ich zu schwach, um mich an meinem Glauben festzuhalten. Da klammerte ich mich an das Rettungsseil eines anderen. Doch dieses Mal konnte ich selbst das nicht mehr. Ich hatte keine Kraft, diesen Sturm an der Rettungsweste eines anderen zu überstehen. Das sagte ich Gott.

Während ich in der Wanne lag, betete ich. »Ich habe das Gefühl, in einer Grube zu stecken«, schrie ich, und meine Worte prallten von den Wänden des Badezimmers ab. »Ich habe keine Kraft mehr, mich festzuhalten. Ich sehe dich nicht. Ich spüre dich nicht. Das ist mein Abschied. Goodbye.« Mein Gebet war ernst gemeint, ein Schrei aus der tiefsten Tiefe meines Herzens. Ich würde aufgeben. Mich vom Glauben abwenden. Es war ein guter Versuch gewesen, aber das war nichts für mich.

In jener Nacht weinte ich mich selbst in den Schlaf. Ich stellte alles infrage. Ich betrauerte das Ende von etwas, an das ich geglaubt hatte. Etwas, für das ich mich mit meinem ganzen

Herzen eingesetzt und für das ich die letzten sechs Jahre meines Lebens geopfert hatte. Ich hatte alles aufgegeben, Dinge, die ich mochte. Und ich hatte das getan in der Hoffnung, eine Beziehung zu einem Gott zu haben, der nicht nur Herr des Universums, sondern auch mein himmlischer Vater ist. Das schmerzte besonders. Mir war, als hätte sich mein himmlischer Vater von mir abgewendet.

Am nächsten Morgen rief eine junge Frau aus meiner Gemeinde an. Wir kannten uns nur flüchtig, aber ich mochte sie. »Pattie«, sagte sie, »gestern Nacht hatte ich einen Traum. Es ging um dich.« Mein Atem beschleunigte sich. Ich wollte nicht vorgreifen, aber … *konnte es sein?*

Sie erzählte mir, in ihrem Traum sei sie mit Gott im Himmel spazieren gegangen, und er hätte ihr die ganze Pracht des Himmels gezeigt. Straßen von Gold. Leuchtend bunte Blumenfelder. Die Engelchöre sangen wunderschöne Melodien. Und dann hätte er die Wolken geteilt und auf mich herabgesehen. »Siehst du meine Tochter Pattie?«, fragte er. »Ich möchte, dass du zu ihr gehst und ihr sagst, dass ich sie sehr liebe.«

Die junge Frau blickte Gott verwirrt an. »Warum? Ich kenne Pattie. Sie weiß, dass du sie liebst.«

Gott schüttelte den Kopf. »Nein«, seufzte er. »Das weiß sie nicht.«

Verwirrt sagte die junge Frau noch einmal: »Aber ich weiß, dass sie dich kennt. Glaube mir, sie weiß es.«

Gott blieb beharrlich. »Nein, sie weiß es nicht. Ich möchte, dass du zu Pattie gehst und ihr sagst, dass ich sie liebe. Und sag ihr auch, ich sehe, dass sie gerade ganz tief unten in der Grube ist. Ich werde derjenige sein, der sie aus dieser Grube wieder herausholen wird.«

Nachdem mir die junge Frau von ihrem Traum erzählt hatte, las sie mir zur Ermutigung folgenden Bibelvers vor: »Ich war in eine verzweifelte Lage geraten – wie jemand, der bis zum Hals in einer Grube voll Schlamm und Kot steckt! Aber er hat mich herausgezogen und auf festen Boden gestellt. Jetzt haben meine Füße wieder sicheren Halt« (Psalm 40,3).

In diesem Augenblick war das Gefühl, mein Glaube sei leer oder nutzlos, verflogen. Ich weinte vor Erleichterung. Die Angst, verlassen zu werden, war verschwunden. Gott hatte mich nicht verlassen. Mein Glaube war kein Betrug, kein schlechter Scherz.

Wieder einmal hatte Gott einen ungewöhnlichen Weg gewählt, um mir zu versichern, dass er da war. Er hatte sein Kind nicht vergessen. Und er sorgte dafür, dass ich die Botschaft laut und deutlich verstand. So sehr liebte er mich. So viel war ich ihm wert.

Kapitel *Elf*

Als Kind war mein Sohn eine Mischung aus Curious George, Dennis die Nervensäge, Zack Morris und Bart Simpson: wissbegierig, clever, voller Energie und Schabernack. Manche Bekannte, die mehrere Kinder hatten, sagten mir, sie würden schon müde, wenn sie Justin nur zuschauten. Das Kind konnte einfach nicht still sitzen. Keine Sekunde lang. Justin verfügte über so viel Energie, dass er buchstäblich »von den Wänden abprallte«. Ich mache keine Witze, das war tatsächlich so. Er steckte voller Leben und trotzte der Welt mit einem schelmischen Grinsen und wilden Sprüngen.

Schon sehr früh gab ich die Hoffnung auf, dass Justin ein »Kuschelkind« wäre. Sobald er beweglicher war, herumrollen und krabbeln konnte, wurde er schnell unruhig, wenn ich ihn umarmte. Stattdessen wollte er frei und unabhängig seine Umgebung erkunden. Er war immer auf der Suche nach Unabhängigkeit. Er hielt meine Hand nur ganz locker, während er die andere ausstreckte nach aufregenden neuen Abenteuern außerhalb meiner Reichweite – und wenn es nur ein paar Schritte von mir entfernt war. Manchmal geriet er durch diesen Hunger nach Eigenständigkeit in Schwierigkeiten.

Ich hatte kein Geld, um neue Kleidung zu kaufen, aber ab und zu machten Justin und ich einen Ausflug ins Einkaufszentrum. Während ich die Kleidungsstücke auf den Kleiderständern durchsah, spielte ich Verstecken mit ihm. Ich tat so, als wüsste ich nicht, wo er sei, rief seinen Namen und suchte ihn. Er hockte derweil unter dem Kleiderständer, den ich durchsah, und kicherte laut. Nach einer ganzen Weile schob ich die Kleidungsstücke energisch zur Seite und rief: »Kuckuck!« Er quietschte vor Vergnügen. (Oh, wie ich diese Zeiten vermisse!)

Bei einem dieser Ausflüge suchte ich nach einer Winterjacke, und der zweijährige Justin und ich spielten ungefähr unsere zehnte Runde »Kuckuck«. Doch als ich dieses Mal die Jacken zur Seite schob und »Kuckuck« rief, war Justin nicht da. Ich geriet in Panik. Die Jacken, die ich auf dem Arm hielt, hängte ich auf den Ständer zurück. Ich rannte durch den Laden, durchsuchte alle Kleiderständer nach meinem kleinen Jungen. Aber er war nicht da. Nicht unter dem Ständer mit den Blusen. Nicht unter dem Ständer mit den Jeans. Justin war nicht da.

Mein Herz begann zu rasen, und meine Handflächen waren schweißnass. Während unseres Spiels waren sicher etwa zwei Minuten verstrichen, bis ich die Jacken zur Seite geschoben hatte. Ich konnte nicht begreifen, wie er so schnell verschwinden konnte. Mein Herz klopfte wild in meiner Brust. *Hilfe! Wo ist mein Sohn?* Ich verständigte einen der Verkäufer, der mir bei der Suche half. Vielleicht hatte Justin sich irgendwie in die Lagerräume verirrt? Fünf Minuten vergingen und immer noch kein Justin.

Ich rannte ins Einkaufszentrum, rief Justins Namen und fragte die Passanten, ob sie einen zweijährigen blonden Jungen in einem roten Hemd und einer blauen Jeans gesehen hätten. Niemand hatte ihn gesehen, aber viele Leute halfen mir bei der Suche nach ihm. Ein Sicherheitsbeamter hatte über Funk seine Kollegen verständigt. Sie sollten nach einem vermissten zweijährigen Jungen Ausschau halten. Zehn Minuten waren vergangen, und Justin war immer noch nicht aufgetaucht. Das ist der schlimmste Albtraum einer Mutter. Ich war außer mir vor Angst, rannte in jeden Laden und rief laut: »Justin! Justin! Justin!« Von ganzem Herzen hoffte ich, er würde jeden Augenblick um die Ecke biegen und in meine Arme rennen. Aber von meinem Sohn war nichts zu sehen.

Irgendwann knackte das Funkgerät des Sicherheitsbeamten. Jemand hatte Justin am anderen Ende des Einkaufszentrums im Kinderspielbereich entdeckt. Noch nie in meinem Leben bin ich so schnell gerannt. Als ich Justin erreichte, keuchte ich und war außer Atem. Meine Lungen drohten zu platzen. »Justin«, rief ich. Mein wild klopfendes Herz konnte sich schließlich beruhigen, als ich sah, dass er gesund und munter war. Mein Sohn dagegen hatte nicht die leiseste Ahnung, dass ich die letzten zehn Minuten außer mir vor Angst nach ihm gesucht hatte. »Sieh nur, Mom«, quietschte er sorglos, als er mich entdeckte. Er deutete auf das Karussell in Form einer Rakete. »Sieh nur, ein Waumsiff!«

Natürlich war ich zutiefst erleichtert, aber auch ein wenig verärgert. Ich drückte ihn so fest an mich, dass er versuchte, sich aus meiner Umarmung zu winden. »Tu das nicht noch mal. Niemals!«, ermahnte ich ihn streng, während ich ihm die blonden Haarsträhnen zurückstrich, die ihm in die Augen hingen. Meine Stimme wurde weicher. »Liebling, lauf nie, nie, nie wieder von deiner Mommy fort!« Als er sich endlich aus meiner Umarmung befreien konnte, grinste er mich von einem Ohr zum anderen an und nickte. »Okay, Mommy! Darf ich jetzt Waumsiff fahren?«

Justin hatte eine Vorliebe dafür, seine Grenzen auszutesten. Das Wort *nein* stellte eine große Herausforderung für ihn dar. Oh ja, er kannte die Bedeutung dieses Wortes. Aber er wollte einfach ausprobieren, ob ich das tatsächlich auch so meinte. Justin wusste zum Beispiel, dass er den Videorecorder nicht anfassen durfte. Er marschierte zu dem Schrank, auf dem er stand, streckte seine Hand danach aus und blickte mich herausfordernd an. »Nein, Justin«, warnte ich. »Du darfst das nicht anfassen.« Dann zog er schnell seine Hand zurück, sein Blick ließ mich aber nicht los.

Nur wenige Sekunden später streckte er seine Hand langsam wieder nach dem Videogerät aus. Ich wiederholte das Verbot. »Nein, Justin.« Ohne zu blinzeln, zog er seine Hand zurück. Als er sie zum dritten Mal ausstreckte, sagte ich: »Nein, Justin«, dieses Mal in einem Tonfall, der keinen Zweifel daran ließ, dass ich meinte, was ich sagte. Er hielt dann kurz inne, blickte mich an und klopfte ein paarmal kurz auf den Videorekorder. Dann brachte er sich in der anderen Ecke des Zimmers in Sicherheit, so weit von mir entfernt, wie es ging. Er wusste genau, dass er Ärger bekommen würde.

Doch Justin war so niedlich, dass es beinahe unmöglich war, ihm böse zu sein. Bereits mit zwei Jahren hatte er viele »Auszeiten« erlebt. Immer wieder schickte ich ihn in die Ecke, wenn er etwas angestellt hatte. Manchmal drehte er sich dann zu mir um, zog einen Schmollmund und blinzelte mir mit seinen großen Augen zu. Dann zuckte er mit den Schultern, streckte seine Hände nach mir aus und jammerte: »Ooooh, Mami, bitte! Bin doch erst zwei!«

Ich amüsierte mich jedes Mal köstlich darüber, versuchte aber, mein Lachen zu unterdrücken. »Wenn du so alt bist, dass du das weißt, Justin, dann bist du auch alt genug, um in der Ecke zu sitzen«, erwiderte ich und beherrschte mich nur mit Mühe. Ich ließ es mir nie anmerken, aber in solchen Augenblicken hätte ich ihn am liebsten in die Arme genommen und so heftig gekitzelt, dass sein Lachen noch in der Nebenwohnung zu hören gewesen wäre. Aber das ging natürlich nicht. Das wusste ich. Jemand musste seine Energie in die richtige Richtung lenken.

Als Justin etwa drei Jahre alt war, begann ich, ihn zu unterrichten. Das tat ich, bis er in die erste Klasse kam. Ich wollte ihm eine Grundlage schenken für all das, was ihn durchs Leben bringen würde. So brachte ich ihm etwa Lesen und Schreiben bei. Justin saugte Wissen in sich auf wie ein Schwamm. Mit vier Jahren konnte er bereits ganze Sätze lesen.

Ich erzählte ihm auch Geschichten aus der Bibel und ließ ihn Bibelverse auswendig lernen. Freunde und Familienangehörige staunten darüber, wie mühelos Justin lernte, und vor allem darüber, wie schnell er einen Bibelvers wörtlich aufsagen konnte, wenn man ihm ein Kapitel und die Versnummer nannte. Mein Sohn verblüffte mich. Einmal kannte er fast fünfzig Verse auswendig und konnte sie wortgetreu aufsagen. Das war beeindruckend.

Es machte mir Freude, Justin zu unterrichten und diejenige zu sein, die ihm Wissen vermittelte. Wenn ich es mir finanziell hätte leisten können, hätte ich ihn zu Hause unterrichtet. Doch mit dem Verdienst einer Teilzeitstelle konnte ich unseren Lebensunterhalt nicht bestreiten, darum musste ich ihn in einer öffentlichen Schule anmelden. Da ich ihn ein Jahr früher als normal einschulen wollte und er ja auch den Lehrstoff der ersten Klasse bereits zu Hause gelernt hatte, meldete ich ihn in einer französischen Schule an. Er sollte das Jahr mit Kindern seines Alters wiederholen. Während er in der Schule war, arbeitete ich bei Zellers, dem kanadischen Walmart.

Gleich am ersten Schultag wurde Justin aus der Klasse geworfen, weil er Pupsgeräusche mit seinen Armhöhlen machte. Die Lehrerin war schon betagt, hatte wenig Geduld und konnte mit Justin nicht umgehen. Sofort beantragte sie für ihn einen Wechsel in eine andere erste Klasse. Sie war nur die erste von vielen Lehrern, die mit meinem Sohn nicht zurechtkamen. Justin war nicht mit Absicht aufmüpfig. Er war ein Frechdachs, aber auf eine bescheidene, beinahe charmante Art und Weise. Manchmal bekam er Ärger wegen Dingen, von denen er nicht einmal wusste, dass sie falsch waren. Zum Beispiel damals, als er von der katholischen Schule suspendiert wurde.

Justin liebte Filme und zitierte gern daraus. Als er etwa sieben Jahre alt war, begeisterte ihn der Film *Good Burger*, der auf einem der Sketche aus einer Nickelodeon-Show basierte. In einer der Filmszenen beschwert sich ein Gast bei Ed, dem Kellner mit dem einfachen Gemüt, über den Hamburger, den er ihm serviert hat. Nach seiner Schimpftirade stürmt der verärgerte Gast aus dem Restaurant und schreit Ed über die Schulter hinweg zu: »Wir sehen uns in der Hölle!« Ed erwidert gutmütig: »Okay, bis dahin!« Die Szene war lustig und sollte die Zuschauer zum Lachen bringen.

Eines Nachmittags, als Justin mit dem Bus von der Schule nach Hause kam, wünschte ihm die katholische Busfahrerin einen schönen Tag, als sie ihn an seiner Haltestelle aussteigen ließ. Justin lächelte, winkte und rief ihr zu: »Ich sehe dich in der Hölle, Bev!« Am nächsten Tag durfte er nicht mitfahren. Justin hatte das nicht böse gemeint, es sollte ein Witz sein. Leider hatte die Busfahrerin wenig Verständnis für den Humor meines Sohnes. Immer wieder geriet Justin in Schwierigkeiten, weil er seine Grenzen austestete. Mindestens einmal im Jahr bekam er wegen seiner dummen Streiche Schulverbot: Entweder hatte er mal wieder Schneebälle geworfen, mit Knallfröschen gespielt oder andere Streiche ausgeheckt.

Justin war ein kluges Kind und langweilte sich schnell. Als er älter wurde, fiel mir auf, dass seine Lehrer ihn entweder liebten oder ablehnten. Einige sahen in ihm eine Führungspersönlichkeit. Andere, die nicht wussten, wie sie mit seiner übersprudelnden Energie umgehen sollten, verzweifelten wegen seiner Einfälle. Doch bei allen Kindern in seiner Klasse war er sehr beliebt. Eine Lehrerin pflegte zu sagen, sie hätte dreißig Kinder und Justin. Wenn Justin glücklich war und sich anständig benahm, folgten die anderen Kinder seinem Vorbild. Wenn er Unruhe stiftete, ließen sich die anderen Kinder nur zu gern von seinem Verhalten anstecken.

Eine Begebenheit ist mir besonders in Erinnerung geblieben. Wieder einmal hatte Justin in der Schule Ärger bekommen und wurde zum Direktor zitiert. Da das häufiger vorkam, hatte sich Justin auf die übliche Strafpredigt eingestellt. Doch seine Lehrerin und der Schuldirektor boten ihm einen Platz an und führten ein ernstes Gespräch mit ihm. Sie machten ihm Mut und erklärten ihm, dass er von Natur aus eine Führungspersönlichkeit sei und was das für ihn bedeute. »Justin, die anderen Kinder in deiner Klasse orientieren sich an dir und ahmen dein Verhalten nach«, legten sie ihm dar. »Wenn du dich also anständig benimmst, tun sie das auch.« Diese beiden Menschen haben bei Justin viel bewirkt. Begeistert kam er an jenem Tag aus der Schule nach Hause. »Mom, ich bin eine Führungspersönlichkeit«, rief er und strahlte vor Stolz.

Dieses Beispiel führe ich an, wenn ich mit Eltern spreche, deren Kinder an ADHS leiden und häufig in Schwierigkeiten geraten. Auch wenn bei Justin diese Erkrankung nie diagnostiziert wurde (obwohl ein Arzt einmal anmerkte, er sei definitiv hyperaktiv), waren die Anzeichen doch offensichtlich. Justin ließ sich leicht ablenken, war kreativ, tat immer mehrere Dinge auf einmal und konnte nicht still sitzen. Ich habe gelernt, dass diese ungewöhnlich willensstarken Kinder in der Regel sehr klug sind und ihre Intelligenz ihnen nicht selten im Weg steht. Sie sind künftige Führungspersönlichkeiten, brauchen Ermutigung und müssen lernen, ihre Energie in sinnvolle Bahnen zu lenken. Kinder haben unterschiedliche Lernstile und sollten ihrem Lernstil entsprechend unterrichtet werden. Leider sind die Schulen in der heutigen Zeit mit einer individuellen Unterrichtsform vollkommen überfordert.

Ich fand großen Trost in dem Wissen, dass große Führungspersönlichkeiten in Politik, Wissenschaft, Kunst und dem Militär unter Aufmerksamkeitsdefiziten litten. Einige waren als Kinder sogar große Unruhestifter gewesen. Ich werde nie ein Zitat aus einer Dokumentation über solche Führungspersönlichkeiten vergessen: »Sorge dafür, dass du möglichst lange lebst und viele Leute verärgerst, damit sie sich an dich erinnern.«

Schon sehr früh zeigte sich Justins musikalische Begabung. Der Junge hatte ein unglaubliches Rhythmusgefühl. Noch bevor er ein Jahr alt war, konnte er zu jedem Lied den Rhythmus klatschen. Wenn ich ihm einen Rhythmus vorgab, klatschte Justin ihn in null Komma nichts in seinem Hochstuhl nach. Er war ein Naturtalent. Wo immer er eine glatte Oberfläche fand, spielte er »Trommel«: auf Töpfen und Pfannen, Stühlen, Theken, dem Küchentisch, dem Waschbecken im Bad – alles war ihm recht.

Justin hat sein musikalisches Talent von Jeremy und mir geerbt. Ich war ja in Künstlerkreisen aufgewachsen, sang und tanzte. Doch auch Jeremys Familie war sehr musikalisch. Kate, Jeremys Mutter, war eine sehr talentierte Sängerin und Liedermacherin, und auch andere Familienmitglieder von ihrer Seite besaßen musikalisches Talent. Als Justin noch jünger war, schickte Grandma Kate uns regelmäßig Geld für seine Schlagzeugstunden. Auch Jeremy förderte Justins Musiktalent. Er ermutigte ihn und brachte ihm Lieder auf dem Klavier bei.

Musik gehörte also schon immer zu unserem Leben. Ich besaß eine Menge musikalisch begabte Freunde, die häufig zu Besuch kamen. Dann musizierten wir gemeinsam. Ich singe und komponiere selbst. Mein Freund Jesse und ich haben häufig auch zusammen komponiert, zu den unmöglichsten Zeiten. Wir traten als Duo bei einigen Karaokeveranstaltungen in unserem Lieblingslokal auf. Einmal kam jemand auf uns zu und fragte uns, ob wir einen Manager suchten. Wir brachen in schallendes Gelächter aus. Nein, Musik sei nur unser Hobby. Allerdings hatten wir auf Jesses mehrspurigem Tonbandgerät einige unserer Lieder aufgenommen. Leider finde ich die Aufnahmen nicht mehr.

Zu Hause sang ich gern und begleitete mich dabei auf meinem Keyboard, dem gebrauchten Yamaha, das ich mit zehn Jahren für vierhundert Dollar gekauft hatte. Ich hatte das Geld, das ich für meine Mitwirkung bei einem Shakespeare Festival in Stratford bekam, dafür investiert. Mit fünfzehn wollte ich es für dreihundert Dollar verkaufen. Ich brauchte Geld, weil ich einige Jungs besuchen wollte, die ich gerade erst kennengelernt hatte. Zum Glück hatte sich kein Käufer gefunden. Später konnte Justin es benutzen.

Justin war zwei Jahre alt, als ich ihm ein Mini-Schlagzeug schenkte. Ohne dass ich ihm zeigte, wie das ging, schnappte er sich die Stöcke und bearbeitete die Trommeln. Er spielte eine ganze Stunde lang. Meine Freunde und ich beobachteten verblüfft, wie dieses kleine Kind mit den zerzausten Haaren und dem bekleckerten T-Shirt perfekt den Rhythmus hielt. Er liebte das Trommeln so sehr, dass ich ihm, als er vier war, eine Djembe, eine mit Ziegenhaut bespannte afrikanische Trommel, schenkte, die einen etwas anderen Klang hat.

Mittlerweile probierte sich Justin an komplizierteren Rhythmen und konnte problemlos bei den Jam-Sessions mit meinen Freunden mithalten. Ich vergesse nie den Tag, an dem ich Justin zum ersten Mal zur Musikschule brachte. Wir betraten den Unterrichtsraum. Ein ziemlich beeindruckendes Schlagzeug stand in der Ecke. Der Lehrer, Herr Weber, hatte uns den Rücken zugewandt und beschäftigte sich mit einigen Papieren auf dem Schreibtisch in der gegenüberliegenden Ecke.

»Hallo Mr Weber«, begrüßte ich ihn. »Justin Bieber ist hier zu seiner ersten Unterrichtsstunde.«

Ohne sich umzudrehen, teilte uns der Musiklehrer mit, dass er gleich Zeit für uns hätte. Ich hoffte nur, dass es nicht zu lange dauerte. Still sitzen und warten? Definitiv nicht Justins Stärke.

Bevor wir auch nur die Gelegenheit hatten, uns auf einem Stuhl niederzulassen, stürzte Justin auf das Schlagzeug zu. »Justin!«, rief ich, während er bereits auf den Hocker sprang und sich die Trommelstöcke schnappte. Herr Weber, der immer noch in seine Papiere vertieft war, bekam das mit. Ohne aufzusehen, sagte er: »Lassen Sie ihn nur. Justin kann ruhig spielen.« Ich wette, er rechnete damit, dass der Junge wahllos wie auf einem Spielzeug darauf herumtrommelte.

Justin begann. Angelockt durch seine komplizierten Rhythmen, sammelte sich allmählich eine kleine Zuhörerschaft vor der Tür des Musikraums. Die Kinder wollten sehen, wer da spielte. Als Justin sein Spiel mit einem Trommelwirbel beendete, hatte der Musiklehrer sich von seinen Papieren abgewandt und stand neben mir. Seine Unterlippe hing ihm beinahe bis zum Boden, so fassungslos war er. Die Kinder vor der Tür brachen in Begeisterungsstürme aus. Einer von ihnen quietschte: »Dieser kleine Kerl ist der Wahnsinn! Wenn Sie sein Schlagzeuglehrer sind, dann möchte ich auch Unterricht bei Ihnen nehmen!«

Herr Weber schüttelte den Kopf und hob ungläubig die Hände. »Das ist sein erster Tag. Ich habe ihm noch gar nichts beigebracht. Das ist alles er! Das hat er sich ganz allein beigebracht!«

Nach einigen Unterrichtsstunden mit seinem ersten Lehrer nahm Justin Unterricht bei verschiedenen bekannten Lokalgrößen, unter anderem auch bei Wayne Brown und Mike Woods und einem Lehrer, den wir »DLG« nannten. Mit ungefähr neun Jahren bekam er sein erstes richtiges Schlagzeug. Obwohl Justin bereits eine Reihe unterschiedlicher Trommeln besaß, die wir im

Laufe der Jahre bei Garagenverkäufen erstanden hatten, wollten die jungen Leute in der Stadt ihm ein neues Schlagzeug beschaffen. Sie bewunderten meinen Sohn und glaubten so sehr an ihn, dass sie ihm ein Schlagzeug schenken wollten, das seinem Talent entsprach.

Meine guten Freunde Nathan McKay und Leighton Soltys organisierten ein ganztägiges Benefizkonzert. Händler aus der Stadt, Musiker und andere Entertainer erklärten sich bereit, bei dieser Veranstaltung mitzuwirken, ohne eine Gage zu verlangen. Es wurde kein Eintritt erhoben – die Besucher spendeten, was sie erübrigen konnten. Der Erlös war für Justins Schlagzeug bestimmt. Von den großzügigen Spenden blieb noch so viel Geld übrig, dass davon sechs Monate Schlagzeugunterricht bezahlt werden konnte. Das war ein Tag, den ich nie vergessen werde!

Justin verfügt über eine enorme visuelle Auffassungsgabe. Wenn er zusah, wie jemand ein Instrument spielte, ahmte er es nach – ob nun Gitarre oder Akkorde auf einem Keyboard. Außerdem spielte er nach Gehör. Er hörte sich ein Lied an und spielte die Melodie in ihren Harmonien und dem Rhythmus exakt nach. Sonntags beim Gottesdienst saugte er die Musik regelrecht in sich auf. Während die Band spielte, saß Justin auf den Stufen zur Bühne und starrte wie gebannt zu den Bandmitgliedern. Sein Blick flitzte vom Keyboard zum Schlagzeug und weiter zur Gitarre, und er nahm die Komplexität jedes Instruments und Spielers in Sekundenschnelle in sich auf, während die Band ihre wunderschönen und harmonischen Melodien spielte.

Justin liebte es, mit verschiedenen Instrumenten zu experimentieren. Wenn meine Freunde zu Besuch kamen, war das ein Fest für Justin. Meistens spielte er auf seinem kleinen Schlagzeug oder der Djembe den Rhythmus für uns. In unserer Wohnung lagen immer unterschiedliche Instrumente herum, die Freunde uns geschenkt hatten, und Justin probierte sie aus, wann immer er Lust dazu hatte. Fast alles, was er anpackte, gelang ihm auf Anhieb. Mit sechs Jahren begann Justin sogar, eigene Songs zu schreiben.

Musik war ein Ventil für ihn, ein kreativer Weg, Spaß zu haben, und ein schöner Zeitvertreib. Ich versuchte, Justin in seinem natürlichen Talent zu ermutigen, aber nie zwang ich ihn zu irgendetwas. Natürlich war ich stolz auf sein Talent und sein Können, aber ich drängte ihn niemals, musikalisch weiterzukommen. Die Entscheidung, welches Instrument er lernen wollte, blieb immer ihm überlassen. Wenn er ein bestimmtes Instrument spielen wollte, beschaffte ich es ihm. Wenn er Unterricht nehmen wollte, trieb ich das Geld auf, um es ihm zu ermöglichen.

Doch Musik stand für ihn nicht an erster Stelle! So musikalisch er auch war, es gab etwas, das ihn noch mehr begeisterte: Sport. Musik war sein Hobby. Sport war sein Leben. Mein kleiner Junge erbrachte Höchstleistungen in jeder Sportart, die er ausprobierte. Schlittschuh fuhr er beinahe schon, bevor er rennen konnte. Seit er fünf Jahre alt war, spielte er außerdem in einer Fußball- und Eishockeymannschaft. In dieser Zeit antwortete Justin auf die Frage, was er denn später einmal werden wollte, immer: »Profi-Eishockey- oder Fußballspieler.«

Justins Liebe zur Musik und zum Sport war eine interessante Verbindung. Er war außerordentlich sportlich und gleichzeitig künstlerisch begabt. In der einen Minute war er ein aggressiver und auf den Sieg bedachter Eishockeyspieler, der das Eis dominierte und seine Gegner in die Enge trieb. In der nächsten stellte er mit natürlichem Charme und großer Leichtigkeit sein Talent als Musiker unter Beweis.

Mein Sohn war nicht nur sportlich und musikalisch begabt; auch in vielen anderen Bereichen brillierte er. Justin fuhr ausgezeichnet Skateboard, konnte einen Zauberwürfel in weniger als zwei Minuten lösen und sogar jonglieren. Er gewann Preise bei Regionalschachmeisterschaften und Junior-Golfturnieren. Entschuldigen Sie die stolze Mama in mir, die das alles aufzählt. Aber mich faszinierten Justins vielfältige Talente. Er war kämpferisch, klug und sehr durchstrukturiert. Das Kind konnte einfach alles.

Ich nahm mir viel Zeit für Justin. Das war mir wichtig, denn als alleinerziehende Mutter war Zeit ein kostbares Gut. Ich hätte viele Möglichkeiten gehabt, nachmittags oder abends in einer Fabrik zu arbeiten. Doch das kam für mich nicht infrage. Natürlich ging ich während Justins Schulstunden unterschiedlichen Teilzeitjobs nach. Doch ich achtete darauf, dass ich da war, wenn er nach der Schule nach Hause kam. Mein Lohn wäre sicher höher gewesen, wenn ich nachmittags oder abends gearbeitet hätte, aber das ging nicht, weil Justin dann zu Hause war. Meine Zeit mit ihm hätte ich gegen kein Geld der Welt eingetauscht. Außerdem war ich gern mit ihm zusammen. Er war mein kleiner Kumpel.

Auch der Glaube spielte eine große Rolle bei uns. Sonntags besuchten wir den Gottesdienst und einmal in der Woche die Bibel- oder Kinderstunde. Ich unterrichtete ihn sogar in der Sonntagsschule. Jeden Abend betete ich mit Justin. Wir hatten eine bestimmte Routine – ich deckte ihn zu, damit ihm »rundum warm und kuschlig« war. Dann beteten wir miteinander und redeten über den vergangenen Tag. Manchmal wurde aus diesen fünfzehn Minuten eine ganze Stunde. Oft redeten wir stundenlang. Es war unsere Art und Weise, einander nahe zu sein. Und wir lachten unglaublich viel dabei! Wir waren richtig albern und amüsierten uns über die blödesten Dinge. Ich liebe diese Erinnerungen. Sie sind so kostbar. Bis heute erinnern wir uns beide gern an diese Zeiten.

Im Jahr 1997 wurde Stratford zur hübschesten Stadt der Welt

gekürt. Mit ihren wunderschönen Parks hat die Stadt diese Auszeichnung durchaus verdient. Während der Frühlings- und Sommermonate wohnten Justin und ich praktisch im Queens Park. Wir machten lange Spaziergänge am Avon-Fluss und bewunderten die alten viktorianischen Herrenhäuser am Ufer.

Wir spielten Fangen auf den gepflasterten Wegen, die gesäumt waren von Trauerweiden, und überquerten die malerischen Brückenstege. Wir fütterten die weißen Schwäne am See. Ich sah zu, wie Justin sich auf den Gehwegen, die um die hübschen Blumenbeete herumführten, zum ersten Mal im Rollerbladefahren übte. Wenn wir Hunger bekamen, machten wir auf einer kleinen Insel, die man über einen der Brückenstege erreichte, ein Picknick. Justin wollte so gern einmal Paddelboot fahren, aber das war mir zu teuer. Sehnsüchtig folgten meine Blicke diesen Booten, und ich fühlte mich ganz elend, weil ich nicht einmal genügend Geld hatte, um meinem Jungen eine Fahrt zu ermöglichen.

Zwei der Theater der Stadt lagen in diesem Park, und wenn das jährliche Shakespeare Festival begann, mischten Justin und ich uns unter die Menschenmengen und beobachteten die Leute. Da ich als Kind einmal bei diesem Festival mitgewirkt hatte, war es für mich ein besonderes Erlebnis, mit Justin dabei zu sein. Es brachte Erinnerungen zurück. Gute Erinnerungen. Erinnerungen daran, wie ich mir vor Tausenden Menschen in einem ausgefallenen Kostüm das Herz aus dem Leib gespielt hatte. Erinnerungen an eine Zeit, als ich noch ein glückliches Kind gewesen war.

Als Justin ungefähr sechs Jahre alt war, zogen wir in unsere letzte Wohnung in Stratford, und ich machte mich auf die Suche nach einem längerfristigen Job, der unseren Lebensunterhalt sichern sollte. Ich bat meinen Freund Mike (der Mann, der Justins Hortaufenthalt finanzierte) um Rat. Da ich ziemlich gut mit Computern umgehen konnte und recht kreativ war, schlug er vor, ich sollte mich einmal mit Webdesign vertraut machen.

Ich wollte eine bestimmte Schule besuchen, konnte sie mir aber natürlich nicht leisten. Allerdings hörte ich von einem Stipendium: Der Staat übernahm die Schulkosten, wenn ich eine Jobzusage von einer Firma vorlegen könnte. Das war schwierig. Wie sollte ich ohne Examen einen Job finden? Ohne Ausbildung würde mich niemand einstellen. Und eine Ausbildung konnte ich nicht machen, wenn ich keinen Job hatte. Dieses Stipendium konnte ich also vergessen, deshalb kümmerte ich mich nicht weiter darum.

Da ich noch nicht wusste, mit welchem Computerbereich genau ich mich beschäftigen wollte, beschloss ich, mich zuerst umfassend zu informieren. Ich war fest entschlossen und suchte mir einige Firmen am Ort heraus. Dort rief ich an und bat um Informationen über die Firma und das Computerwesen im Allgemeinen. Ich rechnete nicht notwendigerweise mit einem Jobangebot, aber ich wollte mich einfach mal ins Gespräch bringen.

Bei allen Firmen begann ich das Gespräch mit den Worten: »Hallo, ich heiße Pattie Mallette und interessiere mich für eine Weiterbildung im Computerwesen. Hätten Sie ein paar Minuten Zeit, mir einige Fragen über die verschiedenen Computerbereiche zu beantworten?« Überall bekam ich dieselbe Antwort: »Nein, dazu habe ich keine Zeit.« *Klick*. Bis auf eine Ausnahme.

Als letzte Firma hatte ich mir die Blackcreek Technologies herausgesucht, eine Beratungsfirma vor Ort, die Computer verkaufte und die Installation speziell auf ihre Kunden zugeschnitten anbot. Nachdem ich mein Sprüchlein aufgesagt hatte, wurde ich mit einem Mann namens Bill verbunden, dem Geschäftsinhaber, der mir sagte, ich solle doch am nächsten Tag einmal vorbeischauen. Ich war fassungslos, als ich auflegte. Das war eine sehr angenehme, aber ganz gewiss unerwartete Überraschung.

Bill erwartete mich zusammen mit einem seiner Webdesigner, der mir spezifische Fragen beantworten konnte. Anfangs war ich ein wenig nervös, doch dann feuerte ich meine Fragen auf sie ab. Ich wollte alles über computerbezogene Berufe wissen, um herauszufinden, welcher Bereich mich besonders interessierte. Ich brauchte dringend einen guten, stabilen und auf lange Sicht ausgelegten Job, um für Justin und mich sorgen zu können. Meine Ausbildung sollte auf diesen Computerbereich zugeschnitten sein, für den ich mich entschied, falls ich jemals das Geld auftreiben würde, die Schule zu besuchen. Doch irgendwie würde ich einen Weg finden, diese Ausbildung zu machen. Zur Not müsste ich eben einen Kredit aufnehmen.

Um ehrlich zu sein, kam mir gar nicht der Gedanke, mich bei Blackcreek um einen Job zu bewerben. Ich hatte viel zu wenig Erfahrung in der Arbeitswelt. Ich war dankbar für dieses Gespräch und die Informationen, die ich bekam. Dieses Gespräch mit Bill und seinem Mitarbeiter (und außerdem Mikes Rat, der mir noch in den Ohren Klang) gab den Ausschlag, dass ich mich für Webdesign entschied.

Einige Tage nach dem Gespräch bei Blackcreek bekam ich einen Anruf von der Frau, die für die Vergabe der Stipendien zuständig war. Stellen Sie sich meine Überraschung vor, als sie mir mitteilte: »Blackcreek möchte Ihnen helfen. Die Firma bietet Ihnen einen Job an, damit Sie sich um das Stipendium bewerben können.« Ich war so stolz und fühlte mich geehrt. Das war meine Chance!

2002 legte ich am Conestoga College das Examen in Webdesign ab und trat meinen Job bei Blackcreek an. Ich arbeitete nicht nur im Bereich Webdesign und übernahm die Rezeption, wenn »Not am Mann war«, sondern ich gab auch Computerkurse. Grundlagenkurse wie »Einführung in das E-Mail-Programm« oder in die Microsoft-Programme konnte ich eigenständig übernehmen.

Diese Kurse boten wir in verschiedenen Schulen und Seniorenzentren an, und manchmal gab ich sogar in Privathaushalten Einzelunterricht.

Einige Jahre später bekam ich wegen Restrukturierungsmaßnahmen in der Firma meine Kündigung. Doch meine Vorgesetzten waren sehr großzügig. Sie wussten, dass ich eine eigene Firma für Webdesign gründen wollte, und überließen mir einen ihrer Rechner. Wenn sie Aufträge wegen personeller Engpässe oder Arbeitsüberlastung nicht übernehmen konnten, empfahlen sie ihren Kunden, sich an mich zu wenden. So erweiterte sich mein Kundenstamm. Außerdem gab ich nach wie vor Computerkurse. Ich war sehr dankbar für die Unterstützung.

Obwohl ich ganztags arbeitete, nahm ich mir auch viel Zeit für Justin. Ich war da, wenn er aus der Schule nach Hause kam. Häufig begleitete ich ihn zum Fußball- oder Hockeytraining oder sah den Spielen zu. Aber wir setzten uns auch auf den hässlichen alten gelben Teppich im Wohnzimmer und spielten Brettspiele oder machten Musik.

Außerdem liebten wir kleine Autotouren. Wir waren gern spontan und fuhren einfach los, ohne bestimmtes Ziel. Das war etwas, das uns ganz besonders miteinander verband. Wir setzten uns in meinen alten Wagen, den ich für 700 Dollar gekauft hatte, einen Cutlass Supreme aus den Achtzigerjahren, und gingen auf Abenteuersuche. Mit heruntergedrehten Fensterscheiben brausten wir über den Highway, das Radio voll aufgedreht, und diskutierten ständig darüber, welchen Sender wir denn hören sollten. Das war ein Spiel zwischen uns. Ich suchte einen Sender mit Countrymusik. Justin hielt sich jammernd die Ohren zu und wechselte wieder zurück zu einem Sender mit Popmusik.

Doch es gab auch eine Musikrichtung, die wir beide mochten – R&B. Während meiner Schwangerschaft und als Justin noch klein war, hörte ich ständig Boyz II Men. Justin war ein großer Fan dieser Band. Er liebte ihre Songs, kannte jedes Lied auswendig und imitierte alle Koloraturen und gesanglichen Finessen. Diese Band hat Justin inspiriert und ihm das Singen beigebracht, das sagt er heute selbst.

Wir besuchten häufig meine Freunde in Toronto. Mit dem Auto waren wir in eineinhalb Stunden da. Es machte uns großen Spaß, durch die Stadt zu laufen und den Straßenmusikern zuzuhören. Bei jedem Ausflug begleitete uns mein Freund Nathan. Wir kannten uns in Toronto nicht so gut aus wie in unserer Heimatstadt, und wenn Nathan bei uns war, fühlte ich mich sicherer.

Ich erinnere mich noch an unseren ersten Ausflug. Justin war gerade sechs. Er nahm seine Djembe mit; später wollte er noch mit einem meiner Freunde trommeln. Während wir durch die Stadt liefen, beobachtete ich Justin. Mit großen Augen bestaunte er die Sehenswürdigkeiten; der Lärm der Stadt überwältigte ihn, die Autos und Busse und das hektische Gewirr der Menschen, die an uns vorbeieilten. Er blickte hoch zu den Wolkenkratzern und konnte nicht fassen, wie hoch sie waren.

Bei dieser Gelegenheit spielte er zum ersten Mal vor einer Menschenmenge. Wir waren stehen geblieben, um einem Straßenmusikanten zuzuhören. Justin setzte sich neben ihn und trommelte in perfektem Rhythmus zur Musik auf seiner Djembe. Das Stück dauerte nicht lang. Aber diese Begebenheit weckte in Justin den Wunsch, in die Stadt zurückzukommen, um noch einmal auf der Straße zu musizieren.

Und tatsächlich, kurz nach jenem ersten Ausflug fragte Justin, ob wir nicht noch einmal nach Toronto fahren könnten, um zu spielen. Natürlich machten wir es. Wir fuhren in die Stadt. Auf dem Weg dahin stritten wir wieder lachend darüber, welchen Sender wir denn hören sollten. Bei unserem Spaziergang durch die Stadt kamen wir an der *Speaker's Corner* vorbei. Die kleine Hütte erinnerte an einen Kiosk, an dem Fahrkarten verkauft wurden.

Für nur wenige Dollars erkaufte man sich ein paar Minuten Zeit, um vor laufender Kamera zu schimpfen, zu schwärmen, zu singen, tanzen – nun, einfach etwas zu tun, was legal und nicht vulgär war. Später würde es dann gesendet werden. In der Fernsehsendung *Speaker's Corner* sind die unterhaltsamsten Videos zu sehen!

Von diesem Angebot machten die unterschiedlichsten Menschen Gebrauch. Freunde, die ein wenig zu tief ins Glas geschaut hatten, torkelten vor die Kamera und grölten »Sweet Caroline« oder »The Gambler«. Umweltschützer wiesen darauf hin, wie wichtig es sei, Müll zu recyceln. Politische Aktivisten protestierten gegen ein Gesetz, das verabschiedet worden war.

Ich hatte eine Idee. Ich fragte Justin, ob er vor der Kamera ein Lied singen und mit seiner Djembe spielen wolle. Sein Gesicht leuchtet auf. »Ja!«, antwortete er begeistert. Sobald der Piepton ertönte, der anzeigte, dass die Kamera lief, begann Justin auf seiner Trommel zu trommeln. Er blickte direkt in die Kamera und sang zu dem Rhythmus, den er auf seiner Trommel schlug. »Ich heiße Justin.« *Ba dum bum bum.* »Ich bin sechs Jahre alt.« *Ba dum bum bum.* Zwei Minuten vergingen, und die Leute blieben auf dem Gehsteig stehen. Sie stießen sich gegenseitig in die Seite und flüsterten sich zu, wie unglaublich dieser kleine Junge war. Justin bemerkte nicht viel von der Aufmerksamkeit; er konzentrierte sich auf seinen Auftritt.

Als die Kamera nicht mehr aufzeichnete, verließ Justin die Bude und setzte sein Minikonzert vor einer wachsenden Zuhörerschar fort. Da er die Straßenmusiker beobachtet hatte, wusste er genau, was er zu tun hatte. Er riss sich seine Baseballkappe vom Kopf und legte sie vor sich auf den Bürgersteig.

Ich will ehrlich sein: Anfangs war es mir ein bisschen peinlich, obwohl seine Vorführung unterhaltsam und amüsant war. Sicher, Straßenmusik auf den Straßen Torontos war nichts Ungewöhnliches. Aber manche Menschen hatten eine negative Einstellung dazu. Für sie war das Betteln, und ganz bestimmt sollten Eltern ihre Kinder nicht zum Betteln anhalten. Aber ich schüttelte mein Unbehagen ab. Mir war egal, was die Leute dachten. Ich musste lächeln, als ich Justin während seines Vortrags beobachtete. Justins erster Straßenauftritt, der erste von vielen, die folgen sollten, begeisterte mich.

Ich möchte eins klarstellen. Ich habe Justin nicht dazu ermutigt. Er begriff nicht einmal richtig, was Straßenmusik bedeutete. Für ihn war es etwas ganz Natürliches. Ein Spiel. Und wenn die Leute für seine Musik ein paar Dollar springen ließen, umso besser. Ich liebte diese Vorführungen, weil seine Musik eine solche Reinheit und Unschuld ausstrahlte. Es machte ihm Spaß. Er liebte es. Und ich fand es schön, ihn dabei zu beobachten. Wir amüsierten uns köstlich, wenn er einmal den Text von einem Lied vergaß. Dann forderte er seine Zuschauer zum Mitsingen auf.

Justin hätte am liebsten immer auf der Straße Musik gemacht. Doch wir konnten nicht jede Woche nach Toronto fahren. Dafür fehlte uns das Geld für Benzin und auch die Zeit. Aber wir verbrachten viele Nachmittage in der Innenstadt von Stratford, wo Kunst immer willkommen war. Wir liebten unsere Ausflüge in die Stadt. Sie ist einfach sehenswert. Historische Gebäude der Alten Welt mischen sich mit modernen Boutiquen und Cafés. Das Gerichtsgebäude mit seiner einzigartigen Architektur und Größe ist eines der schönsten Gebäude in der ganzen Provinz.

Das Avon Theater, vor dem Justin am liebsten Musik machte, schmiegt sich ins Herz der Innenstadt und ist an Wochenenden und an den Abenden, an denen Theateraufführungen stattfinden, immer gut besucht. Ortsansässige und Touristen besuchen mit großer Freude Shakespeare-Aufführungen von *Henry V* und *Romeo und Julia*. Justin setzte sich gern auf die Stufen vor dem Theater, spielte auf seiner Gitarre und sang sich die Kehle aus dem Leib. Seine Stimme war kräftig, sodass sie selbst die angrenzenden Straßen erreichte und die Leute neugierig machte, von wo denn die Musik kam. Man konnte sich darauf einstellen, dass sich schnell eine Zuhörerschar um ihn sammelte und der leere Gitarrenkasten zu seinen Füßen sich schnell füllte mit jeder Menge Kleingeld, Dollarscheinen, Fünfern und sogar Zwanzigdollarscheinen.

Ich hatte einmal gehört, dass es nicht erlaubt sei, ohne Genehmigung auf der Straße Musik zu machen. Aber Justin bekam keine Schwierigkeiten, vermutlich weil er noch ein Kind war. Justin spielte nicht nur vor dem Avon Theater. Wir respektierten das Terrain von anderen Straßenmusikern und suchten uns Plätze, wo noch niemand auftrat.

Einige der Straßenmusiker waren ziemlich sauer auf Justin. Einer der älteren Musiker wurde einmal, nachdem er Justin an einer Stelle antraf, an der er häufig spielte, richtig böse auf meinen Sohn. Um Justin dafür zu bestrafen, dass er seinen Platz »gestohlen« hatte, schnappte sich der alte Mann eine Handvoll Kleingeld aus Justins Gitarrenkoffer und flüchtete. Einige Leute aus der Menge rannten ihm nach und holten ihn ein, bevor er verschwinden konnte. Sie beschimpften ihn lautstark, weil er einem kleinen Kind sein Geld stehlen wollte.

Da Justin jung (und natürlich außergewöhnlich begabt) war, neigten die Zuhörer dazu, bei ihm großzügiger zu sein als bei den älteren Straßenmusikern. Sie warfen Zehn- und sogar Zwanzigdollarnoten in seinen Gitarrenkasten. Mit seiner Straßenmusik hat er viel Geld verdient – eine Summe, die möglicherweise in die Tausende geht. Allein in einem Sommer sparte er so viel zusammen, dass wir uns einen Urlaub in Disney World leisten konnten. Wir waren noch nie in den Urlaub gefahren, und als Justin vorschlug, diese Reise doch von seinem Geld zu bezahlen, verschlug es mir die Sprache. Und natürlich hatte ich keine Einwände!

Justin bei seinen Gesangsvorträgen zuzuschauen, war eine Freude für mich. Fast zwei Stunden lang sang er die unterschiedlichsten Lieder – Anbetungslieder, Popsongs und Lieder, die er gerade erst komponiert hatte oder die ihm ganz spontan einfielen. Er war so selbstbewusst und schmetterte seine Lieder, als hätte er sein ganzes Leben lang auf der Bühne gestanden. Es war faszinierend zu beobachten, wie mein kleiner Junge seine Zuhörer in seinen Bann zog. Ich war so stolz auf ihn.

Justin bat mich, doch häufiger mit ihm nach Toronto zu fahren, wo wir dann zusammen durch die Straßen stromerten. Seine Gitarre und seine Djembe hatte er immer dabei. Wenn er vor Fremden Musik machen konnte, lief Justin zu Höchstform auf. Seine spielerische Energie sprach die Menschen an, junge wie alte. Straßenmusiker von Mitte zwanzig schüttelten die Köpfe über dieses Mini-Musikgenie. Auch Obdachlose kamen mit ihren zerrissenen Kleidern und fettigen Haaren vorbei und warfen ein paar Scheine in seinen Kasten. Nicht selten schenkten sie ihm sogar ihren letzten Dollar und nahmen ihm dafür das Versprechen ab, weiter zu musizieren und niemals aufzugeben.

Besonders gern erinnere ich mich an einen bestimmten Ausflug nach Toronto, als Justin neun Jahre alt war. Wir liefen durch die Stadt, geführt von unserem treuen Begleiter Nathan, als Justin an einer Straßenecke etwas ins Auge stach. Auf dem Bürgersteig waren zwei alte Schlagzeuge aufgebaut. Ein Eimer stand zwischen den beiden Instrumenten, aus dem zwei Trommelstöcke ragten. An einer der schon ziemlich mitgenommenen Basstrommeln lehnte ein Schild, auf dem stand: »Für 2 Dollar kannst du mit uns trommeln!!« Zwei Musiker von etwa Mitte zwanzig plauderten mit einem Passanten, der gerade zwei Dollar in den Eimer geworfen hatte. Als er begann, mit einem der Musiker Schlagzeug zu spielen, wurden Justins Augen immer größer. Ich wusste schon, was jetzt kommen würde.

Als die beiden fertig gespielt hatten, zupfte Justin mich am Arm. »Mom, kann ich mit ihnen spielen? Bitte? Ich nehme auch mein eigenes Geld.« Wie hätte ich ihm das abschlagen können?

Justin stellte seine Gitarre und die Djembe, die er bei sich hatte, ab, warf die zwei Dollar in den Eimer und schnappte sich zwei Trommelstöcke. Einer der Musiker kam zu ihm und wuschelte ihm durch die Haare. »Na, wie geht's, Kleiner?« Genau wie Justins erster Schlagzeuglehrer, Lee Weber, rechnete er sicher damit, dass Justin ohne Sinn und Verstand und ohne Rhythmus auf dem Schlagzeug herumtrommeln würde. Der andere Musiker stand wenige Meter entfernt und rauchte eine Zigarette. An einen Laternenpfosten gelehnt, winkte er uns lächelnd zu.

Justin und der erste Musiker setzten sich auf ihre Hocker. Justin hielt die Trommelstöcke in der Hand und klopfte ungeduldig mit dem Fuß auf den Asphalt.

»Bereit, Kumpel?«, rief der Schlagzeuger. »Und los geht's. Eins, zwei, eins, zwei, drei.«

Der Musiker gab einen Rhythmus vor. Mein Sohn fiel in den Takt ein, färbte die Schläge und vervollständigte die Rhythmen. Es war ziemlich eindrucksvoll, und wieder einmal stellte Justin sein unfehlbares Rhythmusgefühl unter Beweis.

Der Schlagzeuger traute seinen Ohren kaum. Fassungslos schüttelte er den Kopf und pfiff: »Heiliges Kanonenrohr!« Als er merkte, wie gut Justin war, überließ er ihm die Führung. Die beiden improvisierten, was das Zeug hielt, und trommelten so ansteckende Rhythmen, dass ihre Zuhörer die Füße nicht still halten konnten. Der Straßenlärm der Stadt konnte diese beiden Schlagzeuger nicht beirren. Es war, als wäre der gesamte Straßenblock stumm geschaltet; da waren nur ein kleiner Junge und ein junger Musiker. Sie trommelten auf zwei Schlagzeugen, die schon bessere Tage gesehen hatten.

Der andere Schlagzeuger, der eine Pause eingelegt hatte, ging mit dem Rhythmus mit. »Ja, Mann«, rief er und klatschte zum Takt auf seine Oberschenkel. Dann schnappte er sich den leeren Eimer, zog ein Paar Trommelstöcke aus seiner hinteren Jeanstasche, kniete sich auf das Pflaster und trommelte auf dem Plastikeimer mit. Er vervollständige den Klang der Trommeln und fügte noch eine einzigartige Klangvariante hinzu.

Die drei waren wirklich unglaublich. Die Trommelstöcke bewegten sich so schnell, dass sie fast nicht mehr zu sehen waren. Die leidenschaftlichen Rhythmen waren fehlerfrei. Die Energie war beinahe greifbar. Das war nicht mehr nur eine reine Straßenvorführung. Den drei Musikern ging es nicht darum, ihre Fähigkeiten unter Beweis zu stellen, um ein paar Dollar zu verdienen. Die Trommeln waren die Verlängerungen ihrer Hände. Justin verlor sich in den Rhythmen. Ich beobachtete ihn lächelnd. Er hatte seinen Spaß. Justin war eindeutig in seinem Element.

Während sich der Bürgersteig mit Zuhörern füllte, legten die Musiker noch einmal nach. Ich stand eingekesselt in der Menschenmenge und konnte mich kaum noch rühren. Die Zuhörer wiegten sich im Takt der Musik, ihre Füße klopften den Rhythmus mit. Niemand hatte es eilig, was ungewöhnlich ist in einer so großen Stadt. Die Zuhörer schienen alle jede Zeit der Welt zu haben.

Gerade als ich dachte, die Musikdarbietung könnte nicht mehr besser werden, sprang der Mann, der auf dem Eimer trommelte, auf, rannte zum Laternenpfosten und trommelte darauf weiter. Dieser Klang klingt immer noch in mir nach. *Tink – Tak – Tink, Tink, Tak – Tink, Tink, Tink*. Justin starrte auf den einsamen Eimer auf dem Bürgersteig, und mitten im Spiel sprang er vom Schlagzeug herunter und trommelte auf dem Eimer weiter.

Sein Gesicht strahlte. Noch nie hatte er auf einem Eimer gespielt, aber es machte ihm keine Mühe, und er schuf seine eigenen Rhythmen.

Während die Zuhörer jubelten, räumte sich eine Gruppe Teenager einen Kreis frei und begann einen Breakdance vorzuführen. Sie drehten sich auf den Köpfen und vollführten die wildesten Figuren. Während Justin den Eimer bearbeitete, hing sein Blick wie gebannt an den Tänzern. Schließlich ließ er die Trommelstöcke fallen und drängte sich zum Kreis der Tanzenden durch. Unterwegs zog er sich den Pullover über den Kopf, und die Menge rief: »Ooooh!« *Oh nein, das tust du nicht!*

Justin vollführte einige Bewegungen, die er gerade erst von meinem Freund Nathan gelernt hatte. Er war wirklich ein Naturtalent; er feuerte die jungen Leute an, die ihn umringten, indem er die Hände in die Luft warf und sie fragte, ob sie noch mehr wollten. Die Menge johlte und pfiff.

Nach einigen Minuten merkte ich, dass Justin erschöpft war. Seine Konzentrationsfähigkeit ließ nach. Und tatsächlich, Justin blickte mich an und nickte. Ich wusste, es war Zeit zu gehen. Mittlerweile war so viel in Bewegung gekommen, dass wir uns beinahe unbemerkt davonschleichen konnten.

Justins Augen funkelten. Beinahe hörte ich seinen Herzschlag unter seinem schweißnassen T-Shirt. »Mom, das war fantastisch!«, rief er mit noch hochrotem Kopf.

Als wir uns von der Menge entfernten, riefen zwei ältere Männer uns etwas zu. Sie wollten unsere Aufmerksamkeit auf sich lenken. Ihre bunt zusammengewürfelte Kleidung, die sie in mehreren Schichten trugen, schien steif vor Dreck und wies an zahlreichen Stellen Löcher auf. Ihre Bärte waren zerzaust und hatten sicher seit Monaten keinen Rasierer mehr gesehen. Die Männer schienen obdachlos zu sein. Sie übertönten die Menge: »Wir haben dem Jungen zwei Dollar gegeben. Das war alles, was wir hatten. Er war toll!« Ich war tief gerührt. Dieses Geld hatten sie sich erbettelt, davon war ich überzeugt.

Einer von ihnen deutete auf die Gitarre, die Justin sich über die Schulter gehängt hatte. »Kannst du darauf spielen?«

Justin und ich nickten. Noch immer drängelten wir uns durch die Menge. Ich drückte Justins Hand ein wenig fester und hielt mich an Nathan fest.

Die beiden Männer folgten uns. Einer von ihnen rief erneut: »Spielst du uns was vor?« Justin nickte, und wir forderten sie auf, uns zu folgen. Wenn Nathan nicht bei uns gewesen wäre, hätte ich ihrer Bitte nicht nachgegeben. Und so etwas wollte ich auch ganz sicher nicht zur Gewohnheit werden lassen.

Wir fünf liefen also ein Stück die Straße entlang. Als wir uns dem Ende des Straßenzugs näherten, hörten wir in der Ferne noch immer das Trommeln auf dem Eimer und dem Laternenmast. Justin ließ sich auf dem Bordstein nieder und nahm vorsichtig die Gitarre auf den Schoß. Die beiden Männer strahlten vor Freude. Ihr Geruch ließ mich vermuten, dass sie seit Wochen nicht mehr geduscht hatten. Doch Justin störte sich nicht an ihrem Körpergeruch und ihrer dreckigen Kleidung. Er wollte ihnen einfach nur eine Freude machen.

Die Männer hockten sich vor Justin auf die verlassene Straße und waren begierig auf das Privatkonzert. Justin schlug die vertrauten Akkorde eines Liedes an, das wir in der Kirche sangen. Es wunderte mich, dass er aus allen Liedern, die er hätte spielen können, ausgerechnet dieses eine auswählte. Mit einer Leidenschaft, die sich von der Art, wie er gerade noch die Trommeln und den Eimer bearbeitet hatte, kaum unterschied, stimmte er aus der Tiefe seines Herzens »Waves of Grace« an – Wellen der Gnade.

Die Mauern sind hoch, die Mauern sind stark
Schon viel zu lang bin ich gefangen in der Burg,
die ich mir selbst gebaut habe
Du umgibst mich von allen Seiten wie ein Meer
Risse bilden sich, und ich kann mich nicht mehr verstecken

Jetzt sehe ich
Wie die Mauern einfallen, die ich selbst gebaut habe.
Und die Wellen deiner Gnade rauschen über mich hinweg.
Herr, bitte regiere hier
Ich gebe dir mein Leben, ich öffne dir mein Herz
Ich will sein wie du, ich will dein Angesicht suchen
Oh Herr, bitte reinige mich in den Wellen deiner Gnade.

Während mein Sohn sang, beobachtete ich die beiden Männer. Ihre harten Gesichter verrieten, wie viel Leid sie schon erlebt hatten. Was hatte sie wohl in die Obdachlosigkeit getrieben? Ich sah, wie das Lied sie tief innen berührte. Tränen stiegen in ihre Augen. Beschämt lief der eine Mann ein Stück weg. Der andere blieb sitzen und weinte ganz offen. Mein Herz blutete für diese beiden Männer. Ihre Verletzlichkeit in diesem Augenblick rührte mich zutiefst.

Nachdem die letzten Akkorde verklungen waren, blickte Justin auf. Tränen tropften aus seinen Augen. Mit zittriger Stimme sagte er: »Jesus liebt euch beide so sehr.«

Die Männer nickten. »Ja, das wissen wir, kleiner Kerl, das wissen wir.«

Mein Sohn lief ein Stück die Straße entlang und kaufte den beiden Männer von seinem Verdienst etwas zu essen. Als er sie zum Abschied umarmte, sagte er: »Gott segne euch.«

Auf der Heimfahrt vergoss Justin bittere Tränen. »Warum können wir sie nicht mit nach Hause nehmen, Mom?«, fragte er, während ihm dicke Tropfen über die Wangen liefen. »Ich möchte nicht, dass sie draußen schlafen.«

Ich legte den Arm um meinen kleinen Jungen, und das Herz tat mir weh. Aber ich freute mich auch, dass er so viel Mitgefühl empfinden konnte. Ich war stolz auf ihn – nicht nur auf sein Talent, sondern vor allem auf seinen Charakter, der langsam in seinem Herzen Form annahm. Er war in der Lage, sehr viel Mitgefühl zu empfinden.

Voller Freude war ich Mutter und nahm intensiv am Leben meines Sohnes teil. Doch gleichzeitig kämpfte ich immer noch mit Depressionen. Seit ich ein Teenager war, verfolgten sie mich. Als ich etwa einundzwanzig war, kamen noch extreme Ängste dazu. Einmal wurde bei mir eine posttraumatische Belastungsstörung diagnostiziert, eine Folge der grauenvollen Erlebnisse, die ich als Kind gehabt hatte.

Als Justin etwa neun Jahre alt war, waren meine Depressionen zeitweise so schlimm, dass es mich große Anstrengungen kostete, mich auch nur von der Couch zu erheben, um mit ihm zu spielen. Diese Phase dauerte an, bis er etwa zwölf Jahre alt war. Allein das Aufwachen bereitete mir große Mühe. Oh, was hätte ich darum gegeben, den ganzen Tag im Bett liegen bleiben zu können! Ich riss mich zusammen und funktionierte; an manchen Tagen gelang mir das besser als an anderen.

Eine lähmende Angst quälte mich. Sie war schlimm und äußerte sich in Schmerzen in der Brust und im Hals. Ich erinnere mich, dass ich mich zusammenkrümmte, hin und her wiegte und Gott anflehte, mir diese Angst wegzunehmen.

Ich probierte verschiedene Medikamente aus, um eins zu finden, das bei mir gut anschlug. Doch diese Medikamente wirkten sich verheerend auf meine Serotoninwerte aus. Über eine Zeitspanne von etwa zwölf Jahren hinweg probierte ich an die sechzig verschiedene Medikamente aus. Doch keines zeigte die erhoffte Wirkung. Immer, wenn ich ein neues Mittel verschrieben bekam, hoffte ich auf den entscheidenden Durchbruch: dass dies endlich das Medikament sei, das meine Angst linderte. Meine

Depression heilte. Mich zu einem besseren Menschen machte, zu einem neuen Menschen, der mehr Energie besaß und nicht von seinen quälenden Ängsten gesteuert wurde. Ich hoffte, dieses Mittel würde die dunklen Wolken vertreiben, die über meinem Kopf hingen. Einige Medikamente halfen zwar über einen kurzen Zeitraum hinweg, doch keines wirkte auf Dauer. Für mich gab es keine Wunderpille.

Doch egal, wie schlecht ich mich auch fühlte, ich kannte meine Prioritäten. Ich verdiente Geld. Ich war einfach da. Ich unterstützte Justin, wo er mich brauchte. Ich machte sauber und kochte. (Fertiggerichte lassen wir als »Kochen« gelten, oder?) Ich investierte meine wenige Energie in Justin. Und ich klammerte mich besonders fest an meinen Glauben. Bei Gott bekam ich Kraft und Mut. Offen gesagt, hatte ich gerade in dieser Wüstenzeit einige der tiefsten Begegnungen mit ihm. Aber es war nicht leicht.

Kapitel *Zwölf*

»Mom, hier in der Stadt findet ein Gesangswettbewerb statt, und ich möchte daran teilnehmen«, rief Justin, der damals 12 war. Er kam gerade aus der Schule nach Hause und ließ seinen dicken Rucksack auf dem gelben Zottelteppich im Wohnzimmer fallen. Wie ich diesen Teppich hasste. Aber was konnte ich für 140 Dollar Miete im Monat schon erwarten? Etwa Marmorböden?

Mir fiel natürlich sofort auf, dass Justin noch seine Stiefel trug. Eine glitzernde Spur dreckigen Schnees zog sich von der Eingangstür bis in die Küche. *Ich habe es ihm hundert Mal gesagt …*

»Hallooo.« Justin schnipste dicht vor meiner Nase verärgert mit den Fingern, um meine Aufmerksamkeit auf sich zu lenken. »Also, was meinst du? Kann ich da mitmachen?«

Ein Wettbewerb? Wovon um alles in der Welt redet er? Geht es um Fußball? Nein, Moment mal, er sagte doch etwas von Singen. »Erzähl mir davon«, forderte ich ihn auf.

Justin sprang neben mich auf den Stuhl und schob die Papiere, die ausgebreitet auf dem Tisch lagen, zusammen. In der Pfütze, die sich unter seinen Stiefeln gesammelt hatte, hätte ein kleiner Goldfisch schwimmen können. »Es geht um den *Stratford-*

Star. Das ist so ein ähnliches Konzept wie *American Idol* – sowas wie *Stratford sucht den Superstar*. Wenn man bei der Vorauswahl genommen wird, singt man jede Woche vor Publikum, und die Schiedsrichter entscheiden, ob du eine Runde weiterkommst oder ausscheidest. Die letzten drei Kandidaten treten im Finale gegeneinander an.«

Das hörte sich nach einem Wettbewerb für ältere Kinder an. Justin war noch nicht einmal ein Teenager. »Wie alt muss man sein, um teilnehmen zu können?«

»Zwischen zwölf und achtzehn.«

Wow. Das war eine ziemlich große Spanne. Ich konnte mir nicht vorstellen, dass ein Zwölfjähriger gegen einen Achtzehnjährigen antrat. Der Ältere hatte sechs Jahre mehr Ausbildung, mehr Erfahrung und mehr Übung. Eigentlich war ich sogar überrascht, dass Justin eine Teilnahme überhaupt in Betracht zog. Abgesehen von der Musik, die er zum Spaß auf den Straßen von Stratford und Toronto machte, hatte er noch nie vor einem Publikum gesungen – und ganz gewiss nie auf einer Bühne vor kritischen Profis. Natürlich wusste ich, dass seine Stimme etwas Besonderes war. Aber er hatte in seinem ganzen Leben noch keine einzige Gesangsstunde gehabt.

Ich hatte große Bedenken. Aber als ich in Justins eifriges Gesicht blickte und merkte, dass er nur darauf wartete, dass ich es ihm erlaubte, beschloss ich, ihm meinen Segen zu geben. Aber natürlich nicht, bevor ich ihn auch vor den Gefahren gewarnt hatte. Ich wollte meinen Sohn nicht den Wölfen zum Fraß vorwerfen.

»Justin, hör zu. Ich glaube an dich, und ich weiß, dass du sehr begabt bist. Du bist talentiert und klug. Egal, wofür du dich entscheidest, ich weiß, dass du Erfolg haben wirst. Ich möchte nur, dass du dir über einiges klar wirst, bevor du dich zu einer Teilnahme entschließt.« Und dann erzählte ich Justin von meinem kurzen Ausflug in die Welt der Schauspielerei, als ich noch klein war. »Ich weiß gar nicht, wie oft ich für Schulaufführungen und sogar Theateraufführungen vorgesprochen habe. Ich legte mein ganzes Herz und meine Seele in diese Vorsprechtermine. Und oft war ich fest davon überzeugt, die Rolle zu bekommen. Aber wenn sich meine Hoffnungen nicht erfüllten, war ich sehr niedergeschlagen. Die Enttäuschung war sehr groß.« Justin nickte eifrig, sprang vom Stuhl und stellte sich vor mich hin.

»Das ist nur ein Wettbewerb«, fuhr ich fort. »Ob du es schaffst oder nicht, hat keinerlei Auswirkungen auf deine Persönlichkeit. Und du darfst auch nicht an deinem Talent zweifeln.«

Obwohl Justin mich anblickte und mir seine ungeteilte Aufmerksamkeit schenkte, wusste ich, dass er innerlich die Augen verdrehte. *Ja, ja, ja, Mom, ich weiß. Es ist nicht schlimm, wenn ich nicht gewinne? Bla, bla, bla.*

Doch ich wollte meine Erlaubnis nicht geben, bevor ich nicht ausgesprochen hatte, was ich zu sagen hatte. »Und noch eins. Du musst dir bewusst machen, dass du gegen Jugendliche antrittst, die viel älter sind als du, bis zu sechs Jahre älter. Das ist ein großer Altersunterschied, Schatz. Diese Kandidaten, vor allem die älteren, machen das sicher schon eine ganze Weile. Bestimmt ist das nicht ihr erster Wettbewerb. Sie haben möglicherweise eine gute Ausbildung und mehr Erfahrung als du. Das ist dir bewusst, nicht?«

Justin stand vor mir und wartete ungeduldig auf meine Antwort. »Dann ist das also ein Ja, Mom?«

Ich lächelte. »Ja, Justin. Du darfst dich bewerben.«

»Ja!«, rief er und reckte die Faust.

Aber ich hatte noch mehr zu sagen. »Und eins noch.«

Dieses Mal stöhnte Justin laut.

»Du wirst dein Bestes geben, und du wirst wunderbar sein. Und keine Sorge, falls du nicht genommen wirst, werden wir dafür sorgen, dass du Gesangsstunden bekommst, und wir werden viel üben, und nächstes Jahr zeigst du es ihnen!«

Justin verschwand zu seinen Freunden. Ich erkundigte mich nach näheren Details und bekam die Auskunft, dass die Vorauswahl am 19. Dezember begann: in weniger als zwei Wochen!

Ich bereitete Justin auf die Vorauswahl vor, so gut ich konnte. Es ist ein großer Unterschied, ob man sein Kind zu einer bestimmten Tätigkeit ermutigt oder einen Realitäts-Check vornimmt. Ich glaubte an Justin. Er war sehr talentiert, das war nicht zu übersehen. Aber ich wusste nicht, ob er gegen die älteren Kinder, die sich intensiv vorbereitet hatten, bestehen konnte.

Wie gesagt, bis zum Tag der Vorauswahl blieben uns nur knapp zwei Wochen. Wir baten unsere musikalischen Freunde, die Justin mochten und von seinem Talent überzeugt waren, uns bei der Vorbereitung zu unterstützen. Auch wenn mein Sohn großes Talent besaß, hatte er noch viel zu lernen. Jeden Tag fuhren Justin und ich nach der Schule ins Jugendzentrum (nicht zum »Bunker«), um zu proben. Das Jugendzentrum war eine Anlaufstelle für Jugendliche aus dem Ort. Es hatte seine Tore für alle geöffnet, die die Verstärker- und Karaokeanlage nutzen wollten.

Justin war nicht der Einzige, der sich auf die Vorauswahl vorbereitete. Fast alle, die an dem Wettbewerb teilnehmen wollten, nutzten das Equipment des Jugendzentrums. Um vier Uhr nachmittags traf sich eine bunte Mischung von Teenagern, die Tischtennis und Kicker spielten, mit ihren quietschenden Turnschuhen ein paar Bälle in die Basketballkörbe warfen und für die bevorstehende Vorauswahl probten. Es ging zu wie in einer Irrenanstalt.

Meine Musikerfreunde begleiteten uns ein paar Mal, um Justin die Grundlagen eines Bühnenauftritts beizubringen – zum Beispiel wie man ein Mikrofon hielt, wie man Bühnenpräsenz entwickelte und wie man sang und sich zum Rhythmus der Musik bewegte, ohne dass es gezwungen oder unbeholfen wirkte. Auch wenn Justin keinerlei Grundlagen vorzuweisen hatte, den »Es-Faktor« brauchte er nicht zu lernen. Ich spürte es. Meine Freunde spürten es. Die Leute im Jugendzentrum, die ihn bei der Probe beobachteten, wussten es. Was immer »es« war, Justin hatte es.

Die Jugendlichen, die für die Vorauswahl probten, wechselten sich am Mikrofon ab. Sie mussten gegen die Geräuschkulisse der lärmenden Teenager im Saal ankämpfen. Eine der Mitarbeiterinnen im Zentrum merkte jedoch, dass es ganz still wurde, wenn Justin zu proben begann. Alle Jugendlichen blieben plötzlich stehen und schauten gebannt auf Justin.

Mein Sohn probte immerzu, überall – im Auto, unter der Dusche, im Haus seiner Großeltern. Manchmal sang er sogar auf der Hockeybank, wenn er auf seinen Einsatz im Spiel wartete oder zu Beginn des Trainings. Häufig merkte Justin nicht einmal, dass er laut sang. Einmal saß er auf der Bank, und sein Kumpel riss ihm den Helm vom Kopf. »Hey, Kumpel, weißt du eigentlich, dass du schon wieder singst?«

Diese Zeit stärkte die Beziehung zwischen meinem Sohn und mir. Ich bin vollkommen unsportlich, daher fiel es mir schwer, seine Liebe zum Sport zu teilen. Aber bei Musik und Kunst gab es definitiv viele Gemeinsamkeiten zwischen uns. Während der Vorbereitung auf die Vorauswahl war ich beinahe nervöser als Justin. Unnötig, wie sich zeigte. Er (und neun andere Kandidaten) beeindruckten die Schiedsrichter so sehr, dass sie für den Wettbewerb ausgewählt wurden. An drei Abenden in der Woche sollten die Kandidaten jeweils zwei oder drei Lieder vortragen. An jedem Abend schied ein Kandidat aus, bis nur noch drei übrig waren. Diese drei würden dann beim Finale am 27. Januar 2007 gegeneinander antreten.

Justin und ich liefen zur Höchstform auf. Gemeinsam suchten

wir Songs aus, die seine Stimme zur Geltung brachten und die er gern sang. Letzteres war die wichtigste Voraussetzung. Die Songs, die wir auswählten, deckten ein breites Spektrum ab – eingängige Melodien wie »Angel« von Sarah McLachlan, Pop Groove »3 AM« von Matchbox Twenty und schließlich »Respect« von Aretha Franklin und Lil' Bow Wows »Basketball«, ein Rapperlied, das er besonders mochte. Es war eine gute Mischung aus allen Stilrichtungen, von Pop über Country bis hin zu R&B.

Als Justin auf die Bühne kam, um »Angel« zu singen, war ich sehr nervös, vermutlich viel nervöser als er. Ich zeichnete seine Auftritte mit der Videokamera auf. Mein Blick glitt über das Publikum hinweg. Im Saal saßen vorwiegend Eltern und Jugendliche, die Kandidaten und ihre Angehörigen. Nicht nur ich fieberte mit. Die Nervosität im Saal war beinahe greifbar. Einige Mädchen schnatterten und rutschten unruhig auf ihren Stühlen herum und mussten von ihren Müttern oder den verärgerten Eltern in ihrer Nähe ermahnt werden, doch endlich den Mund zu halten. Einige der jungen Leute waren schrecklich aufgeregt und lehnten sich an ihre Eltern, die beschützend den Arm um ihre Schultern legten. Und dann waren da auch noch die ehrgeizigen Kandidaten, die sich ruhig und zuversichtlich gaben und sich im Stillen ihre Erfolgschancen ausrechneten.

Als Justin bei den ersten Tönen des Vorspiels von »Angel« das Mikrofon zur Hand nahm, wirkte er ein wenig unsicher, auf jeden Fall nicht so selbstsicher wie einige Abende später. Und sein Outfit? Ach, du meine Güte! Was haben wir uns nur dabei gedacht? Dass wir zu den einzelnen Liedern auch die passende Kleidung aussuchen müssten, war uns gar nicht in den Sinn gekommen. Da stand er nun und sang diese wundervolle, hypnotisierende Melodie in einem übergroßen Sweatshirt, seine Baseballkappe auf dem Kopf und an den Füßen seine geliebten Sneakers: Hip-Hop-Stil. Einer der Juroren machte auch tatsächlich eine Bemerkung zu seinem Outfit. »Achte darauf, was du auf der Bühne trägst«, merkte er an. »Deine Garderobe sollte zu deinem Lied passen.«

Doch sobald Justin angefangen hatte zu singen, achtete niemand mehr auf sein Aussehen. Er war einfach unglaublich. Seine kraftvolle Stimme erfüllte den Saal, in dem es so still war, dass man eine Stecknadel hätte fallen hören können. Mein Herz schmolz dahin, als mein kleiner Junge diese einschmeichelnde Melodie sang. Ich konnte die Videokamera kaum noch halten. Können Sie sich vorstellen, wie schwierig es ist zu filmen, wenn Ihnen Tränen in den Augen stehen? Ich zeichnete jeden seiner Auftritte auf. Es fiel mir schwer, Justin durch die Linse zu beobachten. Das zeigt sich in den Videos. Sie sind dunkel, verwackelt und nicht immer scharf. Aber immerhin habe ich alles auf Band.

Mit diesem Lied verblüffte mich Justin, wie auch mit den anderen Liedern, die er vortrug. Selbst wenn die Juroren ihn nicht in die nächste Runde wählten, wäre ich trotzdem stolz auf ihn. Ich starrte meinen zwölfjährigen Sohn auf der Bühne an, der gerade einen Vortrag beendet hatte, und tosender Applaus brauste im Saal auf. Er strahlte über das ganze Gesicht. Es war nicht zu leugnen – er gehörte auf die Bühne. Dort war er zu Hause.

Ich muss gestehen: Justin überraschte mich. Er war der einzige Zwölfjährige, der jüngste Kandidat des Wettbewerbs. Und als er die nächste Runde erreichte, war ich begeistert. Mein wundervoller Sohn – der nie eine einzige Gesangsstunde gehabt hatte, sich nur kurz auf den Wettbewerb vorbereiten konnte und vor zwei Wochen noch nicht einmal gewusst hatte, wie man ein Mikrofon richtig hielt – war in die zweite Runde gekommen. Als einer der Juroren, eine Frau, Justins Auftritt bewerten sollte, brachte sie zuerst keinen Ton heraus, so gerührt war sie. Sie musste mit ihrer Bewertung warten, bis sie sich gefasst hatte.

Je häufiger Justin auf der Bühne stand, desto mehr Selbstvertrauen entwickelte er. Jedes Lied war ein wenig besser als das davor. Die Anspannung ließ nach. Seine Persönlichkeit kämpfte sich durch. Seine Präsenz wurde stärker. Sogar seine Outfits wurden besser. Und das Publikum verliebte sich langsam, aber unaufhaltsam in diesen wundervollen Jungen mit dem bezaubernden und ansteckenden Lächeln.

Obwohl einige der anderen Kandidaten, die Woche um Woche eine Runde weiterkamen, besser ausgebildet waren und mehr Erfahrung hatten als er, besaß Justin das gewisse Etwas. Sein außergewöhnliches Talent machte seine Fehler verzeihlich und ließ auch häufig über sie hinwegsehen. Die Zuhörer schien es nicht zu stören, dass Justin noch so jung und unerfahren war. Sie waren einfach nur hingerissen von seinem natürlichen Selbstbewusstsein auf der Bühne.

Die Juroren waren, abgesehen von der einen konstruktiven Kritik wegen seiner Kleidung, nach seinen Auftritten immer voll des Lobes. Sie nannten ihn einen »naturbegabten Darsteller« und »Mr Persönlichkeit« und rieten ihm, »niemals seine Leidenschaft zu verlieren«.

Und erst die Mädchen! Immer saßen viele Mädchen im Publikum. Kurz nach Justins erstem Auftritt verbreitete sich die Nachricht von dem niedlichen Jungen, der so gut singen konnte, wie ein Lauffeuer in der Stadt. An einem Abend fiel mir auf dem Weg zum Auditorium auf, dass vor dem Eingang eine größere Menschenmenge wartete als sonst. Je näher wir kamen, desto größer wurde der Lärm. Mit ihren Pferdeschwänzen, die im Wind wie Lassos wippten, sprangen einige Mädchen, die noch nicht einmal das Teenageralter erreicht hatten, ständig in die Höhe, als hätten sie unsichtbare Sprungfedern unter ihre Füße gebunden.

Als Justin vorbeikam, begannen sie zu kreischen. Einigen von ihnen schien ihre laute Begeisterung beinahe peinlich zu sein. Doch als Justin lächelte, winkte und sie begrüßte, kreischten sie umso stärker. Es waren nur wenige, aber ich sage Ihnen, sie waren wirklich laut. Selbst heute noch staune ich darüber, welchen Lärm Mädchen machen können.

Mit Beginn der letzten Woche hatte sich die Zahl der Zuhörer so vermehrt, dass nur noch wenige leere Plätze im Saal frei blieben. Überwiegend Mädchen saßen im Publikum. Kreischende Mädchen. Die kreischenden Mädchen brachten selbst gemalte Schilder mit, auf denen in grellen, glitzernden Buchstaben stand: »Ich liebe dich, Justin Bieber« und »Ich stimme für Justin«. Das war ein Vorgeschmack auf das, was später kommen sollte. An einem Abend scherzte einer der Juroren, der sich über die Fans meines Sohnes amüsierte: »Ich stehe seit fünfundzwanzig Jahren auf der Bühne, aber hinter mir sind die Mädchen leider nicht so her.«

Während der letzten Runden riefen die Zuhörer vor und nach Justins Auftritten seinen Namen in einem Sprechgesang. Größtenteils Mädchen. Zwanzig oder dreißig. »Justin! Justin! Justin!« Der rhythmische Sprechgesang klang beinahe hypnotisierend. Immer einmal kippte der Sprechchor ins Gekreische ab, so laut, dass die Juroren sich die Ohren zuhielten. Natürlich war ich sehr stolz auf meinen Sohn, aber ich amüsierte mich auch über das Spektakel. Die Zuhörer ließen an ihrer Meinung keinen Zweifel – Justin war ihr Favorit. (Ich weiß, ich bin ein wenig voreingenommen.)

Meine Mutter und Bruce kamen treu zu jedem von Justins Auftritten, auch Jeremy und unsere Familien (Großeltern, Tanten, Onkeln, Cousins – wer auch immer) waren da. Justins Großmutter Kate jedoch, Jeremys Mutter, wohnte nicht in der Nähe. Deshalb konnte sie nicht dabei sein. Sie war stolz auf ihren Enkel, und es machte sie sehr traurig, diese Abende nicht miterleben zu können. Aber fünf Stunden Flug waren einfach zu viel Aufwand. Sie fühlte sich ein wenig ausgeschlossen, das war Justin und mir bewusst. Er liebte seine Großmutter und hätte sie gern daran teilhaben lassen.

Eines Tages bereitete sich Justin gerade auf die Auftritte am nächsten Tag vor. Er schmetterte eines der Lieder, die er vortragen wollte, brach dann aber mitten im Ton ab. Die Melodie wurde zu einem Schrei.

»Mooooom!«

Ich spülte gerade das Geschirr. Meine Hände steckten tief im heißen Spülwasser, und ich hörte nichts als das Klappern des schmutzigen Geschirrs. Ich wollte gerade rufen: »Was ist?«, aber Justin war zu ungeduldig.

»Mom!«

Dieses Mal stürmte Justin in die Küche wie ein Pferd, das aus seinem Pferch ausgebrochen war. Ich habe mich so erschreckt, dass ich beinahe ein Glas fallen gelassen hätte. Ich drehte mich zu ihm um, und das Spülwasser tropfte auf meine Jeans. »Was ist denn los, Schatz?«

»Können wir die Videos von dem Wettbewerb nicht für Grandma Kate bei YouTube einstellen?«

Und dies war der Beginn von Justins YouTube-Karriere. Nicht für die Ortsansässigen ging er online. Nicht für den Fremden in der Nachbarstadt. Nicht für die Provinz Ontario. Nicht für die Welt. Justin postete die Videos für seine Großmutter.

Da ich mit der Technik vertraut war, konnte ich die Videos nicht nur hochladen, sondern sie auch so in der Suchmaschine markieren, dass sie für seine Großmutter und auch für andere Verwandte und Freunde der Familie im Video-Dschungel von YouTube leicht zu finden waren. Ich richtete einen Channel speziell für Justins Videos ein und nannte ihn »Kidrauhl«. Der Name ist eine Abwandlung vom Online-Namen seines Vaters, der sich »Lordrauhl« nennt.

Grandma Kate war begeistert, dass sie Justin jetzt online sehen konnte. Es schmeichelte ihr. Sie war so stolz auf ihren Enkel, dass sie einen der ersten Kommentare abgab: »Gut gemacht, Justin. Ich hoffe, das andere wird auch gepostet, mit den Standing Ovations!« Der erste Kommentar kam von einem Fremden: »Heilige Jungfrau … dieses Kind ist unglaublich.« Sein Cousin schrieb darauf: »Ja, er ist unglaublich. Er wird einmal berühmt werden. Er ist erst 12 …«

Justin schaffte es mit »Basketball« von Lil' Bow Wow und »So Sick« von Ne-Yo ins Finale. Während dieser Darbietungen gab er alles. Bei den Anfangstönen von »Basketball« schlenderte Justin auf die Bühne, hob die Hände und klatschte. Es kostete ihn kaum Mühe, die Zuhörer zum Mitmachen zu animieren. Fast alle im Publikum klatschten sofort den Rhythmus mit, einige feuerten ihn sogar an.

Unwillkürlich musste ich an Justins ersten Auftritt zurückdenken. Er hatte kaum Kontakt zum Publikum aufgenommen, es nicht mitgerissen. Justin hatte Mühe gehabt, seine Zuhörer in Bewegung zu setzen. Er wollte sie aus der Reserve locken und dazu bringen, zu seinem Song zu klatschen, aber es gelang ihm nicht. Abgesehen von den wenigen Leuten, die doch mitgingen, war es totenstill im Publikum.

Seine letzten Auftritte waren ganz anders. Unter dem Jubel der Zuhörer während des Vorspiels zu »Basketball« führte Justin Breakdance-Figuren auf der Bühne auf. Die Zuhörer jubelten so laut, dass die Musik kaum noch zu hören war. Schließlich schnappte er sich das Mikrofon, begann zu rappen und schleuderte seine Baseballkappe ins Publikum. Die Mädchen kreischten. Eltern lachten. Die Juroren konnten ein Grinsen nicht unterdrücken und schüttelten die Köpfe. Das war es. Das Publikum hatte Justin in sein Herzen geschlossen. Er war ein echter Entertainer. Er zog sie in seinen Bann. Und er wusste genau, wie er die Mädchen zum Kreischen bringen konnte.

Wie in einem Höhenflug sang er das Lied, angefeuert von der wilden Menge. Bei diesem und seinem letzten Song des Abends gab Justin alles. Er schenkte dem Publikum, was es wollte: einen unvergesslichen Auftritt. Seine Leidenschaft war ansteckend. Sie strömte aus ihm heraus und schmolz zu den Füßen der Menge wie Schnee. Eine solche Leidenschaft kann man nicht lernen. So etwas lässt sich weder künstlich herstellen noch vortäuschen. Entweder man hat es oder man hat es eben nicht.

Zusammen mit zwei erfahrenen Sängerinnen stand Justin im Finale. Bei dem Song »Respect« tat er während des Saxofon-Solos so, als würde er selbst spielen. Das Publikum tobte. Wie immer hatte er seine Baseballkappe mit dem Schirm nach hinten aufgesetzt und trug eine weite Hose. Voller Inbrunst spielte er sein Luftsaxofon und verpasste auch nicht einen Schlag, als ihm das Mikrofon aus der Hand fiel. Das Publikum lachte, und Justin grinste verlegen. Er hob das Mikro auf und spielte weiter Saxofon. Dieser Patzer machte Justin noch liebenswerter und beeinträchtigte nicht im Mindesten seine Darbietung.

Als am Ende des Abends der Sieger gekürt werden sollte, stand Justin mit den beiden Mädchen auf der Bühne. Er war noch so jung, wirkte winzig auf der großen Bühne, wie ein Grashüpfer im Land der Riesen. Mir war klar: Würde er nicht gewinnen, wäre ich ein wenig traurig. Aber allein die Tatsache, dass er mit so talentierten Sängern auf der Bühne stand, war eine riesige Leistung. Ich war stolz auf ihn. Stolz, dass er seine Chance genutzt hatte und zu den ersten drei gehörte. Justins weibliche Fans setzten sich lautstark für ihn ein; sie würden bestimmt den ganzen Abend weiterkreischen. Seine Familie und Freunde stimmten in die Hysterie ein. Wir kreuzten unsere Finger und hofften voller Bangen, dass er den ersten Platz bekäme.

Ich weiß, dass Justin enttäuscht war, als die sechzehnjährige Kristin Hawley zur Siegerin gekürt wurde. Aber er war ein guter

Verlierer. Ich hatte ihm immer beigebracht, auch verlieren zu können – ob beim Hockey oder Fußball. Während die Menge Kristin bejubelte und sie sich noch über ihren Sieg freute, reichte Justin ihr die Hand und flüsterte: »Gratuliere.« Diese kleine Geste berührte mein Herz. Als Kandidat war er selbstbewusst und mutig aufgetreten. Aber als Verlierer wusste er auch, wie man Respekt zeigt, wo er angebracht war. Das bewunderte ich an meinem Sohn. Und es machte mich umso stolzer.

Als wir anschließend noch mit den Zuhörern plauderten, merkte ich, dass es ihm zunehmend schwerfiel, seine Enttäuschung zu verbergen. So viele Leute kamen auf ihn zu: die Juroren, Freunde, Angehörige und andere Stadtbewohner. Sie gratulierten Justin und versicherten ihm, wie herausragend er sich geschlagen habe, auch wenn er nicht auf den ersten Platz gekommen sei. Mein Sohn antwortete höflich, nickte und sagte: »Dankeschön.« Er zuckte die Achseln und lächelte, wenn andere ihn trösten wollten und sagten, er könnte es ja im nächsten Jahr wieder probieren.

Ich spürte, dass seine Selbstbeherrschung eine Maske war. Mir, seiner Mutter, konnte er nichts vormachen. Jede Mutter spürt, was sich tatsächlich hinter der Maske verbirgt. Justins Ehrgeiz war groß. Er wollte siegen – bei allem – und Verlieren machte ihn traurig. Er war mit Leib und Seele bei dem Wettbewerb dabei gewesen, hatte alles gegeben. Woche um Woche hatte Justin die nächste Runde erreicht. Woche um Woche verliebte sich das Publikum mehr in ihn. Dieser Dämpfer setzte ihm zu. Es war, als hätte er eine Schlacht verloren. Als einer der Juroren ihm auf die Schulter klopfte und seine Darbietungen lobte, wusste ich, dass es nur noch eine Frage der Zeit war, bis man ihm seine Enttäuschung anmerken würde.

Schweigend fuhren wir nach Hause. Aus den Augenwinkeln beobachtete ich, wie ihm Tränen in die Augen traten. Meine

Worte erreichten ihn nicht, egal, wie oft ich ihm sagte, dass ich stolz auf ihn war, egal, wie oft ich ihm versicherte, dass er seine Sache gut gemacht hätte. Er war zutiefst niedergeschlagen.

Justin war schon immer sein schärfster Kritiker. In gewisser Weise ist er das bis heute. Wenn er nach einem Konzert nicht das Gefühl hat, dass sein Auftritt seinen außergewöhnlich hohen Maßstäben entsprach, fühlt er sich mies – selbst wenn das Publikum begeistert war! Justin ist Perfektionist und arbeitet hart, um Bestleistungen zu bringen, ob nun im Fußball, Hockey oder auf der Bühne vor seinem Publikum.

Was als Möglichkeit begann, seine Großmutter an seinen Auftritten teilhaben zu lassen, nahm ungeahnte Ausmaße an. Vollkommen fremde Menschen stießen auf die Videos und richteten spezielle Anfragen an uns. Justin und ich produzierten zahlreiche Videos mit den unterschiedlichsten Liedern. Aber nicht alle Videos stellten wir bei YouTube ein. Ich besitze viele Videos, auf denen Justin einfach nur herumalbert. Er ist ausgelassen, schneidet Grimassen und imitiert Schlagzeug- und Percussionrhythmen mit Mund und Nase und erfindet sogar Raps.

Alles, was er vorführte, begeisterte mich – ob ein Song für seine Fans auf YouTube oder eine Breakdance-Darbietung zu einem Song von Michael Jackson nur für mich. Wenn Justin sang oder Musik machte, war er mit Leib und Seele dabei. Das spürte man. Diese Videos gefallen mir, obwohl sie ohne professionelle Beleuchtung und jede Ausrüstung nur mit einer einfachen Videokamera gedreht wurden – von mir, die ich keine begabte Filmemacherin bin (meine Fähigkeiten haben sich seither nicht verbessert!). Aber mich berühren diese Filme, weil sie nicht bearbeitet sind und so natürlich wirken. Mein Sohn zeigt sein Talent ganz ungekünstelt und natürlich. So fing er an. So fing alles an.

Oft blieb ich abends bis nach Mitternacht auf und saß mit einer Kaffeetasse vor meinem Laptop. Während Justin schlief, war ich bei YouTube unterwegs, stellte neue Videos ein, rief die Statistik ab und las die Kommentare, die abgegeben wurden. Die Pflege dieses Channels war sehr aufwendig und erforderte viel Zeit und Mühe. Aber ich hatte meinen Spaß daran. Ich freute mich sogar darauf. Immer, wenn ich ein neues Video postete, rief ich die Seite alle zwei Minuten auf, um die Kommentare zu lesen und zu sehen, wie oft sie angeklickt worden war.

Nicht nur unsere Freunde und Angehörige sahen sich Justins Videos im Netz an. Ich hatte die Videos nach Liedtitel und Künstler geordnet. Wenn also jemand ein bestimmtes Lied oder einen Künstler suchte, stieß er auf Justins Video. Darum waren seine Videos so leicht zu finden. Nachdem wir das erste Video von Justin eingestellt hatten, kamen relativ schnell die ersten Kommentare. In wenigen Wochen schrieben uns Menschen aus der ganzen Welt!

»Wow, Junge. Du bist ziemlich gut.«

»Nette Stimme. Du hast Talent.«

»Justin, du bist unglaublich. Wenn ich dich so sehe, möchte ich dich am liebsten heiraten, lol.«

»Er wird die Welt verändern.«

Das Konzept von YouTube hat sich seit der Zeit, als wir Justins Videos einstellten, verändert. Damals gab es bei YouTube dreißig oder vierzig Auszeichnungen in unterschiedlichen Kategorien – von »am häufigsten angeschaut am Tag« über »beliebtestes Video« und »die häufigsten Kommentare«, um nur einige zu nennen. Jeden Tag wurden eine Reihe unterschiedlicher Auszeichnungen verliehen. Eines Nachmittags zog sich Justin gerade für ein Hockeyspiel an. Ich hatte YouTube aufgerufen und stellte fest, dass eines seiner Videos eine dieser Auszeichnungen bekommen hatte. Es war seine erste, etwas wie »das zehnthäufigste angeschaute Video des Tages«.

Ich war so aufgeregt, dass ich zu lachen begann. Direkt vor meinen Augen zog mein kleiner Junge, der so klein gar nicht mehr war, eine wahnsinnige Aufmerksamkeit im Internet auf sich. »Justin, du wirst es nicht glauben«, rief ich, während er sich eine Limonade aus dem Kühlschrank holte und an die Lippen setzte. »Du hast eine Auszeichnung auf YouTube bekommen.«

Justin blickte mich an und lächelte. »Cool«, sagte er. Die Begeisterung meines Sohnes hielt sich in Grenzen – im Gegensatz zu meiner. Pausenlos hatte ich seinen Channel auf meinem Radar, selbst bei der Arbeit.

Meine Aufträge als freiberufliche Webdesignerin kamen anfangs spärlich, darum nahm ich noch zusätzlich einen Teilzeitjob als Administratorin am Conestoga College an. Auch gab ich weiterhin Computer-Einführungskurse für ältere Menschen in Seniorenheimen und auch Privatkurse. Ich checkte Justins Channel immer, wenn ich eine Pause einlegen konnte bei meiner Aufgabe, nette alte Damen in die Grundlagen der sozialen Medien einzuführen, damit sie Kontakt zu ihren Enkeln halten konnten. Wie viele Kommentare hatte Justin bekommen? Was hielt man von seinem neuen Song? Wie viele Menschen hatten seit gestern Abend sein Video angeschaut?

Wenn Justin aus der Schule nach Hause kam, kannte ich kein anderes Thema als die Videos. Pausenlos berichtete ich ihm, welche Kommentare zu den einzelnen Videos abgegeben worden waren. Meine Begeisterung kannte keine Grenzen. Irgendwann ging ihm mein Geschnatter auf die Nerven. Auch stolze Mamas müssen sich manchmal beherrschen und ihrem Kind ein wenig Raum zum Atmen geben. Ich gestehe, es fiel mir schwer, meine

Begeisterung zu dämpfen. Justin stöhnte öfter über meine ständigen Status-Berichte über seine wachsende Fan-Gemeinde.

Nachdem sein Channel an Popularität gewonnen hatte, installierte ich zusammen mit einem Mann namens James – ein herausragender Statistiker und Herausgeber von Videos, den ich im Netz kennengelernt hatte – einen speziellen Channel, der so konzipiert war, dass die YouTube-Kids gemeinsam an den Videos mitarbeiten konnten. Durch unsere Zusammenarbeit entstand eine tiefe Freundschaft. Er half mir bei der Betreuung von Justins YouTube-Channel. Ich freute mich, dass ich meine Begeisterung mit einem Gleichgesinnten teilen konnte. Denn wie gesagt, Justin schien sich nicht besonders für seinen zunehmenden Online-Ruhm zu interessieren.

Seine Heim-Musikvideos waren ein großer Erfolg. Sechs Monate, nachdem Justin an dem Gesangswettbewerb teilgenommen hatte, hatte seine Popularität auf YouTube einen Höhepunkt erreicht. Die Betreuung seines Channels entwickelte sich beinahe zu einem Teilzeitjob. Anfangs sortierte ich die negativen Kommentare von Menschen, die ihn anscheinend nicht mochten, aus. Du meine Güte, einige Leute, die Justin gar nicht kannten und nicht das Geringste über ihn wussten, hatten einige schlimme Dinge über ihn zu sagen! Ich weiß nicht, warum Menschen so gemein sein müssen, und schon gar einem Kind gegenüber. Aber irgendwann waren es so viele Kommentare (manchmal ein paar Hundert pro Tag), dass ich nicht mehr alle lesen konnte.

Ich hätte jede einzelne Minute meines Tages dafür aufwenden müssen, alles im Blick zu behalten. Eine kurze Zeit lang half mir James dabei (danke, James!), und am Ende verwaltete ein ganzes Team den Channel. Als Scooter Justins Manager wurde, teilte ich mir diese Aufgabe mit ihm.

Schon bald war Justin eine berühmte Persönlichkeit bei YouTube. Mehr wollte ich gar nicht. Die Videos zu drehen, machte uns beiden viel Spaß und war eine unterhaltsame Erfahrung für uns. Das Leben eines Stars konnte ich mir nicht wirklich vorstellen. Offen gestanden, wollte ich mir ein solches Leben auch gar nicht ausmalen.

Seine Popularität war so groß, dass nicht nur uns unbekannte Menschen etwas über seinen Bekanntheitsgrad bei YouTube zu sagen hatten. Er weckte das Interesse von Moderatoren einiger national ausgestrahlten Talkshows, die ihn als Gast einluden. Obwohl mich das freute, hatte ich nicht die Absicht, solche Möglichkeiten auch nur in Betracht zu ziehen …

Kapitel *Dreizehn*

Es war unglaublich, wie viele E-Mails Justin über YouTube bekam: von Managern und Musikproduzenten, die seine Karriere anschieben und ihn zu einem Star machen wollten. Das war alles ein bisschen viel für uns. Und unbegreiflich. Mails von Fans, die schrieben, wie süß Justin sei und wie sehr sie ihn bewunderten, bekamen wir auch viele. Ich konnte diese Mails gar nicht alle beantworten.

Und ich tat es auch nicht. Der Grund dafür war nicht nur die mangelnde Zeit. Nein, es lag auch an meinen Träumen. Das war nicht der Weg, den ich mir für meinen Sohn vorgestellt hatte. Alle diese Leute, die uns mit Anfragen bestürmten, wollten sich mit dem Geld, das sie verdienten, ja doch nur ihre eigenen Taschen füllen. War das im Musikgeschäft nicht so üblich? Und darum sagte ich: Danke, aber nein danke. Wir sind nicht interessiert.

Ich ignorierte die E-Mails und hatte nicht vor, sie Justin zu zeigen. Ehrlich gesagt, hegte ich den frommen Wunsch, dass Justin später vielleicht einmal in einer Anbetungsband mitspielte oder Jugendpastor würde. Alle meine begabten Musikerfreunde sangen in einem Lobpreisteam, und ich hoffte, dass Justin mit seinem Talent einen ähnlichen Weg beschreiten könnte. Die zahlreichen Anfragen forderten mich heraus, über meinen Horizont zu blicken.

Aber ich zögerte auch, weil ich Angst hatte. Jeder weiß, was aus Kinderstars wird. Ich kannte die Horrorgeschichten über die Musikindustrie. Ich wollte nicht so naiv sein zu denken, dass Justin immun war gegen die Gefahren und Versuchungen in diesem Geschäft. Er war jetzt ein Teenager und hatte genug zu tun mit seiner Schule und seinem Sport. Und anfangs konnte ich mir auch nicht vorstellen, dass Gott Justin die Tür zur Welt der Musik öffnen würde.

Als betende Mutter tat ich aber noch etwas: Ich trat mit diesen Chancen, die sich uns boten, vor Gott. Wegen meiner Furcht und meiner damals noch begrenzten Wahrnehmung von Gottes Größe und seinen Möglichkeiten betete ich mit Zweifel im Herzen. »Das kann doch nicht dein Wille sein, oder?« Beinahe tat ich so, als wüsste ich es besser als Gott. Ich konnte meinen Sohn besser beschützen. Ich wusste doch wohl am besten, was gut für ihn war und wie seine Zukunft aussehen sollte. »Und wenn das dein Wille ist«, sagte ich zu Gott, »dann wirst du ihm doch eine Tür zur christlichen Musikwelt öffnen, nicht?«

In diesem Augenblick fiel mir eine Bibelstelle ein: »Ihr seid das Licht, das die Welt erhellt. Eine Stadt, die hoch auf dem Berg liegt, kann nicht verborgen bleiben. Man zündet ja auch keine Öllampe an und stellt sie unter einen Eimer. Im Gegenteil: Man stellt sie so auf, dass sie allen im Haus Licht gibt. Genauso soll euer Licht vor allen Menschen leuchten. Sie werden eure guten Taten sehen und euren Vater im Himmel dafür loben« (Matthäus 5,14-16).

Gott sprach zu meinem Herzen. *Wie soll Justin ein Licht für die Welt sein, wenn er nicht in der Welt ist?*

»Aber er ist doch erst dreizehn«, widersprach ich laut. »Er ist doch noch nicht gefestigt. Ich weiß, dass du in seinem Herzen bist. Aber er hat noch keine Wurzeln. Ich habe Angst um ihn.«

Vertraust du mir?

Seufz.

Offensichtlich nicht genug. Die Antwort war deutlich.

Als Justin noch ein Baby war, hatte ich in einer besonderen Zeremonie in meiner Gemeinde sein Leben Gott geweiht, ähnlich wie Hanna in der Bibel Samuel an Gott abgab (siehe 1.Samuel 1). Ich erinnere mich, dass ich Gott an diesem Tag bat, Justin ein Vorbild sein zu lassen und eine Stimme für seine Generation.

Diese Geschichte fiel mir ein, als ich eines Abends für Justins Zukunft betete. Ich hatte das Gefühl, Gott wollte mir sagen, dass ich ihm vertrauen sollte. Dass ich meine eigenen Pläne für Justin loslassen sollte. Ich sollte nicht mehr länger die Zukunft für meinen Sohn anstreben, die ich mir für ihn wünschte, von der ich dachte, dass sie richtig für ihn sei. Das war der Augenblick, an dem ich begann, den E-Mails und Anrufen, die wir bekamen, mehr Beachtung zu schenken. Ich zog sogar die Möglichkeit in Betracht, dass Gott genau diese Türen öffnete.

Mitte des Jahres 2007 versuchte ein Manager aus Atlanta, ein gewisser Scooter, auf verschiedenen Wegen mit mir in Kontakt zu treten. Er gab keine Ruhe, schickte mir E-Mails über den YouTube-Channel. Er versuchte auch über andere Leute, einen Kontakt zu mir herzustellen. Über MySpace kontaktierte er einen meiner besten Freunde. Er rief Justins Großtante an, die meinen Sohn gar nicht kannte! Außerdem telefonierte er wohl mit allen Personen mit dem Nachnamen »Bieber« in unser Stadt. Ja, er versuchte sogar, mich über das Avon-Theater, in dem der Gesangswettbewerb stattgefunden hatte, zu erreichen. Alle diese Personen erzählten mir, ein junger Mann namens Scooter wolle mich dringend wegen Justin sprechen.

Scooter rief sogar in Justins Schule an. Justins Mitschüler hatten von seinem YouTube-Ruhm noch nicht viel mitbekommen. Er war ein guter Sportler, cool und in der Schule sehr beliebt. Aber Justin erzählte nicht viel von seinen außerschulischen Aktivitäten. Dass er am *Stratford-Star* teilgenommen hatte, hatten seine Klassenkameraden natürlich mitbekommen. Aber danach hatte das Interesse an seiner Musik abgenommen. Als Scooter sich jedoch mit der Bitte um Kontaktaufnahme schließlich an die Schule wandte, ließ am nächsten Tag ein Lehrer eins von Justins Videos über die großen Monitore in der Halle laufen.

Als Justin an jenem Morgen in die Schule kam, sah er sich selbst auf einem riesigen Bildschirm. Jetzt wussten natürlich alle Bescheid. Die Aufmerksamkeit war ihm peinlich, weil er sich einen Ruf als guter Sportler erworben hatte, nicht als Sänger. Aber sein neuer Bekanntheitsgrad hatte auch einen Vorteil: Die Mädchen schwärmten für ihn! Sie waren stolz auf ihren YouTube-Star. Und sie hatten keine Scheu, ihm das zu zeigen.

Nachdem Scooter nun unbeabsichtigt den Ball ins Rollen gebracht hatte, ließ er in seinem Bemühen, einen Kontakt zu mir herzustellen, nicht locker. Aber ich hielt mich weiterhin zurück. Ich wusste nicht mehr über ihn als das, was mir die Leute erzählt hatten, über die er mit mir in Verbindung treten wollte. Sein Name war Scooter Braun. Bei den Gesprächen mit meinen Freunden hatte er Namen von bekannten Persönlichkeiten der Musikwelt erwähnt, die er vertrat. Darum wusste ich, dass er mit Stars wie Usher, Justin Timberlake und Britney Spears zusammenarbeitete. Ich wusste auch, dass er eine ganz gewöhnliche Gmail-Adresse hatte. Und genau diese Informationen hielten mich davon ab, mich mit ihm in Verbindung zu setzen.

Mich beeindruckte es nicht, wenn sich jemand mit den Namen von Stars brüstete. Das kannte ich schon von anderen Managern und den Vertretern großer Plattenfirmen, die sich damit großtaten, dass sie mit jenem Popstar oder jener Berühmtheit zusammengearbeitet hätten oder bekannt wären. Das war meistens übertrieben. Scooters Gmail-Adresse machte mich zusätzlich misstrauisch. Warum hatte er nicht eine E-Mail-Adresse mit dem Label seiner Plattenfirma? Wie die anderen Mailadressen von angesehenen Managementgruppen: Mark.Schmidt@firma-so-und-so.com?

Zwar bewunderte ich seine Beharrlichkeit, doch ich zog ihn als realistische Möglichkeit für uns nicht in Betracht. Irgendwann jedoch entschloss ich mich, ihn anzurufen. Ich wollte ihm in aller Deutlichkeit zu verstehen geben, dass ich kein Interesse hätte. Vielleicht würde er dann endlich meine Freunde in Ruhe lassen. Ich telefonierte über eine Computerleitung, um meine Rufnummer unterdrücken zu können. Denn die hatte er bisher erstaunlicherweise noch nicht herausbekommen.

Es war ein langer Tag gewesen. Ich hatte gerade ein umfangreiches Projekt am College fertiggestellt. Den ganzen Nachmittag hatte ich Computer-Grundlagenkurse gegeben und war nun entsprechend erschöpft. Meine Füße taten weh, weil ich viele Stunden am Stück gestanden hatte. Außer einem vertrockneten Bagel hatte ich den ganzen Tag noch nichts in den Magen bekommen. Dieses Gespräch mit Scooter sollte nicht lange dauern. »Bitte lassen Sie uns in Ruhe«, genau das wollte ich ihm sagen. Ich hatte Wichtigeres zu tun. Mein einziger Wunsch für diesen Abend war, mich in die Wanne zu legen und ein schönes heißes Schaumbad zu genießen. Also wählte ich Scooters Nummer, doch gedanklich war ich schon bei meiner so dringend benötigten Ruhepause.

»Hier spricht Scooter.«

»Hallo«, begrüßte ich ihn – kurz angebunden mit leicht unterkühltem Ton. »Ich bin Pattie Mallette, Justin Biebers Mutter.«

»Oh, Mrs Mallette, wie schön, dass Sie sich bei mir melden!«

Scooter hätte seine Begeisterung nicht verbergen können, selbst wenn er es versucht hätte.

Ich dagegen wollte gerade zu meiner geplanten Rede ansetzen: »Danke, aber nein danke«, und blickte genervt auf die Uhr, um zu sehen, wie spät es war. Doch bevor ich wusste, wie mir geschah, wurde aus meiner geprobten Rede ein zweistündiges Telefonat. Bald plauderten wir miteinander wie gute alte Freunde.

Scooter erzählte mir, wie er Justin auf YouTube entdeckt hatte. Er sei begeistert vom Talent meines Sohnes. Und dann erzählte er mir ein wenig von sich und seiner Arbeit. »Geben Sie meinen Namen doch einmal bei Google ein«, schlug er vor. »Dort finden Sie Informationen über meine verschiedenen Projekte und wen ich alles vertrete.« Nach dem Telefongespräch informierte ich mich tatsächlich im Internet über ihn. Jetzt lache ich darüber, aber der erste Link, auf den ich stieß, war ein Zeitungsartikel mit der Überschrift »Scooter Braun Is the Hustla« (Scooter Braun – der Gauner). Auf dem Foto umarmen ihn zwei Blondinen und Scooter hält ein Handy in der Hand. Das war kein besonders vertrauenserweckender erster Eindruck für die Mutter eines dreizehnjährigen Jungen!

Auch wenn Scooter definitiv ein blitzschneller und überzeugender Geschäftsmann war – schließlich verdiente er damit seinen Lebensunterhalt –, wirkten seine Worte auf mich doch aufrichtig und herzlich. Scooter und ich unterhielten uns über Gott und die Welt, über Justin und seine potenzielle Karriere in der Musikwelt, aber auch über unseren Glauben. Er erzählte mir, er hätte auf meiner MySpace-Seite gesehen, dass ich Christ sei.

»Ich bin Jude«, erklärte er. »Könnte das ein Problem sein?«

Wie absurd, dachte ich. »Natürlich nicht«, erwiderte ich. »Schließlich war Jesus doch auch Jude.« Ich muss gestehen, dass mein anfängliches Gedankenmuster in diesem Prozess ein wenig kurzsichtig gewesen war. Anfangs hoffte ich, dass Justin vielleicht in der christlichen Musikszene Karriere machen könnte oder zumindest von einem christlichen Manager vertreten würde. Aber natürlich hatte ich keinerlei Vorbehalte gegen andere Glaubensrichtungen, und niemals würde ich einen Menschen diskriminieren, der einen anderen Glauben hatte als ich.

Der Glaube war mir wichtig. Ich hatte Justin in diesem Glauben erzogen und ihm christliche Wertmaßstäbe vermittelt. Natürlich hatte ich gehofft, dass Justin von einem Manager vertreten würde, der diese Glaubensprinzipien in seinem Leben unterstützen würde. Aber im Lauf der Zeit zeigte sich, dass es unwichtig war, welche Pläne oder Wünsche ich für Justins Zukunft entwickelte. Gott hatte etwas anderes im Sinn.

Am Ende des Gesprächs lud Scooter Justin und mich ein, ihn in Atlanta zu besuchen. »Ich stelle Sie einigen Leuten vor, damit Sie sich selbst überzeugen können, dass ich es ehrlich meine. Sie brauchen auch keinen Vertrag zu unterzeichnen und keine Zusagen machen. Kein Druck. Keine Verpflichtungen. Wenn Sie kommen und Ihnen mein Angebot nicht gefällt, dann sehen Sie es doch einfach als kostenlosen Urlaub in Atlanta. Bitte denken Sie wenigstens darüber nach.«

Auch wenn Scooter sehr beharrlich war in seinem Versuch, einen Kontakt zu uns herzustellen, hat er sich immer tadellos verhalten und auch nie Ansätze gemacht, sich in Justins Leben zu drängen. Aus meinen Ängsten und Vorbehalten habe ich ihm gegenüber keinen Hehl gemacht, und Scooter begegnete mir mit einer Mischung aus Forschheit und Geduld. Er verstand meine Skepsis der Musikbranche gegenüber und setzte mich nie unter Druck. Darum war ich dann schließlich tatsächlich nicht abgeneigt, nach Atlanta zu fliegen und ihn kennenzulernen.

Nach dem Anruf nahm ich mir erst einmal Zeit zum Beten. Noch bestand kein Grund, mit Justin über dieses Angebot zu reden; ich war mit meinen Überlegungen noch nicht weitergekommen. Natürlich hätte ich nach diesem Gespräch mit dem Manager, das meine Bedenken ein wenig zerstreut hatte, entscheiden können, was das Beste für uns war. Aber letztendlich wollte ich ja wissen, was Gott für uns im Sinn hatte. Seine Wege waren offensichtlich andere als meine.

Zu jener Zeit lebte Jeremy in Winnipeg, rund 2000 Kilometer von Stratford entfernt. Obwohl er und Justin sich nicht regelmäßig sahen, allein schon wegen der Entfernung, standen Jeremy und ich während jener Zeit in engem Kontakt. Ihm ging es ähnlich wie mir: Er freute sich über diese Chance, aber auch er hatte Bedenken. Wir beide neigten zur Vorsicht.

Nach Scooters Angebot sprach ich mit meinen geistlichen Ratgebern John und Sue Brown und Ivan und Isabel, sowie mit anderen geistlichen Leitern in meiner Gemeinde, denen ich vertraute. Ich erzählte ihnen von meinem Gespräch mit Scooter und Justins Chancen auf eine Gesangskarriere. Ich sprach aber auch über meine Ängste und warum ich das für keine gute Idee hielt. Sehr nachdrücklich brachte ich meine Argumente vor. »Es ist gefährlich«, sagte ich. »Da kann so viel passieren. Justin ist doch erst dreizehn Jahre alt. Er muss noch viel lernen, erwachsener werden.« Obwohl ich alles gab, um meine Mentoren von meiner Meinung zu überzeugen, empfand jeder Einzelne von ihnen etwas anderes: Frieden und grünes Licht. Alle außer mir. Ich war dankbar für ihren Rat, aber das reichte mir noch nicht. Und auf einmal fiel mir Gideon ein.

In der Bibel steht die Geschichte von einem Mann, der Gideon hieß (siehe Richter 6). Er war nicht gerade der optimistischste Mann, der sich viel zutraute. Auch was Mut und Tapferkeit anging, gewann er keine Medaillen. Aber aus irgendeinem Grund erwählte ihn Gott zum Krieger und gab ihm einen wichtigen Auftrag für das Volk Israel. Voller Selbstzweifel und Zweifel an

Gott bat Gideon um ein Zeichen. Er legte ein Wollvlies auf den Boden und sagte: »Gott, wenn ich morgens aufwache und das Vlies ist nass vom Tau, der Boden jedoch trocken, dann weiß ich, dass dieser Auftrag wirklich von dir kommt.«

Am nächsten Morgen war der Boden trocken und das Vlies nass. Aber er war immer noch nicht überzeugt. An diesem Abend bat er Gott um ein weiteres Zeichen, dieses Mal sollte es umgekehrt sein. Und am nächsten Morgen war das Vlies trocken und der Boden nass vom Tau. Er bekam seine Bestätigung.

Wie Gideon legte auch ich mein Vlies aus. Ich bat Gott um zwei Dinge: Er sollte mir die Bestätigung geben, dass Scooter Justins Manager werden sollte (dass mein Pastor in dieser Hinsicht keine Bedenken hatte, reichte mir als Bestätigung nicht). Außerdem sollte Gott mich mit einem Anwalt in Kontakt bringen, der sich in der Musikbranche auskannte. Das war vielleicht ein wenig voreilig, aber ohne Rechtsbeistand wollte ich ein Treffen mit Scooter nicht einmal in Betracht ziehen. Es sollte auch kein Anwalt sein, der sich nur ein wenig in der Unterhaltungsbranche auskannte, sondern ein Anwalt, der bereits große Stars vertrat.

Natürlich hatte Scooter mir versichert, dass unser Treffen ganz unverbindlich sein sollte. Trotzdem wollte ich vorbereitet sein, statt mit verbundenen Augen durch ein Minenfeld zu laufen. Ich wollte nicht irgendwann feststellen müssen, dass ich übers Ohr gehauen worden oder an einen Vertrag gebunden war, der nicht zu unserem Vorteil war. Fakt war, ich hatte keine Ahnung von Verträgen, Verhandlungen oder was auch immer. Ich kannte mich in der Musikbranche überhaupt nicht aus.

Dass Gott diese Bitte erhörte, erschien mir unmöglich. Ich besaß ja kaum genug Geld, um Essen auf den Tisch zu bringen. Anwälte in der Unterhaltungsbranche berechneten Stundensätze von bis zu 900 Dollar. Neunhundert Dollar für eine Stunde? Sollte das ein Witz sein? In diesem Jahr hatte ich mit all meinen Jobs insgesamt knapp 10 000 Dollar verdient. 900 Dollar waren ein Monatsverdienst für mich. Um das bezahlen zu können, bräuchte ich schon einen Lottogewinn oder eine unfassbar große Gehaltserhöhung, oder ich müsste einen Anwalt finden, der kostenlos für uns arbeitete.

Kurz darauf wurde eines meiner Gebete erhört. Scooter rief mich eines Tages an und wollte wissen, ob ich über sein Angebot nachgedacht hätte und wie ich weiter vorgehen wolle. Ich war ihm gegenüber offen. »Eine Zusage kommt für mich nicht infrage, bevor ich nicht einen Rechtsanwalt habe, der auf Unterhaltungsrecht spezialisiert ist. Ich will ehrlich sein. Ihr Angebot klingt wirklich gut und scheint für Justin eine große Chance zu sein. Aber ohne anwaltliche Beratung werde ich keine Entscheidungen treffen, und offen gestanden, kann ich mir so einen Anwalt nicht leisten. Ich wüsste also gar nicht, wie das gehen soll.«

Scooter zögerte keine Sekunde. »Ach, das ist kein Problem, Pattie. Ich telefoniere ein wenig herum. Ich kenne einige Anwälte, die auf Prozentbasis arbeiten. Sie verlangen keine sofortige Bezahlung. Justin ist sehr talentiert, und ich bin sicher, dass angesichts seines Talents viele von ihnen bereit sein werden, ihn zu vertreten.«

Einige Tage später bekam ich einen Anruf von einem der besten Anwälte in Sachen Unterhaltungsrecht, der bereit war, Justin zu vertreten. Er erklärte mir, er würde schon lange mit Scooter zusammenarbeiten und ihm vertrauen. »Wenn Scooter der Meinung ist, Ihr Sohn hätte Potenzial, dann glaube ich ihm.« Dieser Rechtsanwalt hatte sich ebenfalls Justins Videos auf YouTube angesehen und sich von Justins Talent überzeugt. Nachdem wir uns verabschiedet hatten, recherchierte ich ein wenig und fand heraus, dass er einige der großen Stars vertrat. Er hatte die Wahrheit gesagt. Genauso hatte ich es mir vorgestellt.

Ich konnte es nicht fassen. Da lag es, mein Vlies, direkt vor meinen Augen. Als mir der Gedanke kam, wir sollten einen Rechtsanwalt einschalten, schien das anmaßend. Unmöglich. Ziemlich unwahrscheinlich. Nie hätte ich gedacht, dass sich uns die Möglichkeit dazu bieten könnte. Aber irgendwie hatte ich ohne große Anstrengungen auf einmal einen sehr versierten, erfahrenen und scharfsinnigen Anwalt, der die Unterhaltungsbranche in- und auswendig kannte.

Das war erst ein Vlies – eins stand noch aus.

Bisher hatte ich Justin noch nichts von Scooter und seinem Angebot erzählt. Bevor wir nach Atlanta fliegen konnten, musste ich das dringend nachholen. Ich wusste ja noch gar nicht, wie Justin zu dem Angebot stand. Erstaunlicherweise verlief dieses Gespräch aber unproblematischer, als ich erwartet hatte. Und das, obwohl es um ein wichtiges Thema ging: Diese Entscheidung könnte sein ganzes Leben verändern!

Ich war gerade von der Arbeit nach Hause gekommen und zog mir schnell eine Wohlfühl-Hose an. Dann ließ ich mich auf meinem Lieblingsplatz im Wohnzimmer auf der Couch nieder und öffnete Justins YouTube-Seite.

Hundert Kommentare auf dieses eine Video. Wow!

Hm, jemand möchte, dass Justin einen Song von Michael Jackson singt.

Hey! Wie kann dieser Typ so etwas über Justin sagen? Er ist doch noch ein Kind.

Ach du meine Güte! Wir haben schon wieder eine Auszeichnung bekommen: Für das meistkommentierte Video.

Während ich die E-Mails überflog, die in den letzten Stunden hereingekommen waren, hörte ich den Schlüssel in der Eingangstür. »Hey Mom, was gibt's Neues?«

Justin wirbelte durch das Wohnzimmer, seine Baseballkappe mit dem Schirm nach hinten auf dem Kopf. Er schien auf dem Sprung zu sein und keine Zeit zu haben. Immer hatte er etwas zu tun – Sport, Skaten, Videospiele mit seinem Freund. Dass er sich einmal zu mir setzte, damit wir reden konnten, war selten. Er steckte voller Energie, war immer in Bewegung, genau wie als zweijähriger Knirps.

»Setz dich doch kurz zu mir, Justin. Ich möchte etwas mit dir besprechen.«

Justin warf sich auf die Couch, beugte sich vor und gab mir einen Kuss auf die Wange.

Ich atmete tief durch. Ich hatte mir fest vorgenommen, das Thema eher beiläufig anzusprechen. Auf jeden Fall sollte Justin nicht den Eindruck gewinnen, dass ich ihn zu irgendetwas drängen wollte. »Singst du eigentlich gern?«

»Äh, ja.«

»Liebst du die Musik?«

»Sicher.«

»Was willst du später eigentlich mal werden, Justin?«

»Na, vielleicht Hockey- oder Fußballspieler. Keine Ahnung. Warum?« Er spielte mit seinen Schnürsenkeln herum.

»Also gut. Wenn du nun die Gelegenheit hättest, professionell zu singen und Musik zu machen, würdest du es tun? Oder auch nur darüber nachdenken?«

Justin seufzte, verärgert über die vielen Fragen. Ich überlegte, ob er wohl eine Ahnung hatte, worauf das Gespräch hinauslief. »Ja, ich denke schon. Warum stellst du mir alle diese Fragen?«

Ich blickte meinen kleinen Jungen an, der gerade erst zum Teenager geworden war. Ich konnte mir nicht vorstellen, dass er völlig begriff, worum es hier ging. Er konnte noch gar nicht einschätzen, welche Folgen diese Entscheidung hätte, welche Opfer nötig wären. Das hier war kein Scherz. Hier ging es nicht darum, sich für ein neues Hobby zu entscheiden oder um neue Fußballschuhe. Es ging um seine Zukunft, und das durften wir nicht auf die leichte Schulter nehmen.

»Weißt du, wir wurden nach Atlanta eingeladen, um uns mit ein paar Leuten zu treffen und unsere Möglichkeiten auszuloten. Was hältst du davon? Willst du einen Versuch wagen?«

Ich schloss die Augen und hoffte beinahe, dass er kein Interesse hätte. Damit wäre dieses Gespräch beendet. Wir würden einfach weiterleben wie bisher. Keine Entscheidungen mehr, die unsere ganze Zukunft ändern würden. Ich könnte weiterleben wie bisher. Wenn Justin nein gesagt hätte, hätte ich Scooter noch in derselben Minute angerufen und abgesagt und damit alle weiteren Angebote unterbunden. Und ich hätte auch nur so lange Videos von Justin gedreht und ins Netz gestellt, wie er wollte.

Aber Justin sagte nicht nein. Seine Augen leuchteten auf. Er sagte: »Ja, klar! Wann fliegen wir?«

Ich bat Scooter, einmal mit uns zu skypen. Justin sollte nicht nach Atlanta fliegen, ohne Scooter vorher kennengelernt zu haben. Die beiden verstanden sich auf Anhieb. Scooter ist ein junger Typ, mag Spaß und kann gut mit Kindern umgehen. Justin mochte ihn sofort. Damit war das geregelt. Wir flogen nach Atlanta. Doch ich wollte in Bezug auf Scooter noch keine Entscheidung treffen, bevor ich nicht die Bestätigung von Gott hatte.

Überall schienen wir grünes Licht zu bekommen. Doch es fehlte noch etwas: mein zweites Vlies. Ich hatte Gott doch gebeten, mir meine Zweifel zu nehmen und mir zu bestätigen, dass Scooter Justins Manager sein sollte. Dem Anschein nach schien er der richtige Mann zu sein. Er beherrschte sein Geschäft. Trotzdem brauchte ich eine deutliche Bestätigung. Ein gutes Gefühl reichte nicht aus.

Einige Tage vor unserer Reise wollte ich in der Stadt noch

Schokolade bei Rhéo Thompson Candies kaufen, unser weltberühmtes Schokoladengeschäft. Ich stellte meinen Wagen in der Nähe eines hübschen Cafés ab und lief die paar Straßenzüge zu Fuß. Es war ein herrlicher Tag, und ich genoss die frische Luft.

»Hallo Pattie«, hörte ich jemanden rufen. Als ich mich umdrehte, entdeckte ich meinen Freund Nathan, der die Spendenaktion für Justins Schlagzeug organisiert hatte. In seiner Begleitung war ein junger Mann, den ich nicht kannte. Sein Begleiter warf mir merkwürdige Blicke zu. Doch er wirkte nicht unheimlich auf mich. Es war beinahe so, als hätte er etwas zu sagen und hielte sich zurück. »Ich bin nicht sicher«, fing er schließlich an. »Bestimmt klingt das für dich komisch oder du hältst mich vielleicht für verrückt. Aber ich bin wirklich davon überzeugt, dass ich ein Wort von Gott für dich habe.«

Mein Herz begann zu rasen. »Na, dann lass mal hören«, erwiderte ich.

»Ich habe das Gefühl, dass du Gott um Antwort gebeten hast auf die Frage, ob du mit einem jüdischen Mann zusammenarbeiten sollst. Und ich habe das Gefühl, dass Gott sagt: ›Ja, ja und ja.‹ Gott ist mit ihm. Gott schenkt seinen Segen zu allem, was dieser Mann tut.«

Mir verschlug es die Sprache. Deutlicher hätte die Antwort gar nicht ausfallen können. Diesen Mann hatte ich noch nie gesehen, und er gab mir die Antwort auf mein Gebet.

»Wow! Danke! Du hast völlig recht. Das war wirklich ein Gebetsanliegen von mir.« Ich staunte, wie Gott an den ungewöhnlichsten Orten wirken kann – durch Menschen, die uns vollkommen fremd sind. Wir unterhielten uns noch eine Weile, und ich erzählte ihnen von der Chance, die sich Justin bot, und von meinem Zögern, diese Gelegenheit zu ergreifen.

Gott hatte meine zweite Frage beantwortet. Jetzt war es offiziell. Scooter war zumindest fürs Erste die richtige Wahl. Er würde eine wichtige Rolle in Justins Leben und seiner Karriere spielen, das war mir bewusst. Ich war gespannt und auch ein wenig nervös. Ich hatte keine Ahnung, was uns erwartete und welche Türen unsere Reise nach Atlanta öffnen würden. Ehrlich gesagt, hätte ich nicht einmal in meinen kühnsten Träumen geahnt, was daraus entstehen würde …

Kapitel *Vierzehn*

Justin und ich bestiegen das Flugzeug für den gut zweistündigen Flug nach Atlanta. Noch bevor wir unsere Plätze eingenommen hatten, tippte eine hübsche Flugbegleiterin Justin auf die Schulter. »Möchtest du dir das Cockpit anschauen?«, fragte sie und blinzelte mir diskret zu. »Eigentlich dürfen wir das nicht, aber der Flugkapitän hat gesagt, du könntest ihn einmal besuchen.« Nur kurz zuvor hatte ich einem Crewmitglied gegenüber erwähnt, dass dies Justins erster Flug sei.

Während sich die anderen Passagiere an uns vorbeidrückten, viele mit Rollkoffern, die viel zu groß für die Handgepäckfächer wirkten, begann Justin über das ganze Gesicht zu strahlen. »Toll!«

Angesichts der Sicherheitsmaßnahmen nach dem 11. September fand ich es ungewöhnlich, dass die Crew Justin gestattete, das Cockpit anzusehen. Doch natürlich freuten wir uns darüber.

Inmitten von unendlich vielen Knöpfen, Schaltern und Lämpchen erklärten uns der Flugkapitän und sein Copilot die Funktionen der einzelnen Schalter. Fasziniert von den blinkenden Lichtern sagte Justin kaum etwas anderes als »Cool« und »Wahnsinn!« Ich suchte in meiner Tasche nach der Kamera, die ich dann auch während der ganzen Reise nicht mehr aus der Hand legte, und schoss ein Foto von Justin. Mein Sohn grinste mich an. Seine Hand lag auf dem Schubhebel des Flugzeugs. Seine langen, dunkelblonden Haare lugten unter der großen Pilotenmütze hervor, die der Pilot ihm freundlicherweise aufgesetzt hatte. Ich hatte das Gefühl, dass diese Besichtigung des Cockpits der Anfang von vielem anderen war, das Justin auf dieser Reise zum ersten Mal erleben würde.

Während die Triebwerke aufheulten, als das Flugzeug über die Startbahn brauste, presste Justin sein Gesicht ans Fenster. Wir wurden immer schneller, der Jet immer lauter. Die Nase des Flugzeugs hob sich, und wir wurden in unsere Sitze gedrückt. Justin war wie vom Donner gerührt. »Wir fliegen! Wir fliegen! Wir fliegen! Jetzt sind wir fast oben!« Das Flugzeug stieg immer weiter, hob ganz von der Startbahn ab. Der Druck in seinem Magen wurde stärker, und Justin stöhnte: »Oh, mein Magen. Mir ist übel!« Doch er erholte sich schnell wieder und starrte aus dem Fenster, während die Stadt unter uns immer kleiner wurde. »Das ist der Wahnsinn«, platzte Justin heraus. »Ich kann alles genau erkennen!«

Als wir in Atlanta landeten und uns durch das Gedränge auf dem amerikanischen Flughafen mit dem höchsten Passagieraufkommen kämpften, waren wir sehr aufgeregt. Justins Blick flitzte hierhin und dorthin und saugte alles auf, was interessant oder ungewöhnlich war. Derselbe neugierige und fragende Ausdruck wie damals, als wir Toronto erkundeten, lag auf seinem Gesicht. Aber jetzt war er kein kleines Kind mehr; er war ein Teenager. Zu alt, um meine Hand zu halten, als wir uns durch die Menschenmenge im Terminal drängten. Aber immer noch so jung, dass er mich brauchte (obwohl er das als typischer Teenager vermutlich nie zugeben würde).

Ich seufzte. *Er wird so schnell erwachsen.*

»Komm schon, Mom, los jetzt!« Justin riss mich aus meinen Gedanken.

»Ich komme ja schon, ich komme«, murmelte ich gespielt verärgert.

Nachdem wir unser Gepäck vom Band genommen hatten, riefen wir Scooter an, um ihm zu sagen, dass wir gelandet seien.

»Großartig!«, freute er sich. »Haltet vor dem Terminal Ausschau nach einem roten Mercedes. Ihr könnt ihn gar nicht verpassen.«

Wir entdeckten Scooter, sobald wir aus dem Terminal traten. Er strahlte uns an und sprang aus dem Wagen, um uns unsere Taschen abzunehmen. Sehr herzlich umarmte er mich und klatschte Justins Hand mit einem »High 5« ab.

»Es ist so schön, euch zu sehen«, sagte er. »Wie war der Flug?«

Während wir über den Highway in Richtung Atlanta brausten, erklärte uns Scooter, was er vorhatte. »Gerade, bevor ihr aus dem Terminal kamt, rief mich Jermaine Dupri an. Er hat mich zu einem Videospiel im Studio herausgefordert: NBA 2K8. Hättet ihr was dagegen, wenn wir einen kurzen Zwischenstopp einlegen?«

»Oh, ich liebe dieses Spiel!«, rief Justin vom Rücksitz aus. »Kann ich mitspielen?«

Scooter blickte Justin im Rückspiegel an und zwinkerte ihm zu. »Na klar! Aber stell dich darauf ein, dass du verlierst.«

Das war eine Herausforderung für Justin. Für einen freundlichen Wettkampf war er immer zu haben. Während die Wolkenkratzer am Horizont vor uns sichtbar wurden, plauderten Scooter und Justin ungezwungen miteinander.

Ich freute mich, dass die beiden sich auf Anhieb zu verstehen schienen. Scooter war witzig und er schaffte es immer wieder, Justin zum Lachen zu bringen. Ich schwieg, beobachtete die beiden und kämpfte gegen meine Skepsis an, die ich bisher noch nicht abschütteln konnte. Wo sollte das hinführen? Ich trug die Verantwortung für meinen Sohn. Ich musste einen klaren Kopf behalten. Auf keinen Fall durfte ich uns unbedacht in ein Abenteuer stürzen. Es ging um die Karriere meines Sohnes. Ich musste meine fünf Sinne beisammenhalten und durfte mich nicht ablenken lassen.

Mittlerweile hatte ich mich davon überzeugen lassen, dass Scooter erfolgreich arbeitete und schon viel bewirkt hatte. Aber ich ließ mich davon nicht beeindrucken. Auch wenn ich Erfolg zu schätzen wusste, war ich doch vor allem Justins Mutter. Meine erste und wichtigste Aufgabe war es, ihn zu beschützen und zu jeder Zeit seine Interessen im Blick zu behalten. Ich respektierte Scooter, aber ich ließ mich nicht beeindrucken von den berühmten Persönlichkeiten, mit denen er sich umgab. Mir lag einzig und allein das Wohl meines Sohnes am Herzen. Die Unterhaltungsbranche lockte mit Glanz und Glamour, und schon viele hatten sich von den Verlockungen in die Irre führen lassen, die, wie manche Menschen glauben, zum Musikgeschäft dazugehören.

Als wir das Studio erreichten, parkte neben uns ein schwarzer Range Rover. Als Justin sah, wer ausstieg, sprang er gleich aus dem Auto. In seiner schwarzen Lederjacke mit der Designersonnenbrille wirkte Usher sehr cool – beinahe ein wenig arrogant. Er lief an uns vorbei Richtung Studio.

»Hey Usher«, rief Justin und rannte seinem Idol hinterher. »Ich bin ein großer Fan von dir und kenne deine Songs. Soll ich dir einen vorsingen?«

Usher lächelte und wimmelte uns höflich ab. »Ein anderes Mal, Kumpel. Es ist kalt draußen.« Bei unserer nächsten Reise zwei Monate später sahen wir ihn wieder.

Scooter fragte, ob ich in der Lobby warten würde, während er mit Justin im Studio verschwand. Natürlich würde ich das. Aber ich will ehrlich sein: Auch wenn ich wusste, dass es nicht persönlich gemeint war, war ich doch ein wenig enttäuscht. Die Begegnung zwischen Justin und Jermaine sollte zwanglos verlaufen (ich glaube, er hat Justin sogar als seinen Neffen vorgestellt). Und trotzdem fühlte ich mich ausgeschlossen.

Da saß ich nun, eine Mutter, die ihren Sohn in den vergangenen dreizehn Jahren ganz allein großgezogen hatte. Wir zwei gegen die ganze Welt. Und jetzt waren wir in einem fremden Land und standen vor wichtigen Entscheidungen, und wir waren getrennt. Eine Trennung von Justin hatte ich noch nie gut aushalten können. Das gefiel mir auch jetzt nicht. Während ich wartete, lief ich ungeduldig durch die Lobby und versuchte, mich abzulenken. An den Wänden hingen Tafeln mit Gold- und Platin-Auszeichnungen von Künstlern wie Mariah Carey und Destiny's Child. *Ziemlich cool,* dachte ich, doch beeindrucken konnte mich das nicht.

Später brachte uns Scooter in das Appartement seines Freundes, wo wir die Woche über wohnen würden. Als wir die noble Wohnung im dreißigsten Stock betraten, glaubte ich, in der Zeitschrift *Schöner Wohnen* gelandet zu sein. Die Räume waren sehr geschmackvoll und ultramodern eingerichtet: glänzende Holzböden, ein weißer, flauschiger Teppich unter einer bonbonroten Ledercouch, deckenhohe Fenster mit einem atemberaubenden Blick über die Stadt und dem größten Flachbildschirm, den wir je gesehen hatte. Das begeisterte Justin natürlich besonders. Die Schlafzimmer waren in Weiß gehalten, sparsam möbliert, aber ausgestattet mit weiteren Flachbildschirmen und den komfortabelsten Betten, in denen wir jemals geschlafen hatten. Jetzt war es geschehen. Justin und ich waren gestorben und im *MTV*-Himmel aufgewacht!

In einer solchen Wohnung zu wohnen, machte uns großen

Spaß. Uns faszinierten die einzigartigen Dekorationen: die Dominokiste, die mit echten Diamanten verziert war, und der ausgestopfte Alligator, den Justin ständig betasten musste. Bestimmt hundert Fotos haben wir nur von dieser unglaublichen Wohnung gemacht. Auf der ganzen Reise kam Justin aus dem Staunen nicht mehr heraus, und alle zwei Minuten rief er: »Oh, cool, Mom« oder: »Sieh dir das an.« Atlanta ließ sich mit Stratford nicht vergleichen. Atlanta war eine Metropole, und im Vergleich dazu wirkte die Stadt, in der ich aufgewachsen war, noch kleiner.

Zwischen unseren Treffen mit verschiedenen Produzenten und Sängern bekam Scooter an einem Tag einen Anruf von seinem Vater, der in Connecticut lebte. Auf seinem Weg nach Hause musste er in Atlanta umsteigen. Scooter wollte sich gern zusammen mit Justin und mir mit seinem Vater am Flughafen treffen.

Schon vor unserer persönlichen Begegnung hatte Scooter in seinen Gesprächen mit mir immer wieder betont, wie wichtig Moral und Familie für ihn seien und dass seine Eltern sehr viel Wert auf eine gute Erziehung gelegt hätten. Aber reden und danach leben sind zwei vollkommen verschiedene Dinge. Darum freute ich mich darauf, seinen Vater kennenzulernen. Ich wollte mir selbst einen Eindruck von seinem familiären Hintergrund und der Beziehung zwischen ihm und seinem Vater verschaffen. Falls Scooter tatsächlich Justins Manager werden sollte, würde er großen Einfluss auf sein Leben ausüben. Ich wollte ganz sicher sein, dass er tatsächlich ein integrer Mensch war. Und wie konnte man das besser herausfinden als in einer Begegnung mit seinem Vater?

Bald lernte ich ihn kennen: Ervin Braun, Zahnarzt mit einer gut gehenden Praxis. Wir saßen in einem Restaurant am Flughafen. Er war auf der Rückreise von einem verlängerten Wochenende. Scooters Vater war ein großer, gut aussehender Mann mit einer starken Präsenz, sehr selbstsicher, aber nicht arrogant. Er war bemerkenswert bodenständig und einer der nettesten Menschen, die ich je kennengelernt habe. Während dieser Begegnung suchten wir uns eine stille Ecke, weit fort vom Lärm und der Hektik des Flughafens, damit Justin für ihn singen konnte. Ervin genoss die Privatvorstellung.

Bei Sandwiches bombardierte ich Scooters Vater mit Fragen. Ich sprach offen von meinen Ängsten und Sorgen und erzählte ihm von meiner Skepsis, ob die Musikbranche das Richtige für Justin sei. Immer wieder betonte Ervin, sein Sohn sei ein vertrauenswürdiger und integrer Mensch. Bei ihm seien wir bestimmt gut aufgehoben. Ervin wollte mich nicht einfach nur einwickeln. Jedes Wort war aufrichtig gemeint. Ich besitze einen ziemlich guten Instinkt für so etwas. Ich spüre das.

Aber ich hörte nicht nur auf das, was Ervin sagte; ich las auch zwischen den Zeilen. Ich beobachtete ihn im Umgang mit seinem Sohn. Vater und Sohn schienen sich sehr zu lieben, ihre Beziehung war bestimmt von gegenseitigem Respekt, und sie schienen ähnlich zu denken. Sie beeindruckten mich. Dass Scooter aus einer guten Familie kam, wusste ich ja bereits. Meine Begegnung mit Ervin bestätigte mich in meiner Entscheidung.

Als wir Atlanta verließen, hatten wir noch keinen Vertrag unterschrieben. Justin ging ja immer noch zur Schule, und ich hatte nicht vor, ihn vor Ablauf des Schuljahrs von der Schule zu nehmen. Doch Justin war Feuer und Flamme. Wenn es nach ihm gegangen wäre, hätten wir den Vertrag gleich auf der Stelle noch vor unserer Rückkehr nach Kanada unterschrieben. Ich versicherte Scooter, wir würden in Kontakt bleiben und gemeinsam überlegen, wie sich eine Zusammenarbeit mit ihm als Justins Manager gestalten könnte.

Ich wollte meinen Sohn nicht demotivieren, doch ich musste ihn auch immer wieder in die Realität zurückholen. Das war nicht immer einfach. Er sollte sich keine zu großen Hoffnungen machen. »Ich weiß, das ist eine unglaubliche Chance«, sagte ich zu ihm. »Aber erwarte nicht zu viel. Ich habe noch keine Entscheidung getroffen.« Das war die Wahrheit; die endgültige Entscheidung stand tatsächlich noch aus. Sicher, durch die Antworten auf meine beiden wichtigen Fragen hatte ich eine Bestätigung bekommen. Aber zu einem vorbehaltlosen Ja konnte ich mich immer noch nicht durchringen. Es stand so viel auf dem Spiel, und es ging hierbei nicht um mich. Es ging um Justin, mein einziges Kind. Ich brauchte Zeit und musste absolut sicher sein, bevor ich den Sprung wagte und meine Zustimmung gab, was einen Umzug in ein anderes Land zur Folge hätte.

Zwei oder drei Wochen nach unserer Reise nach Atlanta traf ich dann endlich die Entscheidung. Meine Gebete, die Bestätigung meiner beiden Zeichen, der Friede, der mich erfüllte, Scooters Sorgfalt und Justins Begeisterung – das alles erleichterte mir die Entscheidung. Ich rief Scooter an: Ja, wir würden den Sprung wagen und nach Atlanta ziehen. Er setzte einen Vertrag auf.

Ich freute mich für Justin, war gespannt, wie sich dieses neue Kapitel in seinem Leben Seite um Seite entfalten würde. Natürlich waren meine Bedenken in Bezug auf die Unberechenbarkeit der Musikbranche und die Gefahren für junge Künstler nicht zerstreut. Als Mutter quälten mich solche Gedanken. Doch nachdem Scooter nun offiziell Justins Manager war, ging alles so schnell, dass einem schwindelig davon werden konnte. Wir mussten unseren Umzug in die Vereinigten Staaten planen.

Während dieser Zeit führte ich viele sehr ernste Gespräche mit Justin. Ich gab ihm viel Ermutigung und Liebe und versicherte ihm auch immer, wie stolz ich auf ihn sei. Doch gleichzeitig sollte er kein falsches Bild von sich bekommen. Immer wieder wies ich ihn darauf hin, dass Gott ihm sein Talent geschenkt und diese unglaubliche Chance gegeben hätte. Als Mutter wünschte ich mir, dass er auf dem Boden der Tatsachen blieb, dass er ein solides Verständnis dafür entwickelte, wem er seine wachsende Popularität und seine zukünftige Karriere zu verdanken hätte.

Ich erinnerte ihn an den Vers: »Ein Geschenk eröffnet viele Möglichkeiten, sogar den Zugang zu einflussreichen Menschen« (Sprüche 18,16). Immer wieder versuchte ich, Justin klarzumachen: »Du kannst stolz darauf sein, dass du diszipliniert bist und hart arbeitest, um dein Talent auszubauen. Aber dass du so begabt bist, das hast du dir nicht verdient. Gott hat dir dieses Talent geschenkt. Und nur ihm ist es zu verdanken, dass du jetzt stehst, wo du stehst.«

Obwohl ich Justin meinen Glauben nie übergestülpt habe, ist dieser doch sein festes Fundament geworden. Während ich ihn im Glauben erzog und ihm christliche Werte mit auf den Weg gab, war eines klar: Die Entscheidung, wie er sein Leben gestalten und welche Wege er wählen würde, lag immer bei ihm. Und das wird auch so bleiben.

Das Schuljahr war noch nicht zu Ende, und ich hatte nicht die Absicht, ihn vorzeitig aus seiner gewohnten Umgebung zu reißen. Unser Leben ging weiter wie bisher. Ich arbeitete, Justin besuchte den Unterricht, und wir stellten Videos ins Netz. Mehr passierte nicht.

Scooter und ich arbeiteten gemeinsam an Justins YouTube-Präsenz. Viele Stunden beschäftigten wir uns abends mit dem Channel, posteten Videos und beobachteten, wie seine Popularität wuchs. Zwar war das Interesse einiger Plattenlabels geweckt, doch wir bekamen kein konkretes Angebot, bis Scooter sich an Usher und Justin Timberlake wandte. Beide waren für eine Zusammenarbeit mit Justin offen – was natürlich eine große Ehre war. Wir entschieden uns schließlich für Usher, obwohl beide Wege gut gewesen wären.

Ich erinnere mich noch an die Reise im Februar 2008. Wir wollten uns mit Usher treffen. Justin war absolut aus dem Häuschen, dass er eines seiner Idole kennenlernen sollte. Ich gestehe, auch ich war ziemlich aufgeregt. Ich mochte Ushers Musik und bewunderte ihn. Die Reise war kurz, aber sehr ereignisreich. Usher erwartete uns in einem Tanzstudio. Die eine Wand war verspiegelt, und im Raum verteilt standen mehrere Stühle. Justin sang seine Lieder, »I'll Be« von Edwin McCain und sogar Ushers »U Got It Bad«. Mitten in diesem Lied fragte Justin neckend: »Na, singst du jetzt mit, oder was?«, und sang sofort weiter. Von Nervosität keine Spur. Justin war wirklich ein Naturtalent. Lampenfieber kannte er nicht.

Justin und Usher verstanden sich auf Anhieb sehr gut. Beide liebten den Wettkampf. Ushers Lieblingsspiel war »Vier gewinnt«. Justin erwähnte, dass er es schon länger nicht mehr gespielt hätte. Um ein oder zwei Uhr morgens, nur wenige Stunden, bevor wir nach Kanada zurückfliegen sollten, ließ Usher ein »Vier gewinnt«-Spiel und einen Zauberwürfel für Justin abgeben. Diese nette Geste rührte uns tief. Justin juckte es in den Fingern, sich in dem Spiel zu üben, damit er eines Tages mit Usher spielen und ihn schlagen könnte.

Als ich meinen Eltern von unserem geplanten Umzug nach Atlanta erzählte, waren sie begeistert. Ihnen war sofort klar, dass dies eine große Chance für Justin war. Doch natürlich waren sie auch traurig, dass ihr Enkel nun über 1000 Kilometer von ihnen entfernt leben würde. Vor allem Bruce fiel es schwer. Justin hatte eine besondere Beziehung zu ihm entwickelt wie zu keinem anderen aus der Familie, nicht einmal zu seiner Großmutter und mir.

Vor Justins Auftritt bei dem *Stratford-Star*-Contest habe ich nie erlebt, dass Bruce eine Träne vergoss. Doch Justin rührte etwas in seinem tiefsten Inneren an. Als wir ihm und meiner Mutter von unserem Umzug erzählten, war Bruce tieftraurig. Er würde seinen kleinen Jungen vermissen. Die beiden waren ein Team. Jeden Freitagabend sahen sich Justin und er das Hockeyspiel in der Allman-Arena an. Bruce begleitete mich zu jedem von Justins Hockeyspielen und fuhr ihn häufig auch zum Training.

So sehr ich mir auch der möglichen Versuchungen und Fallen der Unterhaltungsbranche bewusst war, zweifelte ich nicht daran, dass mein Sohn in Atlanta behüteter wäre als in seiner Schule zu Hause. In Stratford, der »Drogenhauptstadt Kanadas«, konnte ich nicht vierundzwanzig Stunden am Tag, sieben Tage die Woche für Justin da sein. Ich bekäme nicht mit, was er den ganzen Tag so trieb, und glauben Sie mir, auch wenn Stratford nur eine Kleinstadt ist, kann man leicht in Schwierigkeiten geraten!

In Atlanta achteten Scooter und ich von Anfang an sehr genau darauf, mit welchen Leuten Justin zusammenarbeitete und mit wem er Umgang hatte. Natürlich waren wir nicht immer einer Meinung. Doch Scooter lag genauso viel daran wie mir, Justin zu beschützen. Ganz bewusst entschieden wir uns, keine Ja-Sager in seinem Umfeld zu dulden. Sein Team sollte aus Menschen bestehen, die seinen Charakter formten und ihm Integrität vorlebten. Und auch wenn ich dem Umzug aus unterschiedlichen Gründen mit gemischten Gefühlen entgegensah, hatte ich keine Sorge um das Wohlergehen meines Sohnes. Scooter und ich würden immer wissen, was Justin tat und wo er sich aufhielt.

Das wahre Leben hat die Eigenart, im Wirbelwind großer Veränderungen zu verschwinden. Gefühle sind nicht mehr so wichtig. Lange Aufgabenlisten haben Priorität. Doch als ich fast alles erledigt hatte – mein 33-jähriges Leben in einige wenige Koffer gestopft hatte samt Arztberichten und Schulzeugnissen und der Umzug organisiert war –, dann geschah es: Die Realität klopfte wieder an wie ein entfernter Verwandter zu einem Überraschungsbesuch. Ich musste mich dem Unausweichlichen stellen: mich von Vertrautem verabschieden und die Unsicherheit des Neuen willkommen heißen.

In dem letzten Monat, bevor ich meine Wohnung aufgab, flossen viele Tränen. Sehr viele Tränen. Die Tage verschmolzen miteinander, während ich den Verlust meiner vertrauten Umgebung betrauerte, in der ich geboren worden und aufgewachsen war. Ich machte lange Ausflüge über kaum befahrene Straßen zu den malerischen Farmen am Rande der Stadt. Ich fuhr durch die Straßen der Innenstadt von Stratford, vorbei an der Bibliothek, in der Justin und ich über Büchern wie *Clifford the Big Red Dog* und der *Arthur*-Serie gesessen hatten. Ich fuhr durch die Viertel, in denen ich einmal gelebt hatte, und erinnerte mich an meine besten Freunde aus der Nachbarschaft und wie wir auf der Straße Trödelmärkte veranstaltet hatten.

Ich ließ alles Vertraute hinter mir: alles, was mir Trost gab, Freunde, die mich zum Lachen brachten und mir Sicherheit gaben. Alles, was ich an Stratford kannte und lieben gelernt hatte, musste ich nun verlassen: den wunderschönen Fluss, an dem mein Sohn und ich die anmutigen Schwäne und die schnatternden Enten bewundert hatten, die Theaterbühne, auf der ich meine ersten Rollen gespielt hatte, und die gemütlichen Restaurants und Cafés, in denen meine Freunde und ich Stunden zugebracht und geredet hatten. In meiner neuen Heimatstadt Atlanta, achthundert Meilen von hier entfernt, wäre das alles nur noch Erinnerung. Außerdem gab es in Atlanta keinen Tim Hortons! Ich hatte jeden Tag meines Erwachsenenlebens Tim Hortons Kaffee getrunken! Wie sollte ich bloß ohne auskommen?

Nachdem ich meine Wohnung gekündigt hatte, fiel meine

Mutter wie ein General in mein Zuhause ein. Sie brachte den Ball ins Rollen und nahm die Aufgabe in Angriff, alles zu entsorgen, was ich nicht mehr brauchte. Wir reisten mit kleinem Gepäck nach Atlanta – nahmen nur das mit, was in einige wenige Koffer passte. Zimmer für Zimmer, Ecke für Ecke, Stück für Stück verschwanden fast alle meine Sachen. Meine Mutter traf schnelle Entscheidungen. Das wurde verkauft, dies gespendet, jenes fortgeworfen, manches verschenkt an eine Freundin. Ich war dankbar für ihre Hilfe. Aber manchmal ging mir das alles ein wenig zu schnell. Ich konnte nicht mit ihr Schritt halten. Ich brauchte einfach ein wenig Zeit. Raum zum Atmen. Ich musste mich damit abfinden, dass mein ganzes Leben, alles, was ich im Laufe der Jahre zusammengetragen hatte, diese Wohnung jetzt verließ. Von heute auf morgen – zumindest kam es mir so vor – blieb ich ein oder zwei Wochen vor dem Umzug in einer Wohnung zurück, in der nur noch eine Matratze im Wohnzimmer lag. Ein paar von Justins Hosen und T-Shirts türmten sich in einer Ecke, meine Kleider hingen im Schrank. Nicht nur die Wohnung war leer. Auch ich fühlte mich leer. Ich weinte. Ich hatte nicht einmal mehr eine zusätzliche Decke.

Doch bevor die Möbel abgeholt wurden, gab es noch viel zu entsorgen. Ich vergesse nie, wie ich mit einem Mülleimer in der Hand durch die Wohnung ging. Unter Tränen warf ich altes, zerbrochenes Spielzeug, das Justin schon seit Jahren nicht mehr angerührt hatte, hinein. Er war kein Baby mehr, nicht einmal mehr ein Kleinkind. Justin wurde erwachsen und brach auf zu neuen Ufern, in ein unbekanntes Land, in dem ich ihm weder mithilfe einer Landkarte noch eines GPS den Weg weisen konnte. Es war doch erst gestern gewesen, so schien es mir, dass Justin in seinem Hochstuhl saß und zum ersten Mal Trommel spielte. Waren wirklich schon zehn Jahre vergangen?

Am Umzugstag stand ich allein in der leeren Wohnung mit

den schrecklichen weiß gestrichenen Wänden, die ständig dreckig wirkten. Mein Blick wanderte durch die Zimmer: die alte Küchentheke, die ich nie sauber bekommen hatte, so sehr ich es auch versuchte. Die alten Küchengeräte, die schon viele Jahre auf dem Buckel hatten, die Flecken und Kratzer an den Wänden ...

Plötzlich blieb mein Blick am Flurfußboden hängen. Ich starrte eine ganze Weile darauf, ohne besonderen Grund. Die Linoleumfliesen waren, seit wir in der Wohnung wohnten, schon immer mit einem Film überzogen. Ich konnte nicht erkennen, ob der Boden dreckig oder ob das Linoleum so gemustert war. Auch wenn mir das Herz schwer wurde bei den vielen Erinnerungen, die an meinem inneren Auge vorbeizogen, war ich mir in einem ganz sicher: Diese schmuddelige Wohnung würde ich mit Sicherheit nicht vermissen.

Mein Freund Scott, mein Lebensretter in jenen letzten Wochen, half mir, einige der schweren Möbelstücke zur Müllkippe zu bringen. Danach sank ich wie eine Stoffpuppe in seine Arme. Ich weinte mich an seiner Schulter aus. Meine Angst vor dieser Veränderung war groß. Ein neues Kapitel begann, doch ich hatte das Gefühl, dass mir mein Leben, das ich mir aufgebaut hatte, genommen wurde. Da war der Lebensmittelladen, in dem Justin fast jeden Tag nach der Schule ein Milchshake gekauft hatte. Neue Tränen traten mir in die Augen, und schon bald war Scotts weißes T-Shirt durchnässt von meinen salzigen Tränen.

Eine Woche vor unserer Abreise nach Atlanta brachte Scott Justin und mich in den Pinery-Provincial-Park. Dort zeltete gerade Chaz, einer von Justins besten Freunden. Das lenkte uns von dem Unausweichlichen ab. Wir blieben ein paar Tage dort, machten lange Wanderungen durch den Park und ließen uns in der schwülen Nachmittagshitze von den lästigen Moskitos ärgern. Wir kühlten uns in dem ruhigen, klaren Wasser des Sees ab und spielten auf dem weißen Sand. Justin und Chaz schichteten kleine Tipi-Feuer auf. Nachts kuschelten wir uns in einem gemütlichen Zelt in unsere Schlafsäcke und schliefen zum Zirpen der Grillen unter dem Sternenhimmel ein.

Wenn ich die Lieder »Better Together« von Jack Johnson und »1234« von Fiest höre, denke ich an diesen Ausflug. Immer und immer wieder hörten wir diese beiden Songs. Sie erinnern mich daran, wie frei wir uns fühlten, wie sehr wir die Schönheit der Natur genossen und lustige Lieder am Lagerfeuer sangen. Es gab nichts, was uns belastete, keine Sorge, die uns quälte. Es ging nur um eines: Spaß zu haben. Ich wollte Justin einen letzten improvisierten Ausflug ermöglichen. Ich wollte ihm ermöglichen, noch ein wenig mit seinem besten Freund zusammen zu sein, und die vielen Gefühle, die ihn sicherlich auch verwirrten, für eine Weile zu vergessen.

Kurz vor unserer Abreise organisierte ich für Justin eine große Abschiedsparty auf der Farm unseres Freundes Chad. Viele Leute waren gekommen, um sich von ihm zu verabschieden. Fast alle seiner Mitschüler waren da. Man spielte Volleyball oder fuhr mit Quads, einige bedienten sich am Büffet mit Chips und anderen ungesunden und fettigen Snacks, die junge Leute so lieben. Als die Sonne unterging, trafen sich die Teenager an einem großen, knackenden Lagerfeuer und begannen zu singen. Justin begleitete alle auf seiner Gitarre. Er trug auch ein paar Solostücke vor, zum Beispiel »Cry Me a River« von Justin Timberlake. Den Tag beendeten wir mit einem großen Feuerwerk.

Meine eigene Abschiedsparty war längst nicht so groß und durchorganisiert. Ich lud etwa fünfzig Bekannte ein. Aber nur neun kamen, darunter Sue, Johns Frau. Obwohl ich natürlich enttäuscht war, dass so viele keine Zeit hatten, war es ein wunderschöner Abend. Zum ersten Mal besuchte ich eine Country-Western-Bar. Wir stürmten den Tanzboden und kämpften uns durch unbekannte Tanzschritte zu wildem Gesang und Geige.

Etwas später am Abend wagte ich mich sogar auf Drängen meiner Freunde auf den mechanischen Bullen. So gut ich konnte, drückte ich die Oberschenkel gegen seine Flanken. Der Bulle bockte so heftig, dass ich mich kaum oben halten konnte. Unter dem Johlen und Brüllen der Zuschauer wurde ich dann doch schließlich abgeworfen und landete unsanft auf der Matte. Aber ich bin stolz darauf, dass ich nicht bereits während der ersten fünfzehn Sekunden abgeworfen wurde!

Am Abend vor unserer Abreise fuhren Justin und ich ein paar Stunden lang durch die Stadt. Das war unsere ganz persönliche Erinnerungsreise. Wir nahmen gemeinsam Abschied, redeten nicht viel, sondern hörten Musik, wie wir es auf unseren Ausflügen immer getan hatten. Vorbei an den Schulen, die Justin besucht hatte, am Skate-Park, in dem er häufig gespielt hatte, und den Parks, die wir gemeinsam erkundet hatten. Wir sagten unserer Stadt Adieu.

Kapitel
Fünfzehn

Viele träumen davon, noch einmal ganz von vorn anzufangen, selbst wenn es für die meisten unmöglich ist. Wer wünscht sich nicht ab und zu, ein ganz neues Kapitel aufzuschlagen, Altes zurückzulassen und neue Menschen kennenzulernen? Menschen, die einem ganz ohne Vorbehalte begegnen, weil sie nichts von unseren Fehlern oder schlechten Gewohnheiten wissen?

Der Umzug nach Atlanta war so ein Neuanfang für mich. Obwohl ich dankbar war für diese Chance, verkraftete mein Herz den Umzug nicht so leicht. Ich hatte Heimweh. Natürlich freute ich mich auf das Abenteuer, aber ich hatte auch Angst vor dem, was uns erwartete.

Von ganzem Herzen glaubte ich an Justin und schaute begeistert seiner neuen Zukunft entgegen. Ich wusste genau, wie talentiert er war und dass ein Traum für ihn wahr wurde. Aber ich hatte auch ein wenig Angst vor dem Neuen – schließlich kannten wir nur das Leben in einer Kleinstadt in Kanada. Allein die demografischen Unterschiede waren überwältigend. Stratford hat dreißigtausend Einwohner und rühmt sich einer der niedrigsten Kriminalitätsraten in Kanada. Atlanta gehört zu den gefährlichsten Städten in den Vereinigten Staaten, mit einer Kriminalitätsrate, die das Fünffache des nationalen Durchschnitts beträgt. Mehr als fünf Millionen Menschen leben im erweiterten Stadtgebiet der Metropole. Eine ganz andere Lebenssituation als in einer Kleinstadt.

Scooter gestand uns, dass er in der ersten Woche nach unserem Umzug nicht in der Stadt wäre. Er hatte das so nicht geplant, es war ihm etwas dazwischengekommen. Der Tag, an dem wir in Atlanta ankamen, zog wie ein Nebel an uns vorbei. Scooter setzte uns in einem Hotel in Buckhead ab, gab uns dreihundert Dollar für die Woche und ging auf Geschäftsreise. Ich will die Situation nicht beschönigen. Es war eine schwierige Woche.

Die Umgebung war atemberaubend schön. Das Hotel stand in einem der exklusivsten Viertel Atlantas. Wir waren umgeben von üppig angelegten Gärten und Straßen mit architektonisch faszinierenden Häusern, in denen zum Teil Modeboutiquen untergebracht waren. Die angebotene Kleidung war so teuer, dass ich kaum wagte, mir die Schaufenster anzuschauen. Eine Glitzerwelt, aber nichts für uns. Scooters Großzügigkeit beeindruckte mich, aber hier war alles so teuer, dass wir kaum einen Schritt vor die Tür setzten. Ganz bestimmt gab ich nicht zwanzig Dollar für einen Hamburger aus! Außerdem kannten Justin und ich uns in der Stadt überhaupt nicht aus. Ich hatte nicht den Mut, sie ganz allein zu erkunden.

Der Stress des Umzugs, die Einsamkeit und die Tatsache, dass wir in dieser Stadt keine Menschenseele kannten, forderten kurz nach unserer Ankunft ihren Tribut. Es stimmt, ich hatte große Angst vor dem Umzug gehabt. Doch ich war dankbar, dass meine Panikattacken und Depressionen nicht mehr so schlimm waren wie früher. Einige Monate vor dem Umzug war es mir mithilfe meiner Ärzte gelungen, die tägliche Medikamentendosis komplett abzusetzen.

Doch diese erste Woche hatte es in sich. Mich quälte eine üble Migräne. Justin tat mir sehr leid. Denn meine Kopfschmerzen waren so schlimm, dass ich den ganzen Tag im Bett liegen blieb. Mein armer Sohn wurde schier verrückt in unserem kleinen Hotelzimmer. Wir stritten viel. Reibereien waren auf dem beengten Raum beinahe vorprogrammiert.

Doch dann kam die Rettung: Kenny Hamilton, ein guter Freund von Scooter, der später Justins Bodyguard wurde. Er stand eines Tages vor unserer Hotelzimmertür – und ihn schickte wirklich der Himmel! In jener Woche holte er Justin einige Male ab und zeigte ihm die Stadt, während ich meine Migräne kurierte. Ich kauerte mich im Bett unter der Decke zusammen und versuchte, mich möglichst wenig zu bewegen. Ich bin Kenny sehr dankbar, dass er sich in jener Woche so viel Zeit für Justin genommen hat.

Eine Woche später kam Scooter zurück, und wir verbrachten einige Abende im Haus der Eltern seiner Freundin. Und dann konnten wir auch endlich in unser neues Heim einziehen. Es lag in einem ruhigen Viertel mitten in der Stadt. Das dreistöckige Stadthaus war wunderschön. Schon wenn man durch die Eingangstür trat, spürte man den Frieden. Das Haus war nicht möbliert. Frisch renoviert und sauber, ganz anders als meine alte Wohnung. *Hallo, neues Zuhause.*

Zusammen mit Scooter suchten wir ein Möbelgeschäft auf, wo wir uns »gebrauchte« Sofas, Tische und Schlafzimmermöbel aussuchten. Wir statteten auch dem Kaufhaus einen Besuch ab und beluden zwei Einkaufswagen mit allem, was man in einem Haushalt brauchte – Toilettenpapier, Geschirr, Trockentücher, Töpfe, Pfannen, Bettwäsche, Uhren und Toilettenartikel. Unser letzter Halt war ein Supermarkt. Noch nie in meinem Leben habe ich so viele Lebensmittel eingekauft (danke, Scooter!). Wir füllten unseren Kühlschrank und die Speisekammer mit Gewürzen, Cornflakes, Müsli, Pasta, Obst, Gemüse, Snacks, Getränken und Säften. Als alleinerziehende Mutter, die in den vergangenen dreizehn Jahren entweder von der Sozialhilfe gelebt oder die Pfennige gezählt hatte, kam es mir vor, als hätte ich im Lotto gewonnen. Es machte mir große Freude, unser Haus auszustatten. Mit neuen Sachen neu anzufangen, war aufregend und befreiend.

Trotzdem trauerte ich meiner alten Heimat und meiner vertrauten Umgebung hinterher, denn abgesehen von Kenny und Scooter kannten wir keine Menschenseele. Wir hatten nicht einmal eine Gemeinde. Uns fehlte das Netzwerk von Menschen, die uns unterstützten. Nicht einmal meine Freunde zu Hause meldeten sich bei uns. Vermutlich waren sie zu beschäftigt. Ich vermisste meine Heimat so sehr, dass es körperlich wehtat. In den nächsten sechs Monaten weinte ich immer wieder.

Ich hatte mir vorgenommen, mir sofort eine neue Gemeinde zu suchen, und zweifelte nicht daran, dass mir das auch problemlos gelingen würde – schließlich liegt Atlanta im sogenannten »Bibel Belt«. Praktisch an jeder Straßenecke fand sich eine Kirche. Ich stellte mir vor, dass ich mich einer Kleingruppe anschließen und Menschen kennenlernen würde. Ich würde mich mit meinen neuen Freunden auf einen Kaffee oder zum Abendessen treffen und mir so einen Freundeskreis schaffen. Doch leider kam es anders. Ich hatte große Probleme, eine Gemeinde zu finden, in der ich mich zu Hause fühlte.

Dabei suchte ich sehr intensiv. Sonntags besuchte ich mehrere Gottesdienste: von Mega-Gemeinden bis hin zu kleineren Gemeinden. Doch während der ersten sechs Monate in Atlanta konnte ich einfach keinen Kontakt zu einer Gemeinde herstellen. Sonntag um Sonntag saß ich in einem der Gottesdienste, freute mich an der guten Musik und einer guten Predigt. Ich beobachtete die Menschen um mich herum. Sie umarmten sich zur Begrüßung und erkundigten sich nach den Kindern von ihren

Bekannten. Danach verabredeten sie sich und fragten, was es bei ihnen zum Mittagessen gäbe oder ob sie etwas zum Picknick in der kommenden Woche mitbringen könnten. Ich dagegen blieb ein Außenseiter. Am liebsten hätte ich mich unsichtbar gemacht.

Kein neues Zuhause in einer christlichen Gemeinde zu finden, wirkte sich auf meinen Glauben aus. Wieder einmal hatte ich beinahe das Gefühl, als hätte Gott mich verlassen. Ich spürte seine Gegenwart nicht mehr. Das war eine ganz düstere Zeit. Ich entwickelte Phobien und Ängste, die ich vorher nicht gehabt hatte. Während der nächsten acht Monate hatte ich panische Angst vorm Fliegen. Immer, wenn ich in ein Flugzeug stieg, krallte ich mich an den Armlehnen fest und kniff meine Augen so fest zusammen, dass es fast wehtat! Ich stand kurz vorm Hyperventilieren, schnappte nach Luft und betete dabei flüsternd: »Bitte lass mich nicht sterben. Bitte lass mich nicht sterben.« Wenn Justin Achterbahn oder eine Wildwasserbahn fahren wollte, konnte ich ihn nicht begleiten. Denn ich war überzeugt, dass ich sterben würde, was eigentlich ganz und gar untypisch für mich war. Wochenlang plagten mich Nacht für Nacht Albträume: Ich stürzte von einer Brücke und schlug unten im flachen Wasser auf einem Felsen auf.

Ich versuchte, mir selbst Mut zuzusprechen. Dieses Gefühl, von Gott verlassen zu sein, sollte nicht meinen Glauben zerstören. Ich betete. Oh, wie ich betete! Ich las noch mehr als sonst in der Bibel, beschäftigte mich mit den Bibelstellen und hörte mir auch die Hörbuch-Version der Bibel an. Aber die quälende Furcht und Sorge, die wie Termiten meinen Frieden unterhöhlten, ließen sich einfach nicht abschütteln.

Mitten in der Nacht, wenn Justin tief schlafend in seinem Bett lag, rang ich mit Gott. Auch in den frühen Morgenstunden kämpfte ich mit ihm, wenn die Sonne langsam am Horizont aufging und ihre blassen Strahlen auf die frühen Morgenjogger warf. Und selbst während ich auf den verstopften Schnellstraßen Atlantas im Stau steckte, bombardierte ich Gott mit Fragen. »Wo bist du, Gott?«, schrie ich. »Bist du böse auf mich? Habe ich dich falsch verstanden? War es ein Fehler hierherzuziehen? Warum habe ich das Gefühl, dass du dich von mir abwendest?«

Meine Verzweiflung war groß, und die Tränen begannen zu fließen. Doch obwohl ich mich verlassen fühlte, war ich entschlossen, Gott nicht loszulassen, auch wenn mein Glaube nur noch an einem dünnen Faden hing. Ich klammerte mich mit aller Macht daran, allen Widrigkeiten zum Trotz. Solche dunklen Nächte der Seele kannte ich doch bereits, und ich wusste, dass ich auf keinen Fall loslassen durfte … nur noch ein wenig durchhalten … und dann vielleicht noch ein wenig länger.

Augenblicke der Erleichterung erlebte ich, wenn mir eine Bekannte einen Gruß schickte, ein alter Freund für mich betete oder wenn ich die vertraute Gegenwart Gottes wieder einmal spürte, die mir so lange fern gewesen war. Ganz langsam hob sich schließlich die Dunkelheit, Zentimeter um Zentimeter. Die Panik ließ nach. Mein Herz wurde wieder ruhiger. Und alle Ängste und Phobien, die ich von heute auf morgen entwickelt hatte, verschwanden.

Heute glaube ich, mein geistlicher und emotionaler Aufruhr war eine Folge der tief greifenden Veränderungen, die ich erlebte. Ich musste tiefer graben im Glauben. Zum ersten Mal musste ich allein glauben, statt mich an anderen festzuhalten. Ständige und extreme Veränderungen waren nun mein neuer Alltag. Unser Leben raste in nie gekanntem Tempo dahin – wir gingen auf Tour und übernachteten jeden Abend in einem anderen Hotel.

Alles um Justin geschah so schnell, und seine Karriere wuchs sehr stark. Zwischen Studio-Aufnahmen und Radio-Terminen quer durchs Land musste ich Verträge für ihn unterzeichnen, die sein Leben entscheidend beeinflussen würden. Tag für Tag kämpfte ich mich durch schier endlose Seiten im Juristenjargon. Obwohl mir mein Anwalt jeden Paragrafen erklärte, war es trotzdem eine gewaltige Aufgabe. Ich entschied, welche Verträge und Dokumente unterzeichnet wurden. Am Ende des Tages war ich Justins Mutter und damit verantwortlich für alle Folgen eines Vertrages.

Nicht selten schlich sich Furcht bei mir ein. Ich hatte Angst, einen Fehler zu machen. Der Druck war so groß. Was, wenn ich etwas unterschrieb, das Justin in eine falsche Richtung führen würde? Oder zu etwas verpflichten könnte, was ihm auf lange Sicht schaden würde? Oder ihn mit Menschen in Verbindung brächte, die ihn negativ beeinflussen?

Aber ich durfte mich durch solche Fragen und Ängste nicht verunsichern lassen. Immer wieder stellte ich mir vor Augen, wer uns hierhergeführt und alles so gelenkt hatte. Dass unser Umzug von Gott so geführt war, daran zweifelte ich keine Sekunde. Gott hatte mich nicht hierhergeleitet, nur damit ich versage oder falle. Er half mir. Ich fing an, auf meine innere Stimme zu hören und dem Frieden in meinem Herzen zu vertrauen. Bestimmt sind mir auch Fehler passiert, aber welche Eltern machen schon alles richtig?

Nach einigen Monaten fand ich endlich eine Gemeinde, in der ich mich zu Hause fühlte. Gleich bei meinem ersten Besuch lernte ich einen Mann kennen, den ich halb scherzend meinen »Engel« nenne. Brandon war aus Maryland zu Besuch, als ich ihm begegnete. Als der Pastor uns einander vorstellte, verstanden wir uns auf Anhieb. Brandon wurde unser Reisepastor; einige Jahre lang begleitete er Justin und sein Team auf ihren Reisen. Justin brauchte einen Mentor, und auch wenn Scooter definitiv einen guten Einfluss auf ihn ausübte, waren seine Möglichkeiten doch begrenzt. Scooter war immer mit Volldampf unterwegs, erledigte die Millionen Dinge, die nötig waren, um Justins Karriere, die explosionsartig wuchs, zu managen. Mein Sohn brauchte einen Menschen, der sich ganz auf die Entwicklung seiner Persönlichkeit konzentrieren konnte, jemand, mit dem er beten konnte und der ihm ein Vorbild war. Diese Person war Brandon. Er war erst Anfang zwanzig und verstand sich ausgezeichnet mit Justin. Sie rappten zusammen und komponierten gemeinsam Lieder. Vor Kurzem hat Brandon geheiratet und ein neues Leben angefangen. Sein Amt als Justins Pastor hat er deshalb aufgegeben. Aber ich bin ihm unendlich dankbar für das, was er während der vergangenen Jahre für meinen Sohn getan hat und was er ihm gewesen ist.

Der Rest ist Geschichte. Die meisten von Ihnen kennen sie: Die Platin-Alben. Die unzähligen Hits. Die weltweit verkauften Singles. Die Grammys. Dic American Music Awards. Die Welttourneen. Die Fans. Die absolut faszinierenden Fans.

Ich bin sehr stolz auf Justin. Ich staune darüber, wie weit er bereits gekommen ist und wie unermüdlich er daran arbeitet, seine Fans zu unterhalten. Eines habe ich an meinem Sohn immer bewundert: seine Fähigkeit, von Justin Bieber, dem Sänger, zu Justin Bieber, dem normalen Teenager zu wechseln. Nicht einen Augenblick hat er sich durch die Kameras, den Hype, die kreischenden Fans, durch Glitzer und Glamour beeindrucken lassen.

Ich denke an einen Abend ganz zu Anfang seiner Karriere, als er sich bei einem Konzert eine ganz besondere Nummer geleistet hatte. Mich faszinierte, wie ruhig, gelassen und konzentriert Justin dem Abend entgegensah. Ich glaube, das war der Augenblick, in dem ich ohne Zweifel merkte, dass er für dieses Leben geschaffen war. Dass er dazu geboren war, auf der Bühne zu stehen.

Es war Justins erstes großes Konzert. Bisher hatte er nur kleinere Auftritte während seiner Radio-Promotiontour gehabt. Aber dieses Konzert war eine andere Kategorie. Der Abend könnte ihm den Durchbruch bringen. Justins Anhängerschaft im Netz war kometenhaft angewachsen – mit heute natürlich nicht zu vergleichen – und dieses Konzert war intensiv beworben worden. Tausende Konzertbesucher füllten die große Halle. Scheinwerfer flammten auf. Das donnernde Gebrüll der kreischenden Mädchen machte es unmöglich, auch nur einen vernünftigen Gedanken zu fassen.

Ich war schrecklich nervös, rannte aufgeregt hinter der Bühne herum. Scooter und Ryan (Justins Road Manager/Stylist, der uns überallhin begleitete) waren bei mir. Mein Magen war wie zugeschnürt. Ich war sicher, dass Justin in den letzten Minuten vor seinem Auftritt allein sein wollte, um sich gedanklich auf das Konzert vorzubereiten. Kurz bevor er auf die Bühne musste, wollte ich Justin sagen, dass er ruhig bleiben sollte und dass er seine Sache bestimmt großartig machen würde. Denn das brauchte er doch sicher, nicht? Ermutigung von seiner Mama, Balsam für seine Nerven!

Wenige Minuten vor seinem Auftritt ging ich also zu ihm, um ihn noch einmal in den Arm zu nehmen und ihm Mut zuzusprechen. Doch als ich seine Garderobe betrat, traute ich meinen Augen kaum. Er hockte vor einem Laptop und spielte wie besessen ein Spiel, das er zu jener Zeit liebte. Wusste er denn nicht, dass er in drei Minuten auf der Bühne stehen musste? Wusste er nicht, dass er vor Tausenden kreischender Fans singen würde?

»Justin«, fuhr ich ihn an. »Du hast noch drei Minuten. Hör auf mit diesem blöden Spiel!«

Er machte sich nicht einmal die Mühe aufzublicken, so vertieft war er in sein Spiel. Er wehrte mich ab, als hätte ich ihn gerade aufgefordert, sein Zimmer aufzuräumen. »Warte. Nur einen Augenblick, Mom, ich bin gleich fertig. Ich stehe kurz davor, meine Höchstpunktzahl zu erreichen!«

Was hat er gerade gesagt? Willst du dich über mich lustig machen? Ich war fassungslos. Ihn kümmerte nicht im Geringsten, dass die Zeit tickte, dass er gleich auf der Bühne stehen würde. Im Augenblick interessierte er sich nur für sein Spiel.

»Justin«, rief ich. »Mach jetzt den Computer aus!«

»Augenblick, Mom, gleich. Lass mich das eben zu Ende machen.«

Und kurz darauf, knapp eine Minute vor Konzertbeginn, klappte Justin den Laptop zu. Es hätte nicht viel gefehlt, und ich hätte ihm den Computer aus den Fingern gerissen. Er grinste mich an, sprang auf und sagte: »Fertig!« Daraufhin schnappte er sich sein Mikrofon und rannte zur Bühne. Ohne auch nur zu zögern, rief er dort »Na, wie geht es, New York?« in das Kreischen der Menge hinein.

Auch als der Druck stärker wurde, blieb er ein typischer Teenager. Ich werde nie vergessen, was nach einem seiner frühen Konzerte geschah. Wir mussten die Halle in aller Eile verlassen, weil uns nur noch dreißig Minuten bis zu seinem nächsten Termin blieben. Sicherheitsbeamte eskortierten uns durch die Mädchenschar, die draußen auf Justin wartete. Unser Wagen parkte ein Stück weit entfernt, und ich fühlte mich inmitten der kreischenden Teenager gefangen, die ihre Arme nach Justin ausstreckten und versuchten, ihn zu erreichen. Jemand riss schließlich die Wagentür auf, und wir stiegen ein. Ich knallte die Tür zu und atmete erleichtert auf.

Doch unsere Abfahrt gestaltete sich schwierig. Die Mädchen wollten uns nicht durchlassen. Zusätzliche Sicherheitskräfte waren nötig, um einen Weg für uns zu bahnen, damit wir vom Parkplatz fahren konnten, ohne jemanden zu verletzen. Doch die Menge war einfach nicht zu bändigen. Der Fahrer ließ den Wagen vorsichtig anrollen, während die Mädchen gegen das Fenster klopften, Justins Namen riefen und kreischten: »Ich liebe dich, Justin!« Der Lärm war ohrenbetäubend. Die Mädchen trommelten so fest auf den Wagen, dass man den Eindruck hatte, schwere Hanteln würden aus dem Himmel auf uns herabregnen. Der Wagen wurde hin und her geschaukelt.

Ich amüsierte mich über die Tollheit und war gleichzeitig fassungslos. *Wie um alles in der Welt sind wir hierhergekommen?*, fragte ich mich. *Wie ist es dazu gekommen?* Justin dagegen schenkte dem Chaos um sich herum keinerlei Beachtung. Er telefonierte die ganze Zeit mit seiner Großmutter und plauderte angeregt mit ihr. »Wie geht es dir, Grandma?«, fragte er. »Wie war dein Tag?« Er war nicht Justin Bieber, Popstar. Er war Justin, Enkel.

Obwohl sich seine Karriere so explosionsartig entwickelt, ist Justin entschlossen, seine Wurzeln nicht zu vergessen. Das bin ich auch.

Kapitel Sechzehn

Sie waren wie ich.

Und ich war eine von ihnen.

In einem schmalen Flur standen junge Frauen in schwarzen T-Shirts und Jeans. Ich war mitten unter ihnen, nicht als neugierige Besucherin, sondern als eine Überlebende, die wusste, worum es ging. Als eine Frau, die einen ähnlichen Schmerz erlitten hatte.

Ich besichtigte den Campus des Dream Centers in Los Angeles, einer Organisation ehrenamtlicher Helfer, deren Anliegen die körperlichen und geistlichen Bedürfnisse der Menschen in der Stadt sind. Mit annähernd dreihundert verschiedenen Hilfsangeboten versucht diese Organisation, den Menschen in ihrer Stadt zu helfen – zum Beispiel mit einer lokalen und mobilen Tafel, einer mobilen Klinik, einem Reha-Zentrum für Drogenabhängige und sogar einem sicheren Haus für Opfer sexuellen Menschenhandels. Pastor Matthew Barnett, der Initiator dieser Organisation und ein guter Freund von mir, nennt seine Einrichtung ein geistliches Krankenhaus, das vierundzwanzig Stunden geöffnet ist. Für die, die dort Hilfe suchen, ist es ein Rettungsanker.

Einige Tage zuvor war ich in Pastor Matthews Gemeinde zu Gast. Lesley, eine meiner besten Freundinnen, ist Mitglied dieser Gemeinde und arbeitet ehrenamtlich bei einigen dieser Hilfsangebote mit. Sie hatte mir vom Dream Center erzählt, und ich wollte diese Arbeit kennenlernen.

An jenem Sonntag predigte Matthew. Seine Botschaft war sehr eindrücklich: »Es ist schön, dass wir uns am Sonntag in der Kirche treffen, aber die eigentliche Arbeit der Kirche beginnt am Montagmorgen.« In seiner Predigt berichtete er von der Arbeit des Dream Centers. Ich war begeistert und bat Lesley, mich nach dem Gottesdienst auf dem etwa sechsunddreißigtausend Quadratmeter großen Gelände herumzuführen. Ich wollte mir die verschiedenen Gebäude dieser Organisation ansehen, die Menschen in ihrer Not half.

Unterwegs erzählte Lesley mir von den unterschiedlichen Hilfsangeboten. Ich saugte die Informationen in mich auf wie ein Schwamm. Mein Blick fiel auf eine Gruppe von Frauen, die ähnliche Kleidung trug und zielsicher in eine Richtung lief – voller Freude. Lesley erzählte mir, dass sie Teil des Frauenprogramms seien. »Sie bekommen hier eine zweite Chance«, erklärte sie. Ich war tief berührt von ihrem Mut, beim Dream Center Hilfe zu suchen, aber auch gleichzeitig anderen zu dienen.

Mich beeindruckten die stattlichen Gebäude mit den einfachen, aber sehr gepflegten Rasenflächen davor. »Dort ist die Tafel untergebracht. Im Monat werden da mehr als eine Million Pfund gespendeter Lebensmittel verarbeitet und verteilt.« Ich konnte es kaum fassen. Das waren eine Menge Lebensmittel.

»Da drüben ist das Haus für Teens«, fuhr Lesley fort. »Und da das Heim für Männer. Im nächsten Gebäude da hinten sind die Frauen untergebracht. Allein hier leben mehr als fünfhundert Menschen.« Lesley zeigte mir auch die Ambulanzwagen, die in den Armenvierteln eingesetzt wurden und kostenfreie medizinische Hilfe anboten. Unsere Besichtigung beendeten wir in einem Restaurant, in dem eine große Auswahl an köstlichen Gerichten angeboten wurde – alles kostenfrei.

Die Besichtigung dieser bis ins Kleinste durchorganisierten Missionsarbeit beeindruckte mich. An jenem Abend twitterte ich: »Matthew Barnett ist mein neuer Held. Er ist wie Gottes verlängerter Arm! So sehr setzt er sich für andere ein im Namen Jesu.« Er twitterte zurück: »Wenn ich Sie einmal herumführen soll, sagen Sie Bescheid.«

Und kurz darauf fuhr Matthew dann tatsächlich mit mir über den Campus und gab mir Einblick in die Arbeit dieser sehr umfangreichen Organisation. Einige Männer, Frauen und Teenager aus den unterschiedlichen Hilfsprogrammen waren bereit, sich mit mir zu unterhalten. Sie erzählten mir, warum sie im Dream Center Zuflucht gesucht hatten und wie sich ihr Leben seither veränderte.

Als wir zu den Frauen kamen, war ich sehr gespannt. Ich stand vor ihnen und fragte mich, was diese Frauen – manche von ihnen waren erst neunzehn – wohl erlebt hatten, dass sie hier Hilfe suchten. Matthew machte mich mit dreien von ihnen bekannt, die mir aus ihrem Leben erzählten. Ich hörte ihnen zu, als sie mir ihr Herz öffneten – zerbrochen, ausgelaugt und doch auf wundersame Weise schön.

Ihre Geschichten waren tragisch. Eine frühere Pornodarstellerin erzählte, wie sie von zu Hause fortgelaufen war, sich mit den falschen Leuten eingelassen hatte und von Drogen abhängig geworden war. Dann hatte sie einen jungen Mann kennengelernt, der sie überredete, im Eskortservice zu arbeiten. Ihre sexuellen Exzesse führten schließlich dazu, dass sie in pornografischen Filmen mitspielte. Unfähig, die Realität zu ertragen, betäubte sie sich mit Drogen.

Eine andere Frau erzählte mir von dem Leben mit ihrem gewalttätigen Partner, wie sie eine Überdosis Drogen genommen und ins Koma gefallen war – und von der fünfzehnjährigen Gefängnisstrafe, die sie im Alter von zwanzig Jahren erwartete.

Die letzte junge Frau kämpfte gegen die Tränen an, als sie mir erzählte, wie sie verlassen und von ihrem Stiefvater mehrfach sexuell missbraucht worden war. Während eines Familienurlaubs in Los Angeles prügelte er sie halb tot. Sie erwachte in einem Krankenhaus. Ein Polizeibeamter teilte ihr mit, ihre Eltern wären fort und hätten sie hier zurückgelassen. Sie wurde ein Pingpongball der Bürokratie, wanderte von einem Heim ins nächste, bis sie im System verloren gegangen war. Drogen waren eine Flucht aus einer Welt, in der sie nicht gewollt war. Als Dealerin zu arbeiten, schien der einzige Weg zu überleben.

Während ich mir diese Geschichten anhörte, krampfte sich mein Magen zusammen. Ich konnte den Schmerz dieser jungen Frauen nachempfinden. Ich wollte ihnen sagen, dass ich ihren Schmerz und ihren Triumph kannte. Und als sie sich bei mir bedankten, dass ich ihnen zugehört hatte, fragte ich, ob sie meine Geschichte hören wollten. Ja, das wollten sie.

Matthew hatte mich ihnen als Pattie vorgestellt, als eine Freundin, die sich für die Arbeit des Dream Centers interessierte. Meinen Sohn erwähnte er nicht. Ich erzählte diesen jungen Frauen von dem Trauma, das ich erlebte an dem Tag, an dem mein Vater uns verließ, von dem sexuellen Missbrauch, der mich über Jahre hinweg verletzlich und ängstlich machte. Und wie ich den Schmerz und die Leere in mir mit Alkohol und Drogen betäubte und dann schließlich versuchte, Selbstmord zu begehen. Wie ich dann mit achtzehn allein und schwanger war, und ich gestand auch, dass ich in dem Alter noch nicht bereit gewesen sei, Mutter zu werden.

Aber damit hörte ich nicht auf. Ich erzählte ihnen auch von dem guten Ausgang meiner Geschichte. Von meiner zweiten (und dritten und vierten) Chance. Ich wollte ihnen Mut machen durchzuhalten, nicht aufzugeben und am Glauben festzuhalten. Ich versicherte ihnen, dass sich auch ihr Leben zum Besseren verändern könnte, nicht nur für eine kurze Zeit, sondern auf Dauer. Erst nachdem ich erklärt hatte, wie mein zerbrochenes Herz Heilung gefunden hatte, wie mein Leben erneuert wurde und ich Liebe fand, legte ich das letzte Puzzleteilchen aus. »Und jetzt stehe ich hier vor euch als Justin Biebers Mutter«, erklärte ich grinsend.

Die jungen Frauen schnappten nach Luft. Einige von ihnen weinten sogar. Sie staunten darüber, dass unsere Lebenswege so ähnlich verlaufen waren und dass es so viele Gemeinsamkeiten zwischen uns gab – wir alle hatten Hoffnung gefunden. Wir wollten nicht den Rest unseres Lebens durch den schlammigen Untergrund waten. Obwohl wir ganz sicher noch nicht am Ziel angekommen waren, hatten wir den Weg nach oben gefunden.

Bitte verstehen Sie die Situation nicht falsch. Diese Frauen waren nicht gerührt und begeistert, weil ich die Mutter eines weltbekannten Popstars bin. Nein, sie ließen sich nicht von mir als Person beeindrucken. Vielmehr ermutigte meine Geschichte sie, dass sich Umstände tatsächlich zum Besseren verändern können. Ich war ein klares Zeichen für sie, dass es tatsächlich stimmt, was in der Bibel steht: »Wer Gott liebt, dem dient alles, was geschieht, zum Guten« (Römer 8,28). Natürlich hatten sie das auch schon persönlich erlebt. Aber meine Geschichte war ein weiterer Beweis für sie, dass sie nicht im Missbrauch, in der Abhängigkeit und Verzweiflung stecken bleiben mussten.

Auch wenn ich Schmerz, Scham und Angst erlebt habe und oft im Stich gelassen wurde, so kenne ich doch auch Hoffnung, Versprechen, Frieden und Freude. Ich kann kaum fassen, wie sehr Gott mich überschüttet hat mit seiner Liebe und Gnade. Dass ich trotz meiner Vergangenheit, meiner Fehler und auch meiner

Untreue die Güte seines Erbarmens erleben darf. Ich liebe den Vers aus den Psalmen, in dem es heißt: »Der Herr ist denen nahe, die verzweifelt sind, und rettet jeden, der alle Hoffnung verloren hat« (Psalm 34,19). Das ist mein Vermächtnis. Ich würde meinen Schmerz nicht eintauschen wollen. Denn ich weiß, wie sehr mein Glaube dadurch gestärkt wurde.

Mit Justins Karriere ging es steil voran, und auch meine Heilung schritt fort. Ich hatte begonnen, mich den Gespenstern meiner Vergangenheit zu stellen, tiefe Wunden freizulegen. Dieser Prozess dauert noch an. Nach wie vor hatte ich mit Ängsten und Depressionen zu kämpfen, was klar zeigte, dass meine Heilung noch nicht abgeschlossen war.

Ich gestehe, meine Heilung war – und ist immer noch – sehr langwierig. Ich behaupte nicht, dass ich das letzte Ziel emotionaler Heilung bereits erreicht habe, aber ich bin schon viel weiter, als ich es mir je erhofft hätte. Ich fühle mich viel freier. Voller Leben. Mit vielen Bereichen meines Lebens konnte ich Frieden schließen.

Als ich die Reise meiner Heilung antrat – als ich anfing, die »Räume« aufzusuchen, die durch Zurückweisung, Verlassenwerden und sexuellen Missbrauch zerstört worden waren –, hätte ich nie damit gerechnet, mich durch so viele Schichten meines Schmerzes arbeiten zu müssen. Und ich hätte nie gedacht, wie schwer das sein würde.

Von Zeit zu Zeit glaubte ich, den Druck nicht aushalten zu können. Dann rief ich mir den Bibelvers in Erinnerung, in dem es heißt: »Das geknickte Schilfrohr wird er nicht abbrechen und den glimmenden Docht nicht auslöschen. Unbeirrbar sagt er allen, was wahr und richtig ist« (Jesaja 42,3). Dieser Vers sicherte mir zu, dass Gott meine Zerbrochenheit verstand und sanft mit mir umgehen würde. Er würde nicht ungeduldig sein, wenn ich nicht sofort alles begriff. Er würde mich nicht über die Grenze meiner Belastbarkeit hinaus fordern. Er würde sich Zeit für mich nehmen, den Heilungsprozess nicht überstürzen.

Vielleicht hat meine Heilung so lange gedauert wegen der Lügen, denen ich seit meiner Kindheit Glauben schenkte. Diese Unwahrheiten, die mich geprägt haben, wurden mir durch die Umstände, durch Menschen in meinem Leben und sogar durch mich selbst vermittelt. Ich brauchte Jahre, sie nicht nur zu identifizieren, sondern gegen die Wahrheit auszutauschen. Das war eine Herausforderung. Auch wenn ich bestimmte Dinge als wahr erkannt habe, so hatte ich sie doch nicht verinnerlicht. Etwas im Kopf zu wissen und es mit dem Herzen zu glauben, sind zwei verschiedene Dinge. Erst als ich in der Lage war, bestimmte Wahrheiten – von denen viele in der Bibel zu finden sind – zu begreifen und für mich in Anspruch zu nehmen, war ich endlich fähig, die Lügen zu bekämpfen und meine Identität zurückzufordern.

Ich glaubte zum Beispiel, dass ich nicht liebenswert sei. Heute weiß ich, dass ich geliebt bin (Römer 8,39). Früher glaubte ich, dass ich mich schämen sollte. Heute weiß ich, dass frei bin und Gott mich nicht verurteilt (Römer 8,1). Früher glaubte ich, wertlos zu sein. Heute weiß ich, dass ich einzigartig bin und großen Wert besitze (Psalm 139,14). Ich glaubte, dass meine Existenz keinen Sinn hätte. Jetzt weiß ich, dass die Zukunft voller Hoffnung steckt (Jeremia 29,11). Früher fühlte ich mich zurückgewiesen. Heute weiß ich, dass ich als Gottes Tochter vollkommen angenommen bin und dass mein Vater aus Liebe über mich jubelt (Zefanja 3,17). Früher glaubte ich, ein Zufall oder Fehler zu sein. Heute weiß ich, dass Gott mich erwählt hat (1. Petrus 2,9).

Wenn ich deprimiert oder ängstlich bin, betete ich mir diese Wahrheiten vor (das tue ich immer noch, wenn ich es brauche).

Ich befreite mich von den alten Gefühlen, die meinen emotionalen Schmerz nur verstärkten. Ich konzentrierte mich auf die Hoffnung. Auf die Heilung. Auf die Wahrheit. Denn die Wahrheit macht wirklich frei.

Meine Heilung von dem sexuellen Missbrauch, den ich über Jahre hinweg erduldet hatte, musste auf verschiedenen Ebenen geschehen. Es war nicht damit getan, sich den tatsächlichen Vorfällen zu stellen, die den emotionalen Schmerz verursacht hatten. Ich musste mich auch den sich daraus ergebenden Konsequenzen stellen. Der Missbrauch hatte Scham in mir entstehen lassen, Ängste und Furcht. Er hatte meine Perspektive von Liebe und Sex verzerrt. Ich bin davon überzeugt, dass meine Zerbrochenheit zum großen Teil darauf zurückzuführen war, dass ich meine Sexualität nicht wertschätzte oder respektierte.

Nachdem ich meine Jungfräulichkeit verloren hatte, erschien mir meine Sexualität nicht mehr heilig. Sex zu haben, fühlte sich nie falsch an; es gehörte zu meinem Lebensstil. Ich tat es eben. Es wurde von mir erwartet. Aber mit einundzwanzig stellte ich diesen Teil meines Lebens infrage.

Als Christ wusste ich, dass Sex in die Ehe gehörte. Doch selbst einige Jahre, nachdem ich mein Leben Gott anvertraut hatte, blieb dieser Bereich ein Problem. Zu jener Zeit lud mich ein Jugendpastor zu einer Konferenz der Bewegung *Wahre Liebe wartet* ein. Der Zeitpunkt war perfekt gewählt. Ich hatte keine Ahnung, wie ich meine Reinheit zurückgewinnen könnte. Ehrlich gesagt glaubte ich nicht, dass das überhaupt möglich sei. Während ich der Predigt lauschte, krampfte sich mein Magen zusammen. Je ausführlicher der Prediger von seiner schwierigen sexuellen Vergangenheit erzählte und wie er diesen Teil seines Lebens in Ordnung gebracht hatte, desto verzweifelter wünschte ich mir, meine eigene Reinheit wiederherzustellen.

Noch bevor der Redner seine Ansprache beendet hatte, wurde mir klar, dass ich jetzt die Gelegenheit dazu hätte. Der Zeitpunkt war da. Hier und jetzt könnte ich diesen Teil meines Lebens zurückbekommen, der verstümmelt und zerstört worden war. Nach der Veranstaltung unterschrieb ich ein Versprechen, mit Sex bis zur Ehe zu warten. Mein Freund Kevin unterzeichnete als mein Zeuge. Meine Hand zitterte, als ich meinen Namen unter das Dokument setzte. Pattie Mallette – das Mädchen, das erste Erfahrungen mit Sex machte, als es noch mit Puppen spielte. Das Mädchen, das endlich wiederherstellen konnte, was so schmerzlich zerbrochen war.

Seither habe ich nie mehr zurückgeblickt. Ja, es ist wirklich schwer. Von Zeit zu Zeit war die Versuchung groß. Aber ich hatte Gott ein Versprechen gegeben, und das nehme ich sehr ernst. Heutzutage mag das prüde oder altmodisch erscheinen, aber ich möchte Gott ehren, indem ich bis zur Ehe warte. Ich habe nicht die Absicht, dieses Versprechen zu brechen. Und ja, im Augenblick, wo ich das schreibe, bin ich immer noch Single!

Auf meinem Weg der Heilung vom sexuellen Missbrauch stellten mich meine Therapeuten vor große Herausforderungen. Es begann mit einer Entscheidung. Zuerst musste ich mir eingestehen, dass ich ein Opfer war. Doch dann musste ich mich weigern, in der Opferrolle zu bleiben. Ja, ich wurde missbraucht. Aber ich musste nicht den Rest meines Lebens damit vergeuden, mich selbst zu bemitleiden. Mein Herz würde nie vollständig heil werden, wenn ich nicht meine Opfer-Mentalität aufgab. Das bedeutete jedoch nicht, dass ich nicht meinen Schmerz betrauerte. Ich musste mich so sehr lieben, dass ich betrauern konnte, was betrauert werden musste. Meine Wertschätzung für mich selbst musste so groß sein, dass ich die emotionalen Wunden anschauen konnte, aber nicht dabei stehen blieb.

Wenn ich nicht lernte, anderen – und wichtiger noch: mir selbst! – zu vergeben, würde ich nie emotionale Heilung finden. Als ich vor Kurzem das Tagebuch las, das ich während meiner Teenagerjahre geschrieben hatte, zuckte ich zusammen. »Am Abend viel zu viel getrunken und geraucht. Mich bei einer Familienzusammenkunft betrunken. Meine Mutter beschimpft.« Eine Unmenge an Emotionen kam an die Oberfläche.

Ungläubig schüttelte ich den Kopf. Ich schämte mich, dass ich damals so war – so anders, als ich heute sein wollte. Ich schleuderte das Tagebuch zu Boden und wollte es nie wieder anfassen. Am liebsten hätte ich es verbrannt. Es endgültig vernichtet.

Doch ganz plötzlich erinnerte ich mich an folgende Worte: *Die Menschen, die am schwersten zu lieben sind, brauchen es am allermeisten.*

Mir gefällt dieser Satz. Ich sage ihn mir immer wieder vor, um bewusst achtsam mit meinen Mitmenschen umzugehen. Ich sage ihn zu meinen Eltern. Zu meinen Freunden. Zu Justin. Dieses Sprichwort blieb bei mir haften. Und dann kam mir der Gedanke: *Du wendest diesen Satz auf alle Menschen in deinem Leben an – warum kannst du ihn nicht auch für dich nehmen? Warum kannst du dich nicht lieben?* Diese Erkenntnis schockierte mich. Es war nicht die erwachsene Pattie, die ich nicht liebte. Es war der Teenager Pattie. Ich konnte den verhärteten, rebellischen, trotzigen Teenager, der ich früher gewesen war, nicht ausstehen.

Tage später besprach ich meine Gedanken mit meinem Therapeuten. Endlich war ich in der Lage, mein Unbehagen in Worte zu fassen. Während ich mich dieser Frage stellte und sie mithilfe einer vertrauenswürdigen Person verarbeitete, geschah etwas. Es war wie ein Erwachen. Ein Durchbruch. Endlich begann ich, den Hass loszulassen, den ich auf mich selbst als Teenager hatte: den Teenager, der die dummen Entscheidungen getroffen und viel Schlechtes gesagt und getan hatte.

Eine frühere Therapeutin wollte mich dazu bringen, in den Spiegel zu sehen und »Ich liebe dich« zu sagen. Das war unmöglich. Ich habe es versucht, aber nicht geschafft. Ich fühlte mich nicht gut dabei, sondern fremd. Beinahe, als wäre ich eine Betrügerin. Aber wie kann ich andere lieben, wenn ich mich nicht selbst liebe? Und wie kann ich Liebe weitergeben, wenn ich selbst keine empfange? Alle Gebote lassen sich zusammenfassen in den beiden Versen: »Du sollst den Herrn, deinen Gott, lieben von ganzem Herzen, mit ganzer Hingabe und mit deinem ganzen Verstand« und: »Liebe deinen Mitmenschen wie dich selbst« (siehe Matthäus 22,36-40). Darum lerne ich, mich selbst zu lieben.

Ich war nicht die einzige Person, der ich vergeben musste. Es gab eine Reihe Menschen in meinem Leben, die ich in meine Vergebung einschließen musste – meinen Vater, meine Mutter, die Personen, die mich missbrauchten, Jeremy. Manchmal habe ich den Eindruck, die Liste ist unendlich lang. Während mein Heilungsprozess Fortschritte machte, wuchs in mir die Erkenntnis, dass Vergebung nicht eine einmalige Angelegenheit ist. Der Schmerz, die Verletzung oder die Ungerechtigkeit, die ich erleiden musste, verschwinden nicht, wenn ich einmal sage: »Ich vergebe dir.« Ich musste in der Haltung der Vergebung bleiben. Manchmal täglich, manchmal sogar stündlich.

Es gab Zeiten, da erschien mir das unmöglich. Wenn es mir schlecht ging, bat ich Gott um Hilfe. Ich erinnerte mich daran: Wenn Gott bereit war, seinen einzigen Sohn am Kreuz sterben zu lassen, damit ich Vergebung erhalten könnte, würde er mir doch sicherlich auch helfen, meinen Mitmenschen zu vergeben. Obwohl die Hilfe nicht immer sofort kam, weiß ich, dass ich es seiner Gnade verdanke, dass ich vergeben kann. Ich habe Gott auch gebeten, mich fähig zu machen, andere Menschen zu lieben oder Geduld zu üben, wenn ich es aus mir heraus nicht konnte.

Mir gefällt das Sprichwort: »Wenn ich anderen nicht vergebe, ist es so, als würde ich Gift trinken in der Hoffnung, dass der andere stirbt.« Tatsache ist: Wenn ich mich nicht dem anderen zuwende und ihm vergebe, schade ich mir selbst. Bitterkeit setzt sich bei mir fest. Wenn ich nicht zur Vergebung bereit bin, kann das nicht nur emotionale Folgen nach sich ziehen. Nein, es wirkt sich auch negativ auf meine körperliche Gesundheit aus. Mehrere medizinische Studien haben einen Zusammenhang hergestellt zwischen mangelnder Vergebungsbereitschaft, Krankheit und Depression.

Vergebung ist, wenn ich auf mein Recht auf Rache verzichte. Vergebung bedeutet nicht, Ungerechtigkeit zu billigen. Zwar hatte ich damals nicht die Wahl, ob ich verletzt werden wollte, doch ich konnte mich nun entscheiden zu vergeben. Ich hatte die Wahl: Wollte ich mich über den Schmerz definieren oder die Wunden heilen lassen? Ich entschied mich für die Heilung. Ich entschied mich, ohne diese Wunden, die mich in meiner Reise behinderten, weiterzugehen. Ich traf die Entscheidung zu leben. *Richtig* zu leben. Das ist nicht leicht gewesen, aber es hat sich gelohnt.

Dieser emotionale Heilungsprozess ist noch lange nicht abgeschlossen, doch ich freue mich auf das, was kommt. Dies ist ganz gewiss nicht das Ende meiner Geschichte. Es ist erst der Anfang.

Ich bin nicht nur die Mutter von Justin Bieber. In den vergangenen achtzehn Jahren habe ich mich mit ganzer Kraft darauf konzentriert, meinen Sohn, so gut ich es vermochte, großzuziehen. Dieses Buches ist nicht nur ein Beitrag zu meiner Heilung gewesen, sondern der erste Schritt in ein neues Kapitel meines Lebens. Ich mache mich auf den Weg in mein eigenes Leben. Das bedeutet, ich fange an, mich nicht mehr über meinen Sohn zu definieren, der jetzt langsam erwachsen wird (ich denke, das kann jede Mutter verstehen). Es bedeutet auch, dass ich meinen Lebenssinn und meine Aufgaben neu definieren und erweitern muss.

Die unglaubliche Plattform, die Gott meinem Sohn geschenkt hat, öffnete auch mir Türen, um meine Geschichte zu erzählen, wie damals bei den Frauen im Dream Center. Vor Kurzem hatte ich die Gelegenheit, das Bethesda Zentrum zu besuchen und mit den Mädchen dort zu reden.

Obwohl das Gebäude renoviert und die Zimmer neu ausgestattet wurden, überfiel mich eine Flut von Erinnerungen, als ich es betrat. Ich sah mich selbst wieder als den verängstigten Teenager: eine Million Fragen und eine Fülle von überwältigenden Gefühlen. Obwohl ich die Mutter eines (zu jener Zeit) knapp achtzehnjährigen Sohnes war, erinnerte ich mich an diese Ängste während der Schwangerschaft, als wäre es gestern gewesen! Ich spürte die Sorge. Das Staunen. Den Schmerz.

Eine Mitarbeiterin führte mich durch die Einrichtung, und wir machten auch einen Abstecher in ein Klassenzimmer. Dort saßen sechs Mädchen, die entweder schwanger oder frischgebackene Teenie-Mütter waren, an einem Tisch. Ich lächelte sie an. Sie wirkten noch so jung und einige von ihnen sehr müde. Ich wusste genau, was sie in diesem Augenblick empfanden – Angst vor der bevorstehenden Geburt, Erschöpfung vom Schlafmangel, der sich unweigerlich einstellt, wenn man ein Neugeborenes zu versorgen hat, oder die Angst vor der Zukunft, wenn ihre Zeit in Bethesda vorbei war und sie sich ein eigenes Leben aufbauen müssten.

Die Mädchen redeten laut und kicherten ununterbrochen. Sie bombardierten mich mit allen möglichen Fragen über (na, über wen wohl?) Justin. Ob er noch seine Freundin hätte und wie es wäre, die Mutter eines berühmten Popstars zu sein. Doch es dauerte nicht lange, bis sie ernst wurden. Die lustigen Fragen machten ernsten Fragen und ehrlichen Aussagen Platz. Sie offenbarten ihre Gefühle und ihre Unsicherheiten.

Mir fiel ein besonders kratzbürstiges Mädchen auf, das ungewöhnlich still geworden war. Schließlich senkte sie den Kopf und hob schüchtern die Hand. Ich nickte ihr zu, und sie begann zu reden, während sie die Tränen nicht zurückhalten konnte.

»Ich habe das Gefühl, ich kann meinem Baby nichts geben«, schluchzte sie. »Was habe ich meinem Baby schon zu bieten? Nichts!« Es brach mir das Herz, während sie bitter weinte. Sie konnte ihre Tränenflut kaum eindämmen. Ich ging zu ihr hinüber, umarmte sie und hielt sie einfach ein paar Minuten fest. Die anderen Mädchen am Tisch nickten wissend, wischten sich auch Tränen aus den Augen. Ich denke, die meisten Teenie-Mütter kennen die Angst, dass sie nicht »genug« haben oder nicht gut »genug« sind.

Irgendwann sagte ich ihr: »Damals dachte ich das auch. Ich hatte das Gefühl, meinem Kind nichts bieten zu können. Ich war noch sehr jung, als Justin zur Welt kam, und ich hatte viel Schlimmes hinter mir, viel sexuellen Missbrauch erlebt. Aber genau deshalb bin ich heute hier: um euch Mut zu machen. Ich weiß, wie schwierig das ist. Ich kann gut nachempfinden, was ihr fühlt.«

Ich blickte ihr in die Augen und fuhr fort. »Was kannst du deinem Baby geben? Liebe. Liebe ist unglaublich stark. Und du kannst dich selbst geben. Das ist genug. Mehr als genug. Wenn du gut auf dich achtest, dein Leben und dein Herz, dann hast du sehr viel zu geben. Denk nur an die Kinder, die in den Ländern der Dritten Welt geboren werden. Ihre Eltern können ihnen auch nicht viel bieten außer sich selbst und ihrer Liebe. Und einige dieser Kinder sind sehr glücklich! Glaube mir, du kannst deinem Baby viel geben.«

Dass dieses Mädchens so ehrlich war, ehrte mich sehr. Ich freute mich, dass ich ihr von meinen Erlebnissen berichten konnte: von meinen eigenen Unsicherheiten und Zweifeln. Aber gleichzeitig konnte ich ihr durch mein Leben zeigen, dass sie ihrem Baby eine gute Mutter sein konnte, egal, wie alt sie war.

Teenie-Mütter werden in meinem Herzen immer einen besonderen Platz einnehmen. Aber nicht nur sie kämpfen um ein Fünkchen Hoffnung: auch alleinstehende Mütter, Drogenabhängige und Missbrauchsopfer. All denen möchte ich Mut machen: »Vielleicht stehst du gerade am Rande des Bankrotts oder vor einer Scheidung. Oder du kommst aus einer zerrütteten Familien, kämpfst mit Depressionen und Ängsten, bist gefangen in Furcht und Schuldgefühlen … Vielleicht wurdest du verlassen, abgelehnt oder abgeschrieben. Genau für dich habe ich meine Geschichte aufgeschrieben. Ich möchte dir Mut machen: Es gibt Hoffnung!

Egal, wo du heute stehst – wie zerbrochen, verwundet oder beschämt du bist –, egal, wie sehr du leidest: Gott kann dir helfen, den Weg nach oben zu finden. Wenn er es bei mir geschafft hat, dann schafft er es auch bei dir. Ganz sicher.«

Mein herzlicher Dank gilt

Meinem Sohn Justin: Ich bin unendlich stolz auf dich. Du hast so viel Freude in mein Leben gebracht, und ich wusste immer, dass du Großes erreichen wirst. Ich bin dankbar, dass du während der Entstehung dieses Buches an meiner Seite gestanden hast. In letzter Zeit konnte ich dich auf deinen Reisen nicht mehr so häufig begleiten. Ich habe dich sehr vermisst. (PS: Manchmal platze ich fast vor Liebe zu dir – wie im Moment!)

Meinen Eltern: Mom, du bist eine gute Mutter und bist es immer gewesen. Ich danke dir für die Opfer, die du für unsere Familie gebracht hast. Du bist nachts aufgeblieben, wenn wir krank waren. Du warst immer da, hast jeden Tag gekocht und sauber gemacht und alles getan, was nötig war, um unsere Familie zu versorgen. Danke, Mom. Ich habe dich lieb. Bruce, danke, dass du meiner Mutter ein so guter Mann bist und sie so liebst, wie du es tust. Ich weiß, ich war nicht immer eine einfache Tochter, aber du warst immer ein guter und treuer Dad. (Ich bin zwar keine Boxerin geworden, aber immerhin habe ich ein Buch geschrieben!) Ihr beide seid unglaubliche Großeltern.

Meinen Geschwistern: Candie, ich habe immer zu dir aufgesehen. Du bist eine tolle große Schwester. Danke, dass du mir gern zugehört und mit Rat zur Seite gestanden hast. Chris, danke, dass du mich als älterer Bruder beschützt hast. Entschuldige, dass du früher, als wir noch jünger waren, wegen mir häufig Ärger bekommen hast. Dem anderen Chris: Danke, dass wir dich Chuck nennen durften und dass du so nett gewesen bist und mich so oft zum Lachen gebracht hast. Sally, ich kann es kaum erwarten, dich im Himmel kennenzulernen.

Jeremy: Ich bin sehr dankbar, dass du mir nicht nur das größte Geschenk meines Lebens gemacht hast, Justin, sondern dass du dich zu dem Mann und Vater entwickelt hast, der du heute bist. Auch wenn unsere Beziehung nicht immer leicht war, würde ich nichts davon wegnehmen oder ändern, weil Gott alles zum Guten gewendet hat und das noch weiterhin tut. Meine Absicht ist nicht, dich zu verletzen. Dies ist meine Seite der Geschichte, die ohne dich nicht erzählt werden könnte. Ich hab dich lieb. Du wirst immer einen besonderen Platz in meinem Herzen haben.

A. J., meiner Co-Autorin, Ehefrau, Mutter eines kleines Mädchens und Schriftstellerin: Ich weiß wirklich nicht, wie du das alles bewältigst. Du arbeitest härter als jede Frau, die ich kenne, und es gelingt dir immer, Gold hervorzubringen. Nach zahllosen gemeinsamen Stunden habe ich eine Freundin in dir gefunden. Wir haben es geschafft!

Den Menschen, die mich missbraucht haben, möchte ich sagen: Ich vergebe euch.

FSC
www.fsc.org
MIX
Papier aus verantwortungsvollen Quellen
FSC® C014496

Verlagsgruppe Random House FSC-DEU-0100
Das für dieses Buch verwendete FSC®-zertifizierte Papier
Munken Premium Cream liefert Artic Paper Munkedals AB, Schweden.

Die amerikanische Originalausgabe erschien im Verlag
der Baker Publishing Group unter dem Titel »Nowhere but up«.

Originally published in English under the title
Nowhere but up
By Revell,
a division of Baker Publishing Group,
Grand Rapids, Michigan, 49516, U.S.A.

1. Auflage 2013
Bestell-Nr. 816774
ISBN 978-3-86591-774-4
Umschlaggestaltung: Smartt Guys design/
Micah Kandros Design & Björn Steffens
Umschlagfoto: Cathryn Farnsworth Photography
Übersetzung: Eva Weyandt
Lektorat: Ines Maynard
Satz: Uhl + Massopust, Aalen
Druck und Verarbeitung: GGP Media GmbH, Pößneck
Printed in Germany